滄海叢刊

魏晉南北朝時期的道教

湯一介 著

1991

東大圖書公司印行

國立中央圖書館出版品預行編目資料

魏晉南北朝時期的道教／湯一介著--
再版--台北市：東大出版：三民總
經銷，民80
　　　面；　　　公分
附錄：敦煌本太平經殘卷（Ｓ·四二
二六）

1.道教--中國一晉（265-419）
2.道教一中國一南北朝（396-588）
Ⅰ.湯一介著

230.923/8527

© 魏晉南北朝時期的道教

著　　者　湯一介
發 行 人　劉仲文
出 版 者　東大圖書股份有限公司
總經銷　三民書局股份有限公司
印刷所　東大圖書股份有限公司
　　　　地址／臺北市重慶南路一段六十一號
　　　　郵撥／〇一〇七一七五一〇號

初　版　中華民國七十七年十一月
再　版　中華民國八十年四月

編　號　E 23001

基本定價

行政院新聞局登記證局版臺業字第〇一九七號
著作權執照臺內著字第

ISBN 957-19-0387-6 (平裝)

目次

第一章　緒　論

宗教是一種社會意識形態。把宗教作爲意識形態來研究它的發展歷史，在今天不僅有其一般性的意義，而且有著某種特殊的意義。我們可以從國外大量的事實看到，科學技術在飛速發展，並沒有使宗教意識衰退，反而加強了人們對宗教的追求；就國內情況看，也因種種原因信仰宗教的人有著一種發展的趨勢。這樣一種現象就向我們提出若干應該認眞研究的有關宗教的理論問題，如「宗教的本質是什麼」；「人類的心理特性是否需要有一種宗教性的信仰」；「宗教和宗教性的信仰是否是一回事」；「宗教信仰是否有益於社會生活」;「宗教與科學是矛盾的還是互補的」；「宗教能否現代化」等等。上述這些問題當然不是本書應該研究的範圍，本書不可能也不應該直接討論這些問題。但是，爲什麼要研究宗教史，一部好的宗教史是不是應有強烈的時代感，它能不能使人們在讀了之後而認眞考慮當今世界存在的宗教問題，我想寫宗教史的人是應該想到這些問題。

在我國歷史上曾經流行過的有佛敎、道敎、回敎、天主敎、基督敎以及祆敎等等，但其中只有道敎是中國本民族的宗敎，說得確切些，道敎是中國本民族宗敎的一種，因此它具有中國本民族的特色，它對中國的民族文化、民族心理、風俗習慣、科學技術、哲學思想、醫藥衞生甚至政治經濟生活都有相當大的影響。我們研究作爲中華民族本民族的一種有較大影響的宗敎——道敎的產生和發展的歷史以及它的特點，能否加深我們對自己民族文化、民族心理以及思維方式的特徵的了解？能否從一個側面使我們更加認眞地考慮當今世界的宗敎理論和實際問題呢？我認爲應是可能的。爲此，本章將對下述幾個問題作一些分析和探討。

一 道敎的產生是適應了東漢末期中國本民族（主要是漢族）的社會、政治、經濟、道德以及人們的心理的需要

道敎爲什麼到東漢末年才產生，而道敎所崇信的某些思想如「長生不死」、「肉體成仙」等等在戰國時期已經有了，到秦漢後更爲流行，這是爲什麼呢？我們知道，並非任何迷信思想都可以稱爲宗敎，當然宗敎中總是包含著大量的迷信成分，也並不能說任何「有神論」都能成爲宗敎，雖然一般地說宗敎也是「有神論」。宗敎，特別是一種有影響的宗敎，它的產生和發展必定有其社會生活、歷史條件的原因。它的發展總也有著某種客觀規律。道敎在東漢末年產生是由以

下幾個條件促成的：

第一、東漢末年的現實社會生活為道教提供了有利的產生的土壤。恩格斯在《布魯諾・鮑威爾和原始基督教》中說：

> 把一切宗教、因而把基督教，看作欺騙者的虛構，這是從中世紀自由思想家時代起一直到十八世紀啓蒙派止的占主導地位的看法。自黑格爾給哲學提出任務要在全世界歷史裏指出理性發展以來，這種看法已不再能使人滿意了。……
>
> 對於征服了羅馬世界帝國並把大部分文明人類支配了一千八百年的一種宗教，並不能只說它是騙子們捏造出來的胡說就完事。要想了解它，必須首先能夠就它產生並達到支配地位的那些歷史條件來說明它的發生和發展。……
>
> 也就是在這個經濟、政治、精神和道德普遍瓦解的時代裏，基督教出現了。

東漢自順帝以後，社會政治日益腐敗，外戚專政、宦官當權，「凡貪淫放縱、僭凌橫姿，擾亂內外，螫噬民化」，無惡不作，致使「農桑失所，兆民呼嗟於昊天，貧窮轉死於溝壑」（仲長統《昌言》）。由於當時政治統治者的殘酷經濟剝削和政治壓迫，使廣大人民羣衆無法生存，破產、逃亡已成為當時普遍現象，所以當時廣大人民羣衆與統治者的矛盾是十分尖銳的。據史書記載，自順帝以後農民起義此起彼伏，一直不斷。當時的起義農民除了階級利益一致而使他們自然地聯合在一起之外，已有農民起義的領導者們利用方術、迷信思想作爲組織羣眾的紐帶，故在史書中多稱順帝以後的起義農民爲「妖賊」。從這裏我們也許可以得出兩點結論：一是在漢末這個經濟、政治、精神和道德普遍瓦解的時代裏，它爲一種宗敎的產生提供了客觀條件；二是起義農民普遍利用某些方術迷信，這就說明他們已經意識到方術迷信思想可以作爲他們組織羣衆的思想武器，因而爲一種宗敎的產生創造了廣大的羣衆基礎。恩格斯在《論原始基督敎史》一書中說：

> 最初的基督徒是從那些人中募集起來的呢？主要是屬於人民中最下層的，並合乎革命潮流的那些受苦受累的人們中來的。

社會的危機給下層人民帶來的苦難最爲深重，在對現實的絕望中走向乞求超現實的神靈，自是古代人民最現實的可能。道敎徒最初也是來源於廣大下層人民。

第二、東漢末年爲道敎的產生準備了可以利用的思想材料。也是在上述同一本書中，恩格斯在分析基督敎產生時，除了充分注意研究當時羅馬帝國的社會狀況外，也十分認眞地分析了基督敎產生的思想淵源。他特別指出了基督敎在思想淵源上和猶太敎的關係。我們知道，《聖經》的《舊約》部分本來是猶太敎的經典，而基督敎卻把它拿來作爲自己的經典，再加上《新約》部分，就成爲基督敎的一部完整的聖典了。

自漢武帝以後，董仲舒提出「罷黜百家，獨尊儒術」之後，儒家思想適應著封建大一統的需要而成爲我國封建社會的統治思想。此後儒家思想沿著天人感應目的論而發展爲神學意味越來越濃厚的讖緯迷信。宗教一般說總是有神論，但是否任何有神論都能成爲一種完備意義的宗教呢?那卻不一定。因爲一種完備意義上的宗教（這裏指的是階級社會裏的宗教），它不僅有對神靈的崇拜，而且應有一套教義的理論體系和較爲固定的教會組織、教規教儀以及傳授歷史等等。一般地說，宗教總是要把世界二重化爲現實世界和超現實世界，其教義認爲人們只有在超現實世界裏才能永遠擺脫現實社會生活中存在的種種苦難，人們的美好的、幸福的生活最後只能在那超現實的彼岸世界中實現。我國的儒家思想特別是兩漢的儒家思想儘管也承認「有神」，但它並不認爲須在現實世界之外實現其理想，而是要求在現實世界之中實現其「治國平天下」的理想，雖然這僅僅只能是幻想。在我國長期的封建社會中，宗教雖然有過很大影響，但始終沒有能成爲獨占的統治思想，並且常常居於次要地位，這一情況不能不說和作爲正統思想的儒家思想的這一特點有關，儒家思想到東漢以後，從發展上看也很可能成爲一種宗教，因爲從有神論、讖緯迷信發展成爲一種宗教並不是很困難的。但儒家在漢朝始終也沒有成爲宗教，這和它要求在現實社會中實現其「治國平天下」的理想有著直接聯繫。因此，隨着漢王朝的衰落，儒家思想本身既然不能成爲一種宗教，而其統治地位又走了下坡路，由於儒家統治地位的削弱從而爲一種宗教的產生提供了條件。歷史的進程向我們表明，每當對統治階級的統治思想發生信仰危機的時候，也往往是宗教意識易於滋生和廣泛發生影響的時候。

儒家思想到東漢末雖然衰落了，但它的思想中的某些部分卻可以爲宗教吸收和利用。這點我們可以從道教思想中找到它吸收某些儒家思想的事實得到證實。例如關於「天地人三合一致太平」的思想，它表現了儒家強烈的關心現實政治的傾向和《易傳》中關於「三才」的思想，可以說直接來源於緯書的關於世界創化的模式以及陰陽五行思想等等，這些都和兩漢流行的儒家思想有密切關係。我們應該看到，一般研究道教史的學者往往只注意它和道家的淵源關係，而忽視了道教和儒家在思想上的聯繫，這是一種偏見。

道教的另一思想來源可以說是逐漸與神仙家思想相結合的道家思想。先秦道家與神仙家雖然有著某種聯繫，但它們畢竟是兩種不同的思想體系，到西漢初年，當時流行的黃老之學仍屬道家，它所注重的往往是君人南面之術，成爲一種治國經世的工具，所以司馬遷在他的《自序》中謂，漢初黃老之學的要點在於「無爲自化，清淨自正」。降至東漢，黃老道家之學爲之一變，其一支走向祠祀求神而與神仙家合。桓帝祠祀老子，欲「存神養性，意在凌雲」，故已見黃老道家之變化。而早在西漢末已有所謂「黃老道」，後又有「方仙道」等，實已是神仙家的流派。而神仙家的思想在於追求「長生不死」、「肉體成仙」。它一經與道家思想「清淨無爲，恬淡寡欲」的思想結合，更加爲世人所重視，而在社會上發生影響。後來道教的基本信條「長生不死」、「肉體成仙」雖來自神仙家卻和道家某些思想結成不解之緣了。所以道家思想的蛻變也是道教產生的一個重要原因。

從以上兩方面看，道教作為一種宗教不同於作為一種學術流派的儒家和道家，但就其思想淵源說它卻離不開儒道兩家，因此它一開始就是以儒道互補為特徵的宗教派別。這一以儒道互補為特徵的宗教派別不能不在極大程度上表現著我們這個民族文化、心理和思維方式上的某些特色。

第三、佛教的傳入大大地刺激了我國本民族宗教的建立。

佛教自西漢末傳入中國，到東漢中葉以後它有了一定程度的流傳。佛教如同催化劑，加快了道教建立的過程。本來，神仙家在西漢就很流行，而神仙家又往往托言黃老，例如原來就有所謂「黃老道」和「方仙道」等。前者把黃帝老子神化而禮拜祠祀；後者則言「長生不死」。《史記》載，河上丈人的老師樂巨公學黃帝老子，甚至在《封禪書》中記載著有所謂黃帝因封禪而得長生不死。道教經典《太平經》的編纂者于吉（或說應作「干吉」）托言此書得之于老君。漢明帝時，楚王英已對黃老和浮屠同樣禮拜，「楚王英誦黃老之微言，尙浮圖之仁祠」，桓帝於宮中「立黃老浮屠之祠」。這種把黃老和浮屠同樣禮拜，就說明當時把黃帝老子看成和佛一樣的「神」。神仙家本來是一種方術，養生求成仙也只是個人修煉的事，並沒有什麼組織，特別是沒有什麼固定的組織形式，成為一種宗教團體。但佛教傳入以後，佛教作為一種完整形態的宗教，它不僅有一套不同於中國傳統思想的教義，而且是一個有教會組織的團體，還有一套教規教儀和禮拜祠祀的對象等等，這就給道教的創立提供了一個可以參考的樣板。

佛教的傳入對於道教的建立固然有著樣板的作用，但更為重要的是，佛教作為一種外來文化進入中國傳播和發生影響，必然引起華夏文化系統的反抗，這更是當時要求建立一種民族宗教的動力。一種民族文化在和傳入的外來文化相遇時，往往同時產生吸收和排斥兩種勢力，這樣一種情況對中華民族說尤爲明顯。關於這點，我們可以從最早的道教經典《太平經》的內容所反映的情形得到證實。在《太平經》中，我們可以發現它一方面吸收了某些佛教思想，如「本起」、「三界」等卽是採自佛教的名辭；另一方面又批評了佛教，有所謂「四毀之行，共汚辱皇天之神道」的說法。特別是道教一建立就提出「老子化胡」的故事，用以打擊佛教，擡高道教，而表現了一種抗拒外來文化的民族心理。

從以上三方面看，在東漢末年出現一種爲中華民族本民族所需要的宗教決非偶然。而且出現的這種宗教又是來源於中國固有的神仙家，並以儒道互補爲其思想基礎的道教則更非偶然了。這種宗教一經出現就表現了它的強烈的民族特色，而和外來的宗教——佛教相抗衡，這也正是中華民族的民族文化特性的一種表現。

二　道教發展成一種完整意義的有重大影響的宗教的過程表明了一種完整意義上的宗教團體發展的一般規律

宗教的本質是什麼？大家都知道它有各種各樣的定義，就是在馬克思主義的經典著作中，在不同情況下對宗教也有不同的說法，馬克思說「宗教是人民的鴉片」，這是就利用宗教對人民進行欺騙方面說的，而且這樣的意思最早不是出自馬克思，而是出自費爾巴哈，它的意思是說一些維護宗教的人說宗教可以安慰人是一種欺騙。列寧說「宗教是勞動者的呻吟」，則是就勞動者對自己命運的哀嘆方面說的。普列哈諾夫說「什麼是宗教？教宗有無數定義。……把宗教理解爲用以實現其對超人的神秘力量——人認爲自己依賴於這種力量——的關係的形式」，普列哈諾夫這個定義也許比較切合實際。但是我們的問題是，有沒有一種超人的神秘力量以及對此超人的神秘力量應如何理解？人們爲什麼要相信有一種超人的神秘力量？信仰一種超人的神秘力量是否即是迷信？在這裏涉及到一些有意義的哲學問題，即宗教與迷信同信仰的關係問題。

宗教是否就是迷信？我們是否可以這樣說，「迷信」是已經被科學或可以被科學否定的；而信仰則是人爲人們某種精神和心理上所需要的，它不能爲科學所否認，也不可能爲科學所證實。而宗教是滿足人們這種精神和心理上需要的一種形式。當然這樣說也不一定能解決問題。因此，這個問題將可能長期爭論下去，到什麼時候能說這個問題已經解決了，我想是不得而知的。但是我們可以相當肯定地說，虔誠的宗教徒都不可能接受「宗教即迷信」的論斷。爲什麼呢？我想，某些虔誠的宗教徒往往是用一種理想主義的觀點把所謂「超人的神秘力量」看成是超越性的「眞、善、美」的化身，或者說他們往往把他們關於「眞、善、美」的理想看成是一種「超人的神秘力量」，他們眞誠地相信是如此，並努力致力於把他們這種關於「眞、善、美」的理想實現於社會生活中。信仰和依賴這種體現超越性的「眞、善、美」的「超人的神秘力量」。大概是人們在一定歷史條件下的一種心理特性。然而信仰「超人的神秘力量」的虔誠的宗教徒認爲，迷信和宗教不同，「迷信」只能是對缺乏科學知識者的愚弄，是沒有「理想」的人精神貧乏的表現。虔誠地相信「超人的神秘力量」是「眞、善、美」的化身的宗教徒也許可以接受「宗教是一種眞誠的信仰」這個觀點，而決不願意接受「宗教卽迷信」的論斷。照他們看，人們總應該有個信仰，卽使是最徹底的懷疑主義者，他們也信仰自己的「懷疑」。

宗教和信仰當然可以說有著必然地聯繫。宗教總是一種信仰，但是否信仰都是宗教，特別是否是古典意義上的宗教？那卻並非如此。例如，我們可以說「我們信仰科學的無神論」，或者說「我們信仰儒家哲學」，這大概都是可以的。當然科學的無神論不是宗教，而是一種科學；就是儒家學說也最多只能說是帶有某種宗教性的哲學思想體系，但它本身並非宗教。因此，我們不僅應把「信仰」和「宗教」區別開來，而且必須把帶有某種宗教性的「學說」和「宗教」區別開來，否則幾乎任何哲學學說都可以被說成是宗教，這樣也就等於取消了宗教。

我們是否能假設，就人類的心理特性看人們確實要求有某種信仰。但問題在是否要求有一種宗教信仰。如果說可以把信仰分成兩大類：一類是理性主義的信仰（或者說是理性的信仰）；一類是非理性主義的信仰（或者說是非理性的信仰）。宗教從總體上說則是屬於後一類。緊接着就會有這樣的問題：人類的精神生活到底也是否必須從「非理性主義」方面得到某種自我滿足，或者說在社會生活中對宗教的信仰也是人們的某種心理需要。這當然是個大問題，在這裏我們不可能去討論它。我們只想說明，非理性主義的信仰要想成爲一種完備意義上的宗教信仰，必須用某種理論體系爲它作論證，而其理論體系又必須是能反映當時時代精神的。如果沒有一套對其宗教教義作論證的理論體系，這種非理性的信仰就不可能是一種完整意義上的宗教。不僅如此，作爲一種完整意義上的、特別是對人類社會歷史有着長期影響的宗教還必須有固定的教會組織、教規教儀、禮拜的對象和傳授的歷史等等。

在歷史上創立的所謂「宗教教派」何止千百萬個，但並不是都可以稱得上嚴格意義上的「宗教團體」，而許多這種組織只能稱之爲「迷信組織」。那麼一種完整意義上的宗教團體應該是怎樣的呢?我們這裏將通過分析道教的發展來揭示一種完整意義上的宗教團體發展的一般規律。

完整意義的宗教必須有其宗教教義的理論體系，這個體系要有它的哲學基礎，因而它的宗教教義的思想體系決不能是純粹的胡說白道，而總是有某種對人生理解的深刻思想內容，有成系統的哲學理論。印度佛教之所以成爲影響很大的世界性宗教，正因爲它有一套相當深刻的對人生理解的理論體系。道教的教義如果只是停留在如《太平經》那樣一些雜亂無章的內容上，就很難成爲在中國較有影響的宗教團體。因此，從漢末經三國西晉到東晉以後，才有一些道教徒如葛洪、陸修靜、寇謙之、陶弘景等根據時代的需要把道家老子的思想和儒家的某些學說又吸收了佛教的一些內容，結合在一起創造了道教的理論思想體系。

一種完整意義上的、有影響的宗教團體必然有其較爲嚴密的教會組織。秦漢時的神仙家講「長生不死」、「肉體成仙」的思想儘管爲後來的道教所繼承，但是神仙家均以個人修煉爲目的，而沒有建立固定的教會組織，因此也沒有成爲一種宗教。東漢末年，道教已形成爲有教會組織的宗教團體，它有了固定的教徒和神職人員以及教會的領袖。三國和西晉政權對道教採取了取締的政策，致使道教組織瓦解，至東晉才有杜子恭等把道教逐漸恢復和發展起來。

一種完整意義的宗教還必須有一套較爲固定的教規教儀。在東漢末年，道教初創時雖也有一些教規教儀，但不僅簡單，而且也不固定。自東晉以後，在佛教的影響下，經過陸修靜、寇謙之等人的炮製，使道教的教規教儀日趨完善。

一種完整意義的宗教必定有其闡發其宗教教義的經典，以便使信奉者的信仰有所依托。在魏晉以前，雖然已經有若干道教經典，但嚴格地說這些書實是爲以後的道教徒所推崇才成爲道教的經典的，如《老子》、《莊子》等，這些書本來是先秦道家的著作與道教無關，而道教徒爲了從歷史上和理論上找他們的根據，而把這類書推尊爲經典。又如《太平經》，它本成書於道教正式成立之前，因此也只能說它爲道教的建立作了若干思想上的準備。但到東晉南北朝時，由於道教理論體系的建立（葛洪著《抱朴子》）和道教教會組織的發展而出現了大量闡發道教教義的經典。這個時期出現了道教三個系統的經典，即《三皇經》系、《上清經》系、《靈寶經》系。這三個系列的道教經典以後就組成了「道藏」的「洞眞」、「洞神」、「洞玄」的所謂「三洞」三大部。

一種完整意義的宗敎必定有其固定的崇奉的神靈和其敎派的傳授史。道敎初創時已承繼神仙家的故技，說自己是神仙所傳授，且多托言老君。至南北朝時，道敎徒更根據當時門閥等級觀念而創造了「眞靈之階位」。有陶弘景著《眞靈業位圖》把神仙分爲七級，最高一級的三位神仙是，居中的「元始天尊」，其左右爲「高上道君」和「元皇道君」，自此以後在道觀裏大都以這三位尊神爲最高崇拜對象。一種宗敎必然要對其他宗敎進行排斥，因而往往要創造自己的宗敎歷史，來抬高其地位。道敎作爲中華民族本民族創造的宗敎面對外來的佛敎，除了利用「華夷之辨」等來打擊佛敎外，還提出了所謂「老子化胡」的故事，把自己的敎主老子抬高爲佛敎敎主釋迦牟尼的老師的地位，從而引起了佛道二敎長期的爭論。

道敎成爲一完整意義上的宗敎團體是在東晉南北朝時才最後完成的，它的發展完成過程大體如下：東晉以來，先是在其對已經渙散和不固定的道敎組織進行重建和整頓，建立起了較爲固定的敎會組織；在此同時，爲彌補其缺乏系統的宗敎敎義以及理論體系之不足，葛洪等創造了道敎敎義的理論體系；接著爲鞏固道敎的敎會組織而制定了一套敎規敎儀，爲闡發其宗敎敎義而構造了相應的經典；最後爲把道敎建立成一完備的宗敎團體而編造了固定的神仙譜系和虛構的傳授歷史。道敎這樣一個發展過程或者可以說是一種完備意義上的宗敎團體發展的一般情形。我們研究宗敎史的目的之一就是要把它作爲一種社會意識形態來揭示其發生發展的規律，以便我們更深刻地認識它在社會生活中的作用。

三　道教哲學作爲一種宗教哲學有著它顯明的特點，其特點只能在和其他宗教對比中加以揭示

一種完備意義的宗教必定有其不同於其他宗教的特點。它的特點除了表現在某些外在的形式上，如教會的組織形式、教規教儀以及尊崇的神靈等等之外，更深刻地則應表現於其理論體系的層面，這是屬於宗教內容的方面。而其理論體系往往是由若干基本命題和一系列的概念範疇所表現的。如佛教的理論體系最終要論證的是「諸行無常」、「諸法無我」、「涅槃寂靜」等「三法印」，說這是佛教和其他教派的根本區別的標誌。中世紀的基督教有所謂「上帝存在」、「靈魂不死」和「意志自由」等三大命題，圍繞着這三大命題而有基督教宗教哲學和它的範疇體系。那麼道教哲學有沒有某些不同於其他宗教派別的基本命題以及構成其哲學體系的基本範疇呢？我們認爲是有的，特別在早期道教中表現得更爲明顯。幾乎所有宗教提出的都是「關於人死後如何」的問題，然而道教所要討論的則是「人如何不死」的問題。道教的理論體系就是圍繞著這個問題，從兩個方面表現了它與其他宗教派別不同的特點。早期道教說它自己的思想體系是從「三一爲宗」，即「天、地、人三者合一以致太平」、「精、氣、神三者混一而成神仙」，並從這裏演變出「長生不死」、「肉體飛昇」、「氣化三清」等觀念，而構成了道教的思想體系。

要了解佛教哲學的究極問題，從根本上說必須了解「涅槃」這個概念的涵義，所以俄國的佛教學專家徹爾巴斯基寫了一本書專門分析「涅槃」這個概念的涵義；而牟宗三則寫了《般若和涅槃》一書，結合中國佛教的特點解剖了「涅槃」這一概念。研究基督教一般說應從分析「上帝」這一概念著手，奧古斯丁（Aurelius Augustinus, 三五四—四三〇）作《上帝之城》（City of God）論證所謂「上帝」的「神性」；經院哲學的代表托馬斯・阿奎那（Thomas Aquinas 約一二二五—一二七四）著《神學大全》對「上帝存在」這個命題作了五大論證，也就是所謂本體論的論證。道教哲學的基本概念可以說是「氣」，對此能從下列幾個方面得到明證：第一，所謂「三一爲宗」，指的是「天、地、人三者合一」，而「天」、「地」、「人」之所以能「合一」，就在於它們同爲不同性質的「氣」；「精、氣、神三者混一」，而「精」、「氣」、「神」之所以能「混一」，也在於它們同爲不同性質的「氣」。第二，所謂「一氣化三清」，即認爲道教的三位最高眞神是由「氣」變化而成，或者認爲三重最高最神聖的「天」是由「氣」變化而成，這也是以「氣」作爲道教的基本概念。第三，在道教中雖也有以「道」爲最高範疇，但在早期道教講到「道」與「氣」的關係大體有三種情況：一種情況是認爲「道」比「氣」更根本，但「道」不能離「氣」；另一種情況是「氣」比「道」更根本，因爲道教以「氣」作爲宗主，如劉勰《滅惑論》引《三破論》謂：「道以氣爲宗」；第三種情況是認爲「道」即是「氣」，如陶弘景《養生延命錄》引《服氣經》說：「道者，氣也。」研究道教教義的哲學基礎，如果能把它關於「氣」

的概念涵義以及由「氣」這一概念演變出來的概念範疇體系作出認眞地分析，將會對道教的特殊本質有深入地了解。

黑格爾在《哲學史演講錄》中說：「文化上的區別一般基於思想範疇的區別。哲學上的區別更是基於思想範疇的區別。」如果我們把道教和其他宗教相比較，從道教所使用的概念範疇方面、由概念範疇形成的命題方面以及由一系列命題形成的思想體系方面進行比較，我們就可以比較清楚地看到道教的特點。道教是中華民族本民族的宗教，但它的產生確受到佛教傳入的刺激，因此我們可以通過對早期道教的歷史發展中佛道之爭來看道教作爲一種宗教的特點何在。

道教最早的經典《太平經》一方面表現了它受佛教某些方面的影響，如其中講到「守一」的問題，「守一」一詞雖在中國傳統思想裏已經有了，但在《太平經》中講得那麼多，那麼突出，顯然是受到漢時傳入的小乘佛教禪法「安般守意」的影響。另一方面也表現了它對佛教的批判和排斥，例如《太平經》中所謂「四毀之行」，顯然是針對佛教而發的；又提出「承負」的學說和佛教的「來世報應」相對立。到東晉以後，道教逐漸發展成爲完備意義上的宗教，有了它的理論體系，因而和佛教的分歧就越來越明顯了。那時佛教和道教的不同大體表現在三個問題上：即生死、神形問題；因果報應問題；出世、入世問題等。對這些問題加以分析，我們就可以認識到道教作爲一種宗教的特點。

在我們把道教和佛教作比較中，還會遇到一個問題，即爲什麼道教沒有像佛教那樣成爲世界性的宗教，而只是中華民族本民族的一種宗教呢？從道教的歷史看，道教在南北朝末期或者已經傳到朝鮮地區，在《三國史記》中記載有唐初道教傳入朝鮮的情形。但不久之後，佛教在朝鮮更爲流行而戰勝了道教，從此道教在朝鮮幾乎滅跡。這一時期，道教也經過朝鮮傳入日本，它對日本原有的「神道」或者有些影響，但日本的「神道」決不是因道教傳入才有的。道教在日本也沒有像佛教那樣流傳開來。道教在歷史上對其他國家就更沒有什麼影響了。照我看，道教之所以沒有能成爲世界性的宗教，主要是由於它作爲一種宗教，其理論和實踐都有很大缺陷，且帶有過於強烈的民族特色。道教作爲一種宗教所追求的目標是「長生不死」和「肉體成仙」，這和其他宗教派別講「靈魂不死」根本不同，而其宗教理論對「肉體成仙」、「長生不死」的論證，一方面說太粗糙，很難令人相信；因此後來道教也不得不吸收佛教關於「形盡神不滅」和「三世輪迴」等思想，這樣道教的流傳就大大受到限制，而佛教則可以在道教流傳所到之處取而代之；另一方面，它又太接近科學，道教爲了養生，要求「長生不死」、「肉體成仙」不得不注重身體的煉養，因而就把實質上是物質性的「氣」擡到最高的地位，並加以神秘化，所以中國的科學技術特別是醫藥學的發展和道教結上了不解之緣，道教利用科學就必然限制它作爲宗教可能發生的作用，因而在道教中「非科學」、「反科學」的成分和他中間的科學因素，就形成了一個極大的矛盾。宗教本應要求「出世」，而道教作爲中華民族的一種民族的宗教卻深深打上了「入世」的烙印，從每個道教徒個人說，他們要求「精、氣、神」三者混一而成仙；但道教作爲一宗教團體說又提倡「天、地、人」三者合一而「致太平」，所以它有著強烈地干預政治的願望。道教在虛構了超現實的神仙世界的同時，又希望把現實世界變成為理想世界，這也不能不是一極大的矛盾。研究道教的特點十分重要，它不僅可以使我們了解它和其他宗教派別的不同所在，而且通過對其特點的分析，來了解中華民族的民族文化、民族心理和思維方式的特色，了解我們這個民族科學技術、醫藥衛生發展的道路及其缺陷所在。一個民族要得到發展，不僅要了解它的今天和明天，而且要了解它的昨天；不僅要了解它現實的政治、經濟等方面的狀況，還應了解這個民族的傳統文化、傳統的宗教信仰和思維方式以及它對今天的影響。對中國本民族的宗教道教應該進行認眞的研究，其原因也就在於此了。

第二章《太平經》——道教產生的思想準備

恩格斯在《路德維希・費爾巴哈和德國古典哲學的終結》中說：「正像十八世紀的法國一樣，在十九世紀的德國，哲學革命也作了政治革命的前導。」有些宗教派別的建立往往也是有某些思想作爲它的前導，中國的道教就是一例。《太平經》的成書是早於道教的正式建立的，但道教建立後立刻把這部書作爲它的經典，從而使得《太平經》成爲研究道教史必須首先研究的一部書。本章打算就以下三個問題在前人研究的基礎上作進一步的討論：⑴《太平經》的成書問題；⑵《太平經》中的「氣」和「道」；⑶關於《太平經》若干問題的討論。

一　《太平經》的成書問題

關於《太平經》的成書問題，中外學者有諸多討論，問題的焦點集中在今本這部書是否成書於東漢末年。關於這個問題，王明先生《論〈太平經〉的成書時代和作者》（載《世界宗教研究》一九八二年一期）一文對湯用彤先生關於這一問題的考證作了非常有意義的發揮和有說服力的論證，因而本書不需要再作更多的討論。但是，根據史料對《太平經》成書的過程作一綜合性考察，似乎仍有必要。這樣，不僅可以說明《太平經》在東漢末年成書的必然性，而且可以了解這部書在當時的社會意義。

《太平經》和《包元太平經》

最早記載《太平經》的書可以說是牟子的《理惑論》，在這篇文章中說：

問曰：王喬赤松，八仙之籙，神書百七十卷，長生之書，與佛豈同乎？

牟子漢末靈帝時人，所言「神書百七十卷」當卽指的是《太平經》，並且已把它視爲講「長生」的道敎著作。而范曄《後漢書》雖較《理惑論》晚出，但在《襄楷傳》中所載的襄楷上疏則早於《理惑論》。《襄楷傳》中說：

（桓帝延熹九年，襄楷上疏曰：）臣前上琅玡宮崇受于吉神書，不合明聽。復上書曰：……前者宮崇所獻神書，專以奉天地、順五行為本，亦有興國廣嗣之術，其文易曉，參同經典，而順帝不行，故國亂不興。

《襄楷傳》又說：

初，順帝時，琅玡宮崇詣闕，上其師于吉於曲陽泉水上所得神書百七十卷，皆縹白素，朱介、青首、朱目，號《太平清領書》。其言以陰陽五行為家，而多巫覡雜語。有司奏崇所上妖妄不經，迺收藏之。後張角頗有其書焉。

唐章懷太子李賢注說：

神書，卽今道家《太平經》也。其經以甲乙丙丁戊己庚辛壬癸為部，每部十七卷也。

這些記載和今本《太平經》（或《太平經鈔》）本身關於此書的說明可以印證，《經鈔》丁部中說：

吾書中善者，使青為下而丹字（按《襄楷傳》注引《太平經》作「使青下而丹目」），何乎？吾道乃丹青之信也，青者生仁而有心；赤者太陽，天之正色。

這部「神書」取青赤之色，是由於這兩種顏色表現了天的「仁愛」和天的正色。這種用顏色來表明事物的（自然界的和社會的）善惡吉凶，正是漢朝五行學說的特點之一。《經鈔》壬部對《太平經》爲什麼是一百七十卷作了說明：

問曰：《太平經》何以百七十卷為意？曰：夫一者，乃數之始起。故天地未分之時，積氣都為一。……故數起於一，而止於十二。千之本，五行之根也。故一以成十，百而備也。……陰陽建破，以七往來，還復其故。隨天斗所指以明事，故斗有七星，以明陰陽之終始。故作《太平經》一百七十卷，象天地為數，應陰陽為法，順四時五行以為行，不敢失銖分也。

對《太平經》之所以爲一百七十卷的解釋，也是用的漢朝陰陽五行學說，這些說法當然都是一些牽強附會之辭，沒有必要去多作分析。但這兩段引文卻說明史書上記載的《太平經》和《太平經》本身的記載是相符的，並說明它的主要內容確實是一部講陰陽五行、與國廣嗣之術的巫覡雜語之書。這樣一類的書在東漢出現並不是偶然的，前此不僅已有作爲《太平經》主要內容的思想廣泛流行，而且西漢末已有一種《太平經》出世，這就是甘忠可所造的《天宮曆包元太平經》。《前漢書》卷七十五《李尋傳》中載：

成帝時，齊人甘忠可作造《天宮曆包元太平經》十二卷，以言「漢家逢天地之大終，當更受命於天，天帝使真人赤精子下教我此道。」忠可以教重平夏賀良、容丘丁廣世、東郡郭昌等。中壘校尉劉向奏忠可假鬼神罔上惑衆，下獄治服，未斷病死。賀良等坐挾學忠可書，以不敬論。後賀良等復私以相教。哀帝初立，司隸校尉解光亦以明經通災異得幸，白賀良等所挾忠可書，事下奉車都尉劉歆。歆以為不合五經，不可施行。而李尋亦好之，光曰：「前歆父向奏忠可下獄，歆安肯通此道？」時郭昌為長安令，勸尋宜助賀良等，尋遂白。賀良等皆待詔黃門，數見召，陳說「漢曆中衰，當更受命。成帝不應天命，故絕嗣。今陛下久疾，變異屢數，天所以譴告人也。宜急改元易號，乃得延年益壽，皇子生，災異息矣。得道不得行，咎殃且亡。不有洪水將出，災火且起，滌蕩人民。哀帝久寢疾，幾其有益，遂從賀良等議。……以建平二年為太初元年，號曰陳聖劉太平皇帝。……賀良等復欲妄變政事，大臣爭以為不可。……賀良等反道惑衆……執左道亂朝政，傾覆國家，誣罔主上，不道，賀良等皆伏誅。

根據以上所引史料，可注意者有以下幾點：

第一、甘忠可爲齊人；「重平」，服虔注謂爲「渤海縣」；「容丘」，晉灼謂爲「東海縣」，甘忠可、夏賀良、丁廣世等皆爲山東沿海一帶的人。而燕齊一帶自戰國後期以來是陰陽五行、神仙方術最爲流行的地方。得神書（《太平經》）的于吉也是山東近渤海地方的人，他得神書的地點「曲陽」漢時屬東海郡，也在齊地。我們雖不能據此就斷定《太平經》是直接由《包元太平經》

演變而成，但《太平經》成於燕齊神仙方術、陰陽五行流行的地域當非偶然。

第二、《包元太平經》內容雖不可詳考，但據上引材料也可知個大概。《包元太平經》據五行相生相剋的思想提出「漢家逢天地之大終，當更受命」；這類思想在漢朝本甚流行，其來源當自鄒衍。《史記・封禪書》說：「鄒衍以陰陽主運，顯於諸侯，而燕齊海上方士傳其道，不能通。然則怪迂阿諛苟合之徒自此興，不可勝數也。」而《太平經》，據《襄楷傳》言「專以奉天地、順五行爲本」、「其言以陰陽五行爲家」，亦爲傳鄒衍之說者。又夏賀良等據《包元太平經》所陳於哀帝者除「漢歷中衰，當更受命」外，尚有「成帝不應天命，故絕嗣，今陛下久疾，變異屢數」，故當「改元易號，乃得延年益壽，皇子生」，這也和《襄楷傳》所說《太平經》「亦有興國廣嗣之術」相一致。

第三、《包元太平經》和《太平經》或（《太平清領書》）之所以都叫《太平經》者，蓋均以「致太平」爲目的。按《李尋傳》謂哀帝從夏賀良等議下詔改元，並自號爲「陳聖劉太平皇帝」，其欲「致太平」之意可想而知。哀帝改元之詔書中有「夫受天之元命，必與天下自新」之語。何謂「元命」，或與《春秋緯元命包》之名稱有關。《後漢書・郅輝傳》謂，輝曾上書王莽，書中有「含元包一，甄陶品類」一句，李賢注說：「前書志曰：『太極元氣，合三爲一。』謂三才未分，包而爲一。」「三才」即天、地、人之謂，天、地、人包而爲一，則可致太平也。宋張君房《雲笈七籤》卷六謂「第二太平者，三一爲宗」，並引《太平經》甲部說「學士習用其書，尋得其根，根之本宗，三一爲主」、「澄淸大亂，功高德正，故號太平，若此法流行，卽是太平之時」。《太平經》以三一爲宗，其一意義就是使天、地、人三者合爲一，而據上引李賢注「包元」的意思也正是說「三才未分，包而爲一」，天、地、人三者合一就是太平之時了。

第四、《太平經》和養生成仙的神仙家思想有關（詳後），而《包元太平經》是否也和神仙家思想有關呢？甘忠可齊人，是燕齊神仙家流行的地方的人。《史記・封禪書》謂，燕齊地方流行「方仙道」，「形解銷化，依於鬼神之事」。《李尋傳》謂「劉向奏忠可假鬼神罔上惑衆」，忠可或與方仙道有關。又《李尋傳》中說「甘忠可……言……天帝使眞人赤精子下敎我此道」云云。「赤精子」或卽「赤松子」一類傳說中的仙人。「眞人赤精子」所教授之「道」爲何？或卽「方仙道」。又據《理惑論》言百七十卷神書似與「赤松子」有關。故今本《太平經》中之「眞人純」或卽由「眞人赤精子」演變而來？蓋「赤精」者「純」之謂也，重火德。按葛洪《神仙傳》謂老子「顓頊時爲赤精子」，此或最早以老子爲赤精子者，但想來葛洪亦應有所本。故此處之「眞人赤精子」或卽指老子，而「眞人赤精子下敎我此道」的故事，與老子授于吉《太平經》的故事不無關係。《三天內解經》亦謂老子「顓頊時號爲赤精子」。此經題名「三天弟子徐氏撰」。而徐氏爲何時人，不詳，但據文中所言或成於劉宋時❶。

---

❶《三天內解經》中說：「宋帝劉氏是漢之苗胄，恒使與道結緣，宋國有道多矣。」按此書構造道教歷史，至劉宋而止。

第五、《包元太平經》和《太平經》雖均言「奉天地，順五行」、「興國廣嗣之術」，以「致太平」爲主要內容，但爲什麼最高統治者開始都沒有接受呢？這是否也說明兩者之間的關係？成帝時劉向奏「忠可假鬼神罔上惑衆」；哀帝謂賀良等言論「背經誼，違聖制」；順帝時宮崇上《太平經》，「有司奏崇所上妖妄不經」；襄楷上《太平經》，尙書承旨謂「楷不正辭理，指陳要務而析言破律，違背經藝，假借星宿，僞托神靈，造合私意，誣上罔事」。可見這兩部書都有些與漢朝當時統治思想不合之處，均罪以「罔上惑衆」、「誣上罔事」、「假鬼神」、「托神靈」，「背經誼」、「違背經藝」等等。蓋漢朝以儒家思想爲正統，而此時之儒家思想雖已雜陰陽家之學說，但畢竟要以五經爲依據。劉歆反對《包元太平經》卽以其說「不合五經」，而《太平經》確也有「違背經藝」之處，所以二者最初都未被採用。

從以上五點看，可以說明《太平經》和《包元太平經》之間確有相當密切之關係。

《太平經》和《太平洞極經》

《太平經》這樣一百多卷的大書是如何形成的呢？看來是經過相當一段時間才形成，並非最初就有一百七十卷。據《襄楷傳》言，順帝時琅玡宮崇上其師于吉於曲陽泉水上所得之神書一百七十卷，而于吉的這部書又是誰授的呢？葛洪《神仙傳》說：

> 宮崇者，琅玡人也。有文才，著書百卷。師事仙人于吉。漢元帝時，崇隨吉於曲陽泉上遇天仙，授吉青縑朱字《太平經》十部。吉行之得道，以付崇。

這個說法當然是不可信的，但以後的很多書根據這個說法而言于吉所遇之「天仙」是「老君」或「太上」（太上老君）。《太平經》托「老君」所授，顯然是以便使道教和道家聯繫起來，以提高道教的地位。這樣作一方面可以和儒家佛教相對抗，另一方面也是要使道教多少有點哲理的色彩。《太平經》是老君所授的說法雖不可信，但由此道教就和道家結上了不可解之緣。奇怪的是唐王懸河《三洞珠囊》卷一也引有葛洪《神仙傳》卻與今本《神仙傳》不同：

> 帛和以素書二卷授于吉，且誡之曰：卿歸更寫此書，使成百五十卷。

王松年《仙苑編珠》則說得更具體：

> 于吉……見市中有賣藥公，姓帛名和，因往學之，乃授以素書二卷，謂曰：此書不但愈病，當得長生。吉受之，乃《太平經》也。行之疾愈，乃於上虞釣台鄉高峰之上，演此經成一百七十卷。

而敦煌《太平經》殘卷序引《百八十戒序》謂：

> 老子至琅玡，授與于君。于君得道，拜為真人，作《太平經》。……帛君篤病，從于君受道，拜為真人。

這一說法和上面兩段引文的說法又不同，不是帛和爲于君師，而是于君爲帛和師。上引《太平經》的傳授編撰史當然不會是眞實的，不過是否也可以從這些材料推測出這部書的成書過程呢？很可能《太平經》最初只有很少幾卷（也許就只有「二卷」），到順帝時由于吉把它擴充。由于吉傳授給宮崇。順帝時，宮崇曾向順帝獻過這部書。桓帝時，襄楷得到這部書，又向皇帝上此書，桓帝也沒有接受。襄楷由何處得此書，史書雖無明確的說明，但據其上疏推測，也很可能得自宮崇。楷疏中說「臣前上琅玡宮崇所受神書」云云，按宮崇在順帝時曾上此書，順帝後沖帝、質帝均在位一年，後卽爲桓帝，故襄楷後宮崇未久，很可能是直接從宮崇手中得到《太平經》。到靈帝時，據《理惑論》載，《太平經》大概已有百七十卷了。據以上材料，我們是否大體可以得到這樣一個結論：《太平經》原來只有很少幾卷，帛和（？）傳于吉，于吉傳宮崇，襄楷又得自宮崇，不斷擴充，成一百七十卷。

由順帝到靈、獻之世百餘年間，《太平經》經過于吉、宮崇、襄楷等人之手，由於是不斷擴充的，因此，以後就可能流傳不同卷數的《太平經》本。葛洪《抱朴子》中既著錄有五十卷的《太平經》，又著錄有一百七十卷的《甲乙經》；《太平御覽》卷六七三《像天地品》說《太平經》

「一百卷」；《三洞珠囊》引《神仙傳》作「一百五十卷」；唐法琳《辨正論》作「一百七十篇」；唐玄嶷《甄正論》作「一百八十卷」，陳馬樞《道學傳》作「二百卷」，當然說爲「一百七十卷」的記載最多。這裏需要特別提出的是自梁陳到隋唐之際又出現了一種一百四十四卷的《太平洞極經》，這一《太平洞極經》和《太平經》是什麼關係，近年來中外學者多有研究。已故道教協會會長陳櫻寧在一篇文章中說：

> 張道陵的《太平洞極經》、于吉的《太平清領書》，都說是老君所授，而且都在東漢順帝時代出現，這兩種書的名稱和卷數雖不一致，內容大概相同。
>
> 這兩種書的名稱雖不同，卷數雖有多有少，實際上無甚區別，既有卷數多的一種行世，那個卷數少的一種就漸漸地歸於自然淘汰了。

陳櫻寧會長的這個看法是很深刻的，我們這裏將對這個問題作進一步的討論。

最早著錄《太平洞極經》的是孟安排的《道教義樞》。據唐杜光庭《道德眞經廣聖義序》，謂孟安排有梁道士，號大孟。但今本《道教義樞》序中引了《隋書·經籍志》中的話，故不可能是梁道士孟安排撰寫的。據一九一一年刊《湖北通志》卷九十六唐聖歷（武則天年號）二年陳子昂《荊州大崇福觀記碑》載武則天時有道士孟安排，因此這部書很可能是唐初的作品。《道教義樞·七部義》中說：

按《正一經》云：有《太平洞極之經》一百四十四卷，此經感明治道，證果修因，禁忌衆術也。其《洞極經》者，按《正一經》，漢安元年（順帝年號），太上親授天師（按：指張道陵），流傳茲日。

說這部《太平洞極經》是由老君授天師張道陵的當然是不可靠的，但是不是在南北朝末期至隋唐之際除了一百七十卷的《太平經》外尚有一種百四十四卷的《太平洞極經》呢？我看是很可能有這樣一部一百四十四卷的《太平洞極經》的。但這部《太平洞極經》並不是一部不同於《太平經》的著作，而是在東漢末年經過長期編撰的《太平經》的一種。這部經一直流傳到宋朝後才消失，所以張君房說：「今此經流亡，殆將欲盡。」（《雲笈七籤》卷六）作爲單獨存在的《太平洞極經》雖已散失，由於它本來就是在梁陳至隋唐之際發現的《太平經》的一種本子，所以實際上已經包含在一百七十卷的《太平經》中了。陳櫻寧會長說：「既有卷數多的一種行世，那個卷數少的一種就漸漸地歸於自然淘汰了」，是很合理的。

爲什麼會出現這樣一種和《太平經》沒有什麼區別的《太平洞極經》呢？這個問題可以從今本《太平經》中找到答案，《太平經》卷四十一《件古文名書訣》（按：敦煌遺書《太平經》目錄作《救古文名書訣》）中說：

……實過在先生聖賢，各長於一，而俱有不達，俱有所失。天知其不具足，故時出河洛

> 文圖及其他神書，亦復不同辭也。夫大賢聖異世而出，各作一事，亦復不同辭，是故各有不及，各有長短也。是也明其俱不能盡悉知究洞極之意。……然太者，大也，行此者，甚治最優大無上。洞者，其道德善惡，洞洽天地陰陽，表裏六方，莫不響應也。皆為慎善，凡物莫不各得其所者。其為道乃拘校天地開闢以來，天文地文人文神文皆撰簡得其善者，以為洞極之經，帝王案用之，使衆賢共乃力行之，四海四境之內，災害都掃地除去，其治洞清明，狀與天地神靈相似，故名為大洞極天之政事也。

這段引文說得很明白，它的意思是說，其他各種書都各有長短，而《洞極之經》才是把天地開闢以來的「天文」、「地文」、「人文」、「神文」中最好的部分挑選出來編在一起，而且所謂《洞極之經》又可以名爲《皇天洞極政事之文》(見卷九十一)，此恰合《襄楷傳》所說《太平經》的性質，亦恰合今本《太平經》「三一爲主」之宗旨。今本《太平經》中有這樣的話，當然不會是說在《太平經》之外另有一種比《太平經》更好的《太平洞極經》了。所以把《太平經》稱爲《太平洞極經》本也是可以的。同時，今本《太平經》中有一段話說明《洞極經》編撰的過程，這點和我們提出的《太平經》編撰的過程也是一致的，也可以從一個側面說明所謂《太平洞極經》就是今本《太平經》的一個本子，卷八十八中說：

> 然，子已覺矣，於其宅中文太多者，主者更開其宅戶，收其中書文，持入與長吏衆賢共

> 次，去其中復重及惡不正者，以類相從，資而上付帝王；帝王復使衆賢共次，去其中復重及惡不正者，以類相從，而置一閑處，復令須四方書來，前後次之，復以類相從，復令須後書至也；其四方來善宅，已出中奇文殊方善策者，復善閉之。於其畜積多者復出次之，復賚上之，於四方辭旦日少畢竟也。所上略同，使衆賢明共集次之，編以為洞極之經。因以為大覺賢者，乃以下付歸民間，百姓萬民，一旦俱化為善，不復知為惡之數也。

這段話正說明，《太平經》是一次又一次不斷擴充又刪去其重複不必要部分編撰出來的，不過這段話把這一過程神秘化一番，以惑世欺人。至於這部書爲什麼可以稱爲《太平洞極經》呢？在今本《太平經》中也有解釋，卷七十一《眞道九首得失文訣》中說：

> 今天師為太平之氣出授道德，以興無上之皇，上有好道德之君，乃下及愚賤小民，其為恩乃洞於六合，洽於八極，無所不包。

這段話的意思是說，太平氣出，就可以有好的道德君主使愚賤的人民蒙受其恩，因爲太平之氣能「洞（按：「洞」即「通」義）於六合，洽於八極」，「故施洞極之經，名曰太平，能行者得其福」（卷一百十二）。在今本《太平經》中，「洞極」是「洞於六合，洽於八極」的意思，即是說

「無不包裹」。「六合」者，天地四方也；「八極」者，八方遠極之處，《後漢書·明帝紀》注引《淮南子》曰：「九州之外有八寅，八寅之外有八紘，八紘之外有八極。」而所謂「太平」本也有此意。《太平經鈔》癸部解釋《太平經》時說：

> 太者，大也；大者，天也，天能覆育萬物，其功最大。平者，地也，地平，然能養育萬物。經者，常也，天以日月五星為經，地以岳瀆山川為經。

「太平」是「天地」，無所不覆、無所不載，故廣大無邊，無不包裹也。又《太平經》稱爲《太平洞極經》，當和人君「致太平」的思想有關，如《經鈔》辛部中說：「故敎人拘校古今文，集善者以爲《洞極之經》……故敎訓人君賢者而敕戒之，欲令勤行致太平也。」《經》卷九十八《爲道成敗戒》中也說：「故念吾爲眞人作道，其大也則洞至無表，其小也則洞達無里，尊則極其上，卑則極其下，……然吾乃爲太平之君作經。」這和卷三十五《分別貧富法》所言《太平經》相同，其文謂「今天師爲王者開闢太平之階路，太平之眞經出」云云。故可說《太平經》或爲《太平洞極經》之簡稱，如其爲《太平清領書》之簡稱一樣。因此，《太平經》的作者把這部書看成是「精一不離，實守本根，與陰陽合，與神明同」的「神道書」。

《太平經》爲什麼是一百七十卷，在書中也有說明，《經鈔》壬部中說：「問：《太平經》何以百七十卷爲意？曰：……數起於一，而止十二，千之本，五行之根也，故一以成十，百而備也，故天生物，春響百日欲畢終。故天斗建辰，破於戌。建者，立也，萬物畢生於辰。破者，敗也，萬物畢死於戌。故數者，從天下地八方，十而備；陰陽建破，以七往來，還復其故。隨天斗所指以明事，故斗有七星，以明陰陽終始。故作《太平經》一百七十卷，象天地之數，應陰陽爲法，順四時五行以爲行，不敢失銖分也。」一爲數之始，可成十，成百，故有一百；天地八方而有十；北斗七星而有七，故《太平經》爲一百七十卷。《襄楷傳》中說「神書百七十卷」，「神書」是「神道書」的簡稱。在《太平經》中也往往把「神道書」簡稱爲「神書」或「道書」。卷四十一中說：「此道道（按：後一「道」字應爲「書」字之誤）者，名爲洞極天地陰陽之經，萬世不可復易也，」最高的「道書」是《洞極之經》。同卷又說：「時出河洛及其他神書，……其爲道乃拘校天地開闢以來，天文地文人文神文皆撰簡得其善者，以爲洞極之經，」而所謂最善的「神書」也是「洞極之經」，可見《太平經》的作者並沒有把「道書」和「神書」加以區別，因此有「神道書」這個名稱。

《太平經》自東漢順帝後不斷擴充爲一百七十卷，以後史書、道書、佛書均有著錄和引用。但這樣一部一百七十卷的大書在漫長的歷史中要完整的保存下來是很困難的，保存下來不經纂改也是很困難的，所以到明朝正統年間編《道藏》時只剩下五十七卷了，而且剩下的五十七卷也有不少是首尾不全的。另外有《太平經鈔》十卷，是唐閭丘方遠節抄自《太平經》的；《太平經聖君秘旨》據王明先生考證也可能出自閭丘方遠之手，《太平經鈔》甲部王明先生已證明其爲僞作，而《太平經鈔》癸部才是甲部之鈔。至於殘存的《太平經》中是否有後人篡改之處，不可詳考，但可以說大體上保存了漢朝的原樣。

史書中和道書中的《太平經》

《太平經》是一內容十分龐雜的書，這是由於它是經過相當長的一個時期不斷擴大而成所致，這種龐雜的情況在《太平經》本身中就可以找到說明，卷九十一中說：

> 天師之書，乃拘校天地開闢以來，前後賢聖之文，河洛圖書神文之屬，下及凡民之辭語，下及奴婢，遠及夷狄，皆受其奇辭殊策，合以為一語，以明天道。

卷八十八中也說：

> 今四境之界外內，或去帝王萬萬里，或有善書，其文少不足，乃遠持往到京師；或有奇文殊方妙術，大儒穴處之士，義不遠萬里，往詣帝王，炫賣道德。……或有四境夷狄隱人胡貊之屬，其善人深知秘道者，雖知中國有大明道德之君，不能遠□□（疑有脫誤）故賷其奇文善策殊方往道也。

可見，《太平經》所包含的內容十分龐雜，有河洛圖書之類，夷狄胡貊之語，有聖賢之辭，奴婢之文；善文奇策，殊方秘道，眞可謂一大雜燴。但《太平經》這部一百七十卷的大雜燴是否也有一主旨呢？看來，它還是有個中心思想的。

秦漢以後，中國進入了一個封建社會發展的新時期，從那以後中國大一統的封建帝國的規模已經基本確立。這時有兩件大事爲最高統治者所要求，一是鞏固其封建專制統治，即所謂「致太平」；二是如何延長自己的壽命和有子孫嗣續，以保證其統治的延續，所以秦始皇和漢武帝都希求長生不死。然而在西漢，鞏固封建統治的三綱五常、君權神授等思想，並沒有和求長生不死的神仙之術結合起來，雖然當時的許多皇帝對這兩個方面都同時提倡，雖然董仲舒提倡的天人感應目的論和神仙方術都很流行。但到東漢順帝以後，這兩方面漸有結合的趨勢，而這兩者的結合最可能由一種宗敎來實現，實現這種結合的就是原始道敎，而集中地表現了這兩個方面結合的又正是道敎經典《太平經》。

關於《太平經》內容主旨的記載，從史書方面說最早的是包含在《後漢書·襄楷傳》襄楷所上的疏裏。襄楷認爲，《太平經》是一部「奉天地，順五行」以求「致太平」的書，又是一部「興國廣嗣」求長生有後嗣的書。稍後《理惑論》又說明這部書的性質是「長生之書」。再後有葛洪的《神仙傳》。今本《神仙傳》雖爲人懷疑爲後人所僞托，但也不失可作爲參考。《神仙傳》說《太平經》「多論陰陽否泰災眚之事，有天道，有地道，有人道，云治國用之，可以長生，此其旨也」，這和《襄楷傳》中所說的《太平經》的主旨是一致的。對《太平經》的主旨用最簡明最概括的最早論述的則是《道教義樞》。《道教義樞》卷二中說「太平者，此經以三一爲宗」，接着引用了《太平經》甲部第一的話「學士習用其書尋得其根，根之本宗，三一爲主」以證明。又《雲笈七籤》卷六中亦引用了《太平經》甲部同樣的話。《太平經》甲部已佚，今本《太平經鈔》甲部又是僞作，而據敦煌本《太平經》目錄可知今本《太平經鈔》癸部恰是甲部之鈔，而《太平經》甲部第一篇的基本內容又包含在敦煌本《太平經》前面的序中。據日本學者考證敦煌本《太平經》殘卷（S四二二六）是六朝末的寫本，前有殘缺的序，後有後記（引《經》及《緯》），中爲《太平經》一百七十卷三百六十六篇的目錄，其目錄和今本《太平經》及《鈔》的篇目基本相同。現抄敦煌本前序中所包含的甲部第一的全文於下，以便展開說明《太平經》內容主旨的問題：

□（按：當為「甲」字）第一云：誦讀吾書者之災害不得復起，此上古聖賢所以候得久之本也。書有三等，一曰神道書，二曰核事文，三曰浮華記。神道書者，不離實，守本根，與陰陽合，與神同門。核事文者，考核異同，疑誤不實。浮華記者，離本已遠，錯亂不可常用，時時可記，故名浮華記。然則精學之士，務存神道，習用其書，守得其根。根之本宗，三一為主。一以化三，左無上，右玄老，中太上。太上統和，無上攝陽，玄老總陰。陰合地，陽合天，和均人。人、天及地，號為三才。各有五德，五德倫分。修事畢（按：疑「修」字前脫一字），三才後一。得一者生，失一者死。能遵上古之道，則到太平之辰，故曰三老相應。三五氣和，和生生氣，氣行無死名也。和則溫清調適，適則日月光明。人功旣建，天地順之，故曰先安中五，乃選仙士，賢者心賢，必到聖治。

所謂「三一爲宗」是說：天、地、人三者合一以致太平；神、氣、精三者混一而長生。「天」、「地」、「人」者卽「陽（太陽）」、「陰（太陰）」、「和（中和）」；「神」、「氣」、「精」者亦卽「陽」、「陰」、「和」，所以這兩個「三合一」實際上是一致的。關於「天、地、人」三者合一的思想，本來在《易・繫辭傳》中就有類似的觀點，《易・繫辭下》中說：

《易》之為書也，廣大悉備，有天道焉，有人道焉，有地道焉，兼三材而兩之，故六，六者非它也，三材之道也。

《說卦》中也說：

昔者聖人之作《易》也，將以順性命之理，是以立天之道，曰陰與陽；立地之道，曰柔曰剛；立人之道，曰仁曰義，兼三材而兩之，故易六畫而成卦。分陰分陽，迭用柔剛，故易六位而成序。

這種把「天」、「地」、「人」稱爲三才，並要求統一起來對中國傳統哲學有著很大影響，到漢朝這一觀點則服務於天人感應目的論。董仲舒《春秋繁露・天地陰陽》中說：

> ……人之超然萬物之上，而最為天下貴也。人下長萬物，上参天地，故其治亂之故，動靜順逆之氣，乃損益陰陽之化，而搖蕩四海之內。……是故人言既曰王者参天地矣。苟参天地，則是化矣，豈獨天地之精哉？王者亦参而淆之。

聖人參天地，贊化育，而能致太平者也，其所以然之故，即在於與天地相通而爲參。而《太平經》就是沿著這種思想發展而有「三一爲宗」的思想。《太平經鈔》乙部（《襄楷傳》注引同）中說：

> 順天地之道，不失銖分，立致太平，瑞並興。元氣有三名，太陽、太陰、中和；形體有三名，天、地、人……此三者常當腹心，不失銖分，使同一憂，合成一家，立致太平，延年不疑也。

《襄楷傳》注謂這段話出自《太平經・典帝王篇》（按：「典」當爲「興」字之誤），《經鈔》篇目題爲《和三氣與帝王法》，敦煌本作「和三五與帝王法」（按：「與」當爲「興」字之誤）。據篇目題及所引內容看，帝王所要求的恰是「致太平」和「延年長生」。而「致太平」和「延年長生」的方法就是要使「天、地、人三者合一」，「神、氣、精三者混一」，或者說「致太平」之所以可能在於「天、地、人三者合一」，「延年長生」之所以可能在於「神、氣、精三者混一。」

蓋「氣」或「元氣」一概念在《太平經》中最關重要，它構成天地萬物。漢朝關於宇宙構成的學說，一般均以爲宇宙是由元氣構成，如《孝經緯鈎命訣》中說：

天地未分之前，有太易，有太初，有太始，有太素，有太極，是為五運。形象未分，謂之太易。元氣始萌，謂之太初。氣形之端，謂之太始。形象有質，謂之太素。質形已具，謂之太極。五氣漸變，謂之五運。

所謂「五運」者，是說「元氣」變化的五個階段，所以「天、地、人」都是由「元氣」構成，「元氣無形，㕎㕎隆隆，偃者爲地，伏者爲天」（《河圖括地象》），「正氣爲帝」、「間氣爲臣」、「秀氣爲人」（《春秋演孔圖》）。要使天、地、人相通就得找出一種東西能把它們聯繫起來，而「氣」這種東西無形無象、不可捉摸，在當時條件下是最理想的把天、地、人三者統一起來的東西。如果天、地、人統一起來，這樣自然界和社會就成一和諧無矛盾的統一體，亦卽國泰民安的太平世了。而「天、地、人」之所以爲三氣，照《太平經》看是由於「天」爲「陽氣」（「太陽」），「地」爲「陰」氣（「太陰」），「人」爲「中和之氣」，所以《太平經》說：

……三氣合並為太和也。太和卽出太平之氣。斷絕此三氣，一氣絕不達，太和不至，太平不出。陰陽者，要在中和。中和氣得，萬物滋生，人民和調，王治太平。

天、地、人三者能否合一，主要在「中和之氣」方面，卽在人的方面，所以「人」（這裏主要指的是「人君」）如果能「以道德化萬物，令各得其所」則「民氣上達」，「天人一體矣」。

天、地、人的合一是就自然和社會的合一說的，如果實現了這三者的合一則太平氣至，「太平氣至，陽德君治，當得長久」，這樣封建的專制統治就得到鞏固了。但對帝王本身說，他不僅要求國泰民安的太平世，而且要求自己可以永遠統治這個所謂的「太平世」的社會，因此也要追求長生不死。我們可以看到，在《太平經》中包含了大量關於個人如何長生不死，成仙度世的內容。個人長生不死如何可能？這就要求創造一種可能「長生不死」的「理論」，亦卽要找到一種「成仙度世」的「解釋」。本來在漢朝對人的生命現象的了解，一般都認爲「神」現於人間社會，或者說把神和「形」結合在一起就是「生」，「神」和「形」分離則是「死」。並且認爲，不僅「形」是由「氣」構成，「精神」也是由「氣」構成，《淮南子•精神訓》高誘注：「精者，人之氣」；《白虎通•性情》：「精神者何謂也？精者，太陰施化之氣也；神者，恍惚太陽之氣也。」《大戴禮•曾子天圓篇》：「陽之精氣曰神」；《禮記•聘義》鄭玄注：「精神亦謂精氣」。《太平經》也是這樣認爲，不僅「形」是「氣」，而且「神」、「精」都是「氣」，如果三氣結合則人能長生久視。照《太平經》看，「致太平」和「成神仙」二者又是相輔相成的，其所以然之故也在於精、氣、神三者合一，故《太平經聖君秘旨》說：

夫人本生混沌之氣，氣生精，精生神，神生明，本於陰陽之氣，氣轉為精，精轉為神，神轉為明。欲壽者當守氣而合神，精不去其形，念此三合以為一，久即彬彬自見，身中形漸輕，精益明，光益精，心中大安，欣然若喜，太平氣應矣。修其內，反應於外。內以致壽，外以致理，非用筋力，自然而致太平。（《合校》七三九頁）。

又《太平經鈔》癸部中說：

三氣共一，為神根也，一為精，一為神，一為氣。此三者，共一位也。本天地人之氣，神者受於天，精者受於地，氣者受之于中和（按：同卷有「神者主生，精者主養，形者主成」，此處之「氣」即是「形氣」），相與共為一道。故神者乘氣而行，精者居其中也。三者相助為治，故人欲壽者，乃當愛氣尊神重精也。❷

---

❷ 按《道藏》滿字帙有《玄洞靈寶太上六齋十直聖紀經》中說：「夫修身之道，乃國之寶也。不可不愛，不可不貴也。然一身之根有三，一爲神，二爲精，三爲氣也。此三者本天地之氣也。神者受於天，精者受於地，氣者受於中和也。相與共爲一道也。故神者形乃乘也，氣者神之輿也，精者居其中也，三者相助爲理，夫人欲壽者，乃當愛氣尊神重精也」。此段顯係錄自《太平經》，而改「三者相助爲治」爲「相助爲理」，避唐高宗諱也，可知此書應爲唐朝的作品。

「神者受之於天」，即受之於「陽氣」；「精者受之於地」，即受之於「陰氣」。「陽氣」、「陰氣」、「中和之氣」三者混一名爲「守一」。「守一」者守「氣」也，「一者，其元氣純純之時也」。

「古今要道，皆言守一，可長存而不死。」由於人的「神」、「精」、「氣」本爲「陽」、「陰」、「和」，而「天」、「地」、「人」亦爲「陽」、「陰」、「和」，所以這兩種三合一是統一的。《太平經聖君秘旨》中說：

> 夫守一者，可以度世，可以消災，可以事君，可以不死，可以理家，可以事神明，可以不窮困，可以理病，可以長生，可以久視。……子知一，萬事畢矣。

能作到「守一」當然就是無所不能的神仙了。《太平經》內容主旨的所謂「三一爲宗」，當然是荒誕的無稽之談，但是這種荒誕的無稽之談正是適應漢王朝最高統治者的需要。自漢武帝以後，董仲舒提出「罷黜百家，獨尊儒術」，此後沿着董仲舒天人感應目的論的神學發展，而有神學意味越來越濃厚的讖緯迷信之類。宗教必定是有神論，但是否任何有神論都能成爲宗教呢？那卻不一定。因爲一種完整意義上的宗教（這是指階級社會中的宗教），它不僅有對神靈的崇拜，而且還應有固定的教會組織和一整套教規教儀以及教會傳授歷史等等。一般地說，宗教總是要把世界二重化爲現實世界和超現實世界，其教義認爲人們只有在超現實的世界裏才能永遠地擺脫現實社會中存在的種種苦難，人們的美好的、幸福的生活最後只能在那超現實的彼岸世界中實現。中國的儒家思想特別是兩漢的儒家思想儘管也承認有神，但它並不認爲必須在現實世界之外去實現其理想，而是力圖在現實社會中實現其「治國平天下」的理想，雖然這只是幻想和欺騙。在我國宗教雖然有過很大影響，但始終沒有能成爲獨占的統治思想，並且常常居於次要地位，這和作爲正統思想的儒家思想這一特點有關。儒家思想到東漢以後，從發展上看也很有可能成爲一種宗教，因爲從有神論，讖緯迷信發展成一種宗教並非很困難。但儒家在漢朝終究也沒有成爲一種宗教，這和它只要求在現實社會中實現其「治國平天下」的理想，而並不要求在超現實世界中去實現有著直接聯繫。因此隨著漢王朝衰落，在這個經濟、政治、精神和道德普遍瓦解的時代，儒家思想既然不能成爲一種宗教，而其統治地位又走了下坡路，於是儒家思想的衰落，就爲一種宗教的產生提供了條件。道教正是這種我國本民族的適應當時社會的需要，表現了我國古代本民族思想文化的某些特點的一種宗教。它作爲一種宗教虛構了一個神仙世界，告訴人們可以通過道德的修養，身心的修煉而得以成神成仙，在那超現實的世界裏永遠擺脫現實社會中的種種苦難。另一方面，它又有強烈地干預政治的願望，說帝王可以通過「奉天地、順五行」而「致太平」，把天上的千年王國實現於現實社會中，又把現實社會變成理想的超現實世界，使現實世界和虛幻的神仙世界合二爲一，而這兩個方面的結合構成了中國道教的特色。然而，成神成仙固然是虛妄的，就是「致太平」在過去的社會裏也從未實現。宗教包括道教並未給人們帶來任何幸福，只能給人們以精神上的某種安慰和麻醉。

二 論《太平經》中的「氣」與「道」

《太平經》中的一些基本概念及其涵義對道教有着重要的影響，甚至可以說道教的基本概念大都是直接從《太平經》中來的。在《太平經》中有許多特殊的爲其宗教神學所要求的概念，其中最重要的是「氣」和「道」這兩個概念，此外尚有「守一」、「承負」、「太平」、「洞極」等等。分析這些概念的涵義，對了解道教作爲一種宗教的特點是非常重要的，這些概念在以後道教的經典中常常被使用並加以發揮，它們成爲道教理論體系的支柱。

據《道教義樞》和《雲笈七籤》中所說《太平經》的主旨是「三一爲宗」，卽要求精、氣、神三者結合而成神仙，天、地、人三者合一而致太平，這兩方面都是由「氣」構成的，而使精、氣、神能結合，天、地、人能結合則是「道」的作用。因此，我們可以先分析《太平經》中「氣」這一概念的涵義和它的作用，進而分析「道」的涵義及其作用，最後討論「氣」和「道」的關係，這不僅可以使我們了解《太平經》作爲一種宗教理論的特點，而且也對整個道教的宗教理論的了解有所幫助。

(一)《太平經》中「氣」的概念的分析

自先秦以來，對於宇宙萬物的構成有著種種的學說，《易經》這個系統以爲宇宙萬物的構成是由「太極」而「兩儀」而「四象」而「八卦」的這樣一個系列，而「太極」本可了解爲「氣」，鄭玄釋「太極」謂：「極中道淳和未分之氣也。」(《文選注》引)「氣」本身包含着陰陽兩種性質，也有解釋爲陰陽二氣者。《洪範》系統則有「五行」，以爲一切事物皆由金、木、水、火、土等五行構成。《管子》書中既有以「水」爲天地萬物之本源者，也有以「氣」爲構成天地萬物之初基者。天地萬物構成問題的另一方面是它有一個什麼樣的架構，《易經》系統認爲一切都以陰陽分爲兩類而有秩序地存在著，或認爲宇宙中最重要者爲「天」、「地」、「人」，而這三者之所以重要也是因其具有對立統一的特點，「在天爲陰與陽，在地爲剛與柔，在人爲仁與義」。《洪範》的「九疇」均可納入「五行」的系統，從而把自然與社會的一切方面都歸於「五行」的架構之中。《管子》中《白心》、《心術》、《內業》等篇則把自然界的變化，社會的興衰，人們的休咎禍福之因統統都歸之於「氣」的有規律的變化的架構之中。在天地萬物構成問題上還有一發展系列問題，《周易》有一「太極生兩儀，兩儀生四象，四象生八卦」的系列。鄒衍用「五行」而有「五德轉移」之系列(見《呂氏春秋·應同》)。

這一關於宇宙構成的元素架構和系列問題到漢朝更有發展。《淮南子·天文訓》中說：

> 太始生虛霩，虛霩生宇宙，宇宙生元氣，元氣生涯垠，清陽薄靡而為天，重濁凝滯而為地。

這是說，宇宙開始時是一無所有的「太始」，「虛霩」是時空未分的原始狀態；「宇宙」是指沒有任何事物的時空；在時空中有了未分化成天地萬物的「元氣」，而後由「元氣」分化爲陰陽二氣，即是天地，而萬物生焉。《天文訓》並以陰陽四時之配合而說明自然界和社會存在之構架與系統，這樣就把先秦關於「氣」、「陰陽」、「五行」結合起來以解釋天地萬物的構成問題。董仲舒更進一步用「陰陽五行」說把宇宙構成問題神秘化。他雖然仍以爲「天」是宇宙的最高主宰，但「天」主宰萬物是通過「氣」來實現的，所以他說：

> 天地之氣，合而為一，分為陰陽，判為四時，列為五行。

陰陽五行都是「氣」。董仲舒把一切自然現象和人類社會生活都配置在陰陽五行的機械和神秘的系列架構之中。陰陽五行不僅是構成天地萬物的材料，而且是有能動性、有意志、有道德性的神秘力量，它可以支配自然界和人類社會的變化。因而，董仲舒的「天人感應」目的論實際上是通過陰陽五行之氣的學說來表現的。至於緯書則使這種機械的和神秘的宇宙構成理論更加系統化了。《乾坤鑿度》用陰陽五行來建構了一種宇宙系統論的形式，其中說：

昔者聖人因陰陽，定消息，立乾坤，以說天地。夫有形生於無形。乾坤安從生？故曰：有太易，有太初，有太始，有太素。太易者，未見氣也；太初者，氣之始也；太始者，形之始也；太素者，質之始也；氣，形質具而未離，故曰渾沌。渾沌者，言萬物相渾成而未離，視之不見，聽之不聞，循之不得；故曰易也。

緯書這一段話說明，「聖人」構造了一個關於宇宙構成的系統論學說，它表達了漢朝學者對宇宙構成的系統觀點的各個方面：第一，宇宙的發生有一個系列，這個系列是由「無」而「有」，但這個「無」並不是「虛無」，而是說一切都存在於潛藏的無形無聲的渾沌狀態，所以「易」是「萬物相混成而未離」的狀態。《乾坤鑿度》也說：「太易始者，太極成。太極成，乾坤行。……乾坤卽行，太極大成。」這是說「太極」已包含着「乾坤行」了，這是宇宙發展到開始顯露的階段，而「太易」則不過是「乾坤」還沒有顯露，並不是根本沒有乾坤。第二，從萬物成構的材料說，萬物都是由「元氣」構成，因爲有「氣」，然後才有「形」有「質」，而任何事物都是有形質的。《孝經緯鈎命訣》中對這點說得更明確，謂：

天地未分之前，有太易，有太初，有太始，有太素，有太極，是為五運。形象未分，謂之太易。元氣始萌，謂之太初。氣形之端，謂之太始。形變有質，謂之太素。質形已具，謂之太極。五氣漸變，謂之五運。

可見宇宙萬物都是由「氣」而成，而且是「氣」由無形而有形有質的演化過程。第三，這一由「元氣」構成的宇宙萬物的一切方面都可以納入一陰陽五行的架構之中。「天」是「上元」之「氣」，「地」是「下元」之「氣」，「人」是「中元」之「氣」。就自然現象說，太極二分爲陰陽，生天生地；天地有四時，即春夏秋冬；四時各又有陰陽剛柔之分而有八卦，則爲天地風山水火雷澤等等。時間之十二月，空間之四正四維均依陰陽五行的世界圖式而存在。就社會生活方面說，因陰陽而有三綱六紀，五氣變形以爲五常，則有仁義禮智信；五德相生相剋，故有朝儀之更替。

漢朝的這種宇宙構成論學說直接影響著《太平經》。

「氣」在《太平經》中是一最重要的概念，宇宙中的一切都是由「氣」構成。《夷狄自伏法》中說：

> 一氣爲天，一氣爲地，一氣爲人，餘氣散備萬物。

最根本的「氣」叫「元氣」，「天地開闢貴根本，乃氣之元也」（《經鈔》乙部《修一却邪法》）。所謂「氣之元」，即是說「氣」的初始狀態，故稱「元氣」。從《分解本末法》所說的「人」修道的次第看，達到最高的階段也是「與元氣比其德」，這是比「與天比其德」更高一個等級的。爲什麼「元氣」爲最根本的「氣」？就在於「元氣乃包裹天地八方，莫不受其氣而生。」（《經鈔》乙部《修一刼邪法》）因此，「元氣」是宇宙未分之狀態，所以說：「元氣與自然太和之氣相通。」（《三氣相通訣》）「自然太和之氣」係爲「氣」之未分化之時也。照《太平經》看，宇宙最初爲天地未分化之狀態，因此一切都是混沌冥冥沒有分別的，但是一切分別已包含在其中，隨着時間的推移，事物的分別就逐漸顯現了，所以《三者爲一家陽火數五訣》中說：

天地未分，初起之時，乃無有上下日月三光，上下洞冥，洞冥無有分理，雖無分理，其中自有上下左右表裏陰陽，具俱相持，而不分別。若陰陽相持而共生，其施洞洞，亦不分別。已生出，然後頭足具。

「元氣」雖無具體形狀，但它可以作成一切有形狀的事物，「元氣無形，以制有形」（《經鈔》乙部）。《太平經》這一關於「元氣」的觀點是漢朝所通常流行的觀點，如《九象易》說：「元者，氣之始也，」《河圖緯》說：「元氣無形，洶洶隆隆，偃者爲地，伏者爲天。」《太平經》以爲「元氣」分而有天、地、人，《經鈔》戊部中說：

元氣恍惚自然共凝成一，名為天也；分而生陰而成地，名為二也；因為上天下地，陰陽相合施生人，名為三也。

「元氣」是天地人未分的統一狀態，故「元氣」又可名爲「一」，「一者，元氣純純之時」。

（《國不可勝數訣》）「天地人同本一元氣，分爲三體」（《三五優劣訣》），「元氣」分爲天地人三體，就其性質說則是「太陽氣」、「太陰氣」和「中和之氣」。由「元氣」分化出來的整個自然界和人類社會都可依「太陽」、「太陰」、「中和」三種性質的氣分別構成，在《和三氣興帝王法》中對這一問題作了集中的描述：

> 元氣有三名，太陽、太陰、中和。形體有三名，天、地、人。天有三名，日、月、星，北極為其中也。地有三名，為山、川、平土。人有三名，父、母、子。治有三名，君、臣、民。欲太平也，此三者常常心腹，不失分銖矣，使同一憂，合成一家，立致太平，延年不疑矣。

按：《後漢書・襄楷傳》注引此段。在《經鈔》壬部更以「道」、「德」、「仁」、「生」、「養」、「施」等配合「太陽」、「太陰」、「中和」三氣。《太平經》把自然界和社會的一切方面都納入以「元氣」爲根本的系列之中，而構成了一種宇宙的架構系統，可以如下：

太陽＝道＝父＝天＝生＝君……
太陰＝德＝母＝地＝養＝臣……
中和＝仁＝子＝人＝施＝民……

這種把宇宙萬物三分的方法可能來源很古，但與《太平經》較爲切近的則是緯書的《樂緯動聲儀》，其文說：

> 上元者，天氣也，居中調禮樂教化流行，總五行氣為一。下元者，地氣也，為萬物始質也，為萬物之容範，生育長養，蓋藏之主也。中元者，人主也，其氣以定萬物，通於四時，象天心，理禮樂，通上下四時元氣，和合人之情，以慎天地者也。

「元氣」分為「天氣」、「地氣」、「人氣」。「人氣」主「和合」，此或為漢時之通論。劉歆《三統歷》說：「太極元氣，涵三為一」，謂「天」、「地」、「人」混為「一元」，「一元」指「元氣」。《春秋》說「元者，端也，氣泉也」，徐彥《公羊傳疏》引何休《公羊傳·隱公三年》注：「元者，氣也，無形以起，有形以分，造起天地，天地之始也。」照《太平經》看，天地人三者合一則可致太平，《和三氣興帝王法》中說：

> 三氣合併為太和，太和即出太平之氣。……陰陽者，要在中和。中和氣得，萬物滋生，人民調和，王治太平。

天下太平是要由中和之氣來調和陰陽二氣以致「太和」而有「太平之氣」。「太平氣」的出現是祥瑞的徵兆，這是君王所追求的。「今行太平氣至，陽德君治，當得長久」（《不用大言無效訣》）。「太平氣」就其性質說應當是三氣的結合，但也並不是三種氣都起同樣的作用，而是陽氣興盛，故說：「太平氣至，陽氣大興。」（《經鈔》辛部）或者是陰陽二氣之調和，又有說：「太平氣垂到，調和陰陽者。」（《齋戒思神救死訣》）或是中和氣起調和陰陽二氣之結果。總之，「太平氣」的到來，天下就可以得到治理，則萬民無不歸之。帝王當知「理亂之本，太平之基」的九事，《經鈔》辛部中說：

> 上天諸神言，好行道者，天地道氣出助之；好行德者，德氣助之；行仁者，天與仁氣助之；行義者，天與義氣助之；行禮者，天與禮氣助之；行文者，天與文氣助之；行辯者，亦辯氣助之；行法律者，亦法律氣助之。

帝王行此「九事」，則「天將助之，神靈趨之，深思其要義，則太平氣立可至矣」，所以「太平氣」可以包羅各種美好的氣。

「元氣」所表現的另一方面，即是它又分爲「精」、「氣」、「神」三氣，而此三氣的結合，則人可以長生不死而成神仙。所以在《和三氣與帝王法》中說：「此三者（按：指太陽、太陰、中和三氣）……合成一家，立致太平，延年不疑矣。」帝王不僅要求天下太平，而且要求「延年益壽」，乃至「長生不死」。《經鈔》癸部中說：「三氣共一，爲神根本，一爲精，一爲神，一爲氣。」《太平經》中這種把生命現象看成是「精」、「氣」、「神」三者的結合，也是漢朝已有的思想，如《淮南子·原道訓》中說：

夫形者，生之舍也；氣者，生之充也；神者，生之制也，一失位則三者傷矣。是故聖人使人各處其位，守其職，而不得相干也。故夫形者，非其所安也而處，則廢；氣不當其所充而用之，則泄；神非其所宜而行之，則昧，此三者不可不慎守也。

這裏的「形」是指「形氣」，卽是「精、氣、神」中之「氣」，這在《太平經》也有同樣的用法（見前）。而「氣」則是指「精氣」，它是在身體內部流通的一種細微的「氣」，《太平經》中有所謂「內氣」，或卽「精氣」之另一名稱。「神」卽是「神氣」。在西方古代哲學中同樣也有把「精神」或「靈魂」看成是由物質性的「氣」或者某種其他物質性的東西所構成。如恩格斯在《自然辯證法》中說：「在安納克西門那裏，靈魂是空氣(如像在《創世紀》中一樣)。」《聖經・舊約・創世紀》記載着上帝創造世界的過程，它說：「天地萬物都造齊了，到第七日上帝造物的工作已經完畢，……耶和華上帝用地上的塵造人，將生氣吹在人鼻孔裏，他就成了有靈的活人，叫亞當。」把「精神」或「靈魂」看成是一種物質，在伊斯蘭哲學中也有，如拉齊（九二三年卒）說：「靈魂是簡單的光的物質。」金堅選（生活在九世紀）也認爲：「人類的靈魂是單純的不滅的物質。」更有名的伊斯蘭哲學家伊本。西那（九八〇——一〇三七）認爲：「每個靈魂自始就是單獨的物質，靈魂存在於肉體的期間，這種單獨性繼續增加。」《淮南子》把人的精神也看成是一種氣，照《淮南子》的看法，如果「精神內守形骸而不外越，則望於往世之前，而視於來世之後」，「省嗜欲，則所以修得生也」（俞樾注謂：當作「得修生」）。《太平經》中也說，如果人能「愛氣尊神重精」就可以「長生」。而「精」、「氣」、「神」都是「氣」，所以把「氣」養好是「長生不死」的關鍵。《還神邪自消法》中說「養生之道」在於「安生養氣」。《包天裹地守氣不絕訣》中也說：「然天地之道所以能長且久者，以其守氣而不絕也。」《太平經聖君秘旨》也說：「欲壽者當守氣而合神，精不去其形，念此三合以為一。」又說：

> 夫守一者，可以度世，可以消災，可以事君，可以不死，可以理家，……可以長生，可以久視，元氣之首，萬物樞機。

「守一」就是守住「元氣」，所以《經鈔》乙部中說：「夫一者，乃道之根也，氣之始也。」「道」是支配天地萬物者（詳後），而「一」是「道」支配天地萬物的本根，無此「一」則「道」無所支配，「一」又是「氣之始」，而「氣之始」即是「元氣」，「天地開闢貴本根，乃氣之元也」（《經鈔》乙部）。「元氣」分為精、氣、神三氣，如果守住「元氣」則可使精、氣、神三者常合一，故曰「三一」。所以《太平經》又把「一」稱為「元氣純純之時」，就是說「一」是氣最純粹的統一狀態。因此，在《太平經》中把「守一」看成是「長生不死」「得道成仙」的根本途徑。《經鈔》壬部中說：

古今要道，皆言守一，可以長存而不老。人知守一，名為無極之道。人有一身，與精神常合併也。形者乃主死，精神者乃主生。常合則吉，去則凶。無精神則死，有精神則生。常合即為一，可以長存也。常患精神離散，不聚於身中，反令使隨人念而游行也。故聖人教其守一，言當守一身也。

「守一」是要使「精」、「氣」、「神」合而爲一，「形氣」如無「精氣」和「神氣」則死，但「精」和「神」也必須有可聚之處，這個所聚之處就是「形」。因此，「守一」這種方法就成爲以後道教求得所謂「長生不死」的「大法」了。「天」、「地」、「人」合一而致太平，是由於太平氣至；「精」、「氣」、「神」合一而成神仙，是由於「守一」。所以「精」、「氣」、「神」的三者合一和「天」、「地」、「人」的「三者合一」同樣是《太平經》所要闡明的主要宗旨。

在《太平經》中，「氣」可以說是一最普遍的概念，我們可以看到，事物有什麼樣的性質就有什麼樣性質的「氣」，事物之間的一切感應關係都是由「氣」的作用而形成。「氣」除了有「陰」、「陽」之別，尚有「正」與「邪」、「善」與「惡」、「刑」與「德」、「凶」與「吉」之分，如說「邪氣止休，正氣遂行」，「善氣蔽藏」，「惡氣行也」，「置其德氣陽氣，乃萬物得遂生；如中有凶氣輒傷」，「不欲見刑惡凶氣，俱欲得見樂氣」。「氣」有春、夏、秋、冬之別，有水、火、木、金、土之異，即有所謂「四時五行之氣」，如說：「……有木行，有春氣。……有火行，有夏氣。……有土行，有四季中央之氣。……有金行，有秋氣。……有水行，有冬氣。」「金氣斷，則木氣得王，火氣大明，無衰時也。……火不明則土氣日興，……金囚則水氣休。」「氣」有喜、怒、哀、樂之情，如說：「悅樂氣至，急怒氣去。」「氣」有帝、王、相、侯、微之等級，如說：「常先動其帝氣，其次動王氣，其次動相氣，其次動侯氣，其次動微氣。」「氣」可以行賞罰，如說：「元氣自然樂，則合共生天地，悅則陰陽合，風雨調。……元氣自然不樂分爭……天氣不調……反致凶，故刑氣日興，樂者絕之。」「氣」可以致太平，如說：「今行太平氣至，陽德君治，當得長久，」「太平氣至，萬物皆理矣，」「中和氣得，萬物滋生，人民調和，王治太平。」此外尚有「生氣」和「死氣」，「內氣」和「外氣」，「上氣」、「中氣」和「下氣」，以及「五常之氣」，「洞極之氣」等等。這就是說，一切事物及其屬性都是「氣」的存在的不同狀態，每種「氣」有每種「氣」的作用，如「王相之氣」主「太平」，「囚廢之氣」主「凶年」。所以《太平經》對「氣」所下的定義是：「夫氣者，所以通天地萬物之命也。」（《來善集三道文書訣》）

關於事物之間存在着感應關係的問題，在先秦時已爲一些思想家所注意。《呂氏春秋·應同篇》中說：「類同則昌，氣同則合，聲同則應。」在音樂理論中有「共鳴」、「共振」的理論，有所謂「鼓其宮而他宮應之，鼓其商而他商應之」，在醫學中注意到了自然環境的變化對人身體的影響，有所謂「天將陰雨，人之病故爲之先動，是陰陽相應而起也」，在天文學中也注意到天象的變化與作物生長之間的關係，所有這些都可以說是一種「機械感應論」。但是同時也有一些思想家據此以論證「天」與「人」之間的某種神秘的感應關係。戰國末有鄒衍從物類相感推出天人相感，他從「類同相召，氣同則和」推出「帝者同氣，王者同義，霸者同力」，再推出「凡帝王之將興也，天必先見祥於下民」（均見《呂氏春秋・應同篇》）。漢時董仲舒也和鄒衍一樣，從物類的機械感應推出天人感應。在《春秋繁露》的《同類相動》中，他說：

琴瑟報彈其宮，他宮自鳴而應之，此物之以類動也。其動以聲而無形，……則謂之自然，其實非自然也，有使之然者矣。物固有實使之者，其使之無形。

在這裏董仲舒講的是物類相應，要認爲這種感應關係不是沒有原因的，是有一「無形」者「使之然」的，據此他得出「帝王之將興也，其美祥亦先見，其將亡也，妖孽亦先見」，這是「天」使之然的。《太平經》中關於事物之間的感應關係也大體上是繼承着秦漢以來的這種學說，不過他以爲一切事物之間的感應關係都是「氣」的作用，在《天文記訣》中說：

天地有常法，不失銖分也。遠近悉以同象，氣類相應，萬不失一。

事物無論遠近，只要是相同性質的氣類都可以有感應關係，這是天地間的常規，不會有半點差錯。在《經鈔》庚部中說，帝王治理政事要順天地之心意，這是因爲要「同和其氣」，在春天應主東方，夏天應主南方，秋天應主西方，冬天應主北方，這是因爲要和「天」相應，「氣同則相迎也」。「氣」有正有邪，人亦有正有邪，因爲同類可以感應，「君子理以公正，神亦理以公正；小人理以邪僞，鬼物亦理以邪僞，明於同氣類也」（《經鈔》辛部）。在天有王氣、相氣、微氣、休氣、廢氣、刑死囚氣等等，因此在人間就有帝王、宰輔、小吏、後宮、民、獄罪人與之相應，這是「以類遙相感應」的緣故。從「人」的一方面說，如果君主能行德政，則太平氣可以到來，天下可得而太平，「德君以治，太平之氣立來也」。從「天」的一方面說，太平氣的到來，天下之惡事悉可盡去，善事悉可以興起，太平盛世就實現了。「天」和「人」雖然「相去遠」，但「應之近」，蓋「天人一體」同爲氣類也。

（二）《太平經》中「道」的概念的分析

「道」作爲一最高哲學範疇無疑是由《老子》開始的，而道教的「道」的概念也是從《老子》中來的。在《老子》書中「道」就有種種不同涵義。分析起來至少有下列四層相互聯繫的涵義。

1.「道」是構成天地萬物的材料。在《老子》中有「樸」這樣一個概念，第三十二章說：「道常無名，樸，雖小，天下莫能臣。」《司馬光注》說：「樸，道之質。」《河上公注》說：「無名之樸，道也。」這就是說，可以把「道」看成就是「無名之樸」，可也以把「樸」看成是「道」的本質屬性。而《老子》二十八章說：「樸，散則爲器。」「樸」本來是最細小的東西，它雖然細小，但是它是構成天地萬物的材料，所以散布爲各種各樣的器物。既然「道」就是「樸」，因此，「道」在《老子》中有構成天地萬物材料的意思。就這個意義上說，老子的「道」的涵義屬於宇宙構成論的問題。

2.「道」是規範萬物的法則。《老子》第二十五章中說：「道法自然」。又說「道」是「獨立而不改，周行而不殆」。這就是說，「道」是自然而然地不斷運行着的法則，因而事物都應按照它來運行，「人法地，地法天，天法道，道法自然」。作爲統治者也應按照「道」的規律來行事，「道常無爲而無不爲，侯王若能守之，萬物將自化」。就這個意義上說，老子的「道」的涵義應屬於自然論的問題。

3.「道」是支持天地萬物的本體。《老子》第四章中說：「道冲而用之，或不盈，淵兮似萬物之宗。」六十二章說：「道者萬物之奧。」「宗」是「宗主」義，「奧」也是「宗主」義。而此處「宗主」非「主宰義」，而爲「支持義」、「根據義」，道之體空虛而其用無窮，是萬物得以存在的根據。就這個意義上說，老子的「道」的涵義屬於形而上學本體論方面的問題。

4.「道」是產生天地萬物的主宰。老子認爲，「道」是先於天地萬物而存在，「有物混成，先天地生」，「象帝之先」；而且它有能動性可以支配和產生天地萬物，「道生一，一生二，二生三，三生萬物」，「天下萬物生於有，有生於無」，「孔德之容，唯道是從。」就這個意義上說，老子的「道」又有某種精神性實體的意義。

老子的「道」之所以有多種涵義，這是由於他在兩千多年前想回答世界本源的問題，但這樣一個帶有根本性的問題，古代哲學家限於當時的客觀條件和認識水平是非常困難的，因此在《老子》書中作爲世界本源的「道」就相當含混，也不那麼確定了。漢朝末年建立的道教對「道」的種種說明也深受《老子》的影響，而是多重涵義的、含混不清的。

《太平經》中「道」的涵義有多種，而其各種涵義大都可以從《老子》書關於「道」的涵義中找到來源，不過《太平經》中的「道」更富有神秘主義色彩。在《老子》書中，「道」有構成天地萬物之材料的意義，如說「道常無名，樸，雖小，天下莫能臣」，「樸散則爲器」，在《太平經》中「道」似乎無這一涵義。分析起來，在《太平經》中「道」或有以下六種相互聯繫的涵義：1. 生成義；2. 主宰義，因「道」生成萬物，故可主宰；3. 本根義，因其爲主宰，故可爲天地萬物之本；4. 準則義，因其爲本根，故可爲一切事物之準則；5. 至高義，準則有各種層次，爲天地萬物之本根義之「道」爲最高層次之準則，故有至高無上義；6. 至善義，至高者則至善矣。

1. 生成義之「道」。

《太平經》中認爲，「道」生成天地萬物，如說：「夫道之生天，天之有道也，乃以爲凡事之師長。」（《天咎四人辱道誡》）「道」產生「天」，「道」就在「天」，因而「天」可以爲萬物之師長（主宰）。又如說：「道之生人，皆本於精氣也，皆有神也，假相名爲人，愚人不知還全其神氣，故失道。」（《分別形容邪自消清身行法》）「道」是用「精氣」使「人」成爲人，人有了「精氣」才可以有「神」（指精神、神明），故「精氣」爲「神明」之承擔者；人養好其「神」使之完好無缺，則可得道，故此處之「道」雖爲「生成義」，實已有「主宰義」了。

2.主宰義之「道」。

《經鈔》乙部中給「道」下了一個定義說：「夫道何等也？萬物之元首，不可得名者。六極之中無道不變化。元氣行道，以生萬物，天地大小，無不由道而生者也。故元氣無形，以制有形，以舒元氣，不緣道而生。（按：「不」字前當有「無」字）自然者，乃萬物之自然也。不行道，不能包裹天地，各得其所，能使高者不知危。天行道，晝夜不懈，疾於風雨，尚恐失道意，況王者乎？」這段話說明了「道」的多種涵義，但其最根本的意思是說「道」是天地萬物的主宰。在六極之中天地萬物之所以能有變化是由於「道」，「元氣」能生成萬物也是由於「道」。「道」是一切事物生成變化的主使者，因此「道」簡直成了主宰一切的天神了。所以《戒六子訣》中說：「夫道乃洞，無上無下，無表無裏，守其和氣，名爲神。」宋曾慥《道樞》卷三十引《太平經》謂：「神者，道也。」在自然界中，一切事物都根據「道」而各得其所，各行其事，天的高，地的卑；天有晝夜風雨，地有山河大地，都是道有意安排的，人（君王）也只能按「

道」的意志行事，不得有違，因而「道」又有準則義。

3.準則義的「道」。

唐史崇《一切道經音義妙門由起》中引《太平經》說：「道者，乃天地之常行，萬物受命而生也。」「道」是天地經常所遵行的準則，是萬物據之以生存的命令。所以《太平經》的《分別富貧法》中說「道者，乃天地所案行也」，《道祐三人訣》中說「夫道者，乃正人之符也」，《知盛衰還年壽法》中說「夫道乃深遠不可測商矣，失之者敗，得之者昌」。「道」的這一涵義當本於《老子》。

4.本根義之《道》。

《太平經》中已有「反本」的說法，所謂「反本」者，即反回於「道」也。在《四行本末訣》中說：人由於迷亂而失去「道」，「當反本」。《分別本末法》中也說：人世之治亂是由於「太多端」（太多事），而「不得天之心」，故應「反還其本根」，「本根」者「道」也。故《天咎四人辱道誡》中說：「夫道者，乃大化之根，大化之師長也。」

5.至高義之「道」。

「道」爲天地萬物之根本，故當爲至高至上者。秦漢以來多以爲「天」爲至高至上者，如董仲舒說「天者，百神之大君也」，「羣物之祖也」。而《太平經》則以爲「道」更高於「天」，它說：「天乃無上，道復尚之。道乃天皇之師法，乃高上天。」（《天咎四人辱道誡》）「天」有天道，「地」有地道，「人」有人道，一切事物皆有其「道」，故「道」是最普遍的，也是最高上的。

6. 至善義之「道」。

「道」既爲一切事物之準則，「道乃萬物之師，得之者明，失之者迷」（《胞胎陰陽規矩正行消惡圖》），它當與善除惡，「正道者，所以興善，主除惡也」（《天咎四人辱道誡》）。所以「道」本身的性質當爲至善者，「善者，乃絕洞無上，與道同稱」，（《急學眞法》）「夫有眞道，乃上善之名字」（《急學眞法》）。然而所謂「善」者，在《太平經》仍不外是「忠君孝父」等封建的三綱六紀之類。

至高至善的「道」是天地萬物之根源和主宰，是一切事物應遵行的準則，是人們崇敬的神聖對象，因此人得「道」可以成神仙，可以致太平。照《太平經》看，在人沒有「得道」時，「人」只是一般的人，「得道」的人就不是一般的凡俗之人了，而是神仙，在《眞道九首得失文訣》中說：「人無道之時，但人耳；得道則變易成神仙。」《包天裹地守氣不絕訣》中也說：「得道者，則當飛上天。」《太平經》認爲，從原則上說任何人只要堅持學道都可以成爲神仙，在《賢不肖自知法》中說：「夫人愚學道而成賢，賢學不止成聖，聖學不止成道，道學不止成仙，仙學不止成眞，眞學不止成神，皆積學不止所致也。」這裏把人神的等級分爲七等，但在《太平經》中通常分爲九等，有時也分爲十等。如《經鈔》丁部中說：「神人、眞人、仙人、道人、聖人、賢人、民人、奴、婢皆何象乎?」此分爲九等，《守一入室知神戒》所列同。而在《九天消先王災法》中，在「大神人」前又多一等級叫「無形委氣之神人」，所謂「委氣」即「乘氣」也，而合奴婢爲一等，乃爲九等。在《分解本末法》中則更列爲十等級，且謂下一等級要達到上一等級都是由於行善事而成，文中說：「今善師學人也，乃使下愚賤之人成善人；善而不止，更得成賢，賢而不止，乃得次聖；聖而不止，乃得深知眞道；守道而不止，乃得仙不死；仙而不止，乃得成眞；眞而不止，乃得成神；神而不止，乃得與天比其德；天比不止，乃得與元氣比其德。」此中「與元氣比其德」者當即「無形委氣之神人」也。在《經鈔》壬部中特別提出「上古第一神人、第二眞人、第三仙人，第四道人，皆象天得眞道意」，這就是說：「道人」以下各等級還是「凡人」之各等級而沒有「得道」，只是「道人」以上才是「得道」的神仙等級。這樣的分法有點像佛教「四聖六凡」的分法❸。

在《通神度世厄法》中又把「學道」者分爲三種，而最上者的「學道」是爲了「輔佐帝王」，其文說：「上士學道，輔佐帝王，當好生積功乃長久；中士學道，欲度其家；下士學道，才脫其軀。」此處「學道」的目的最高是爲「國」，其次爲「家」，再其次才是爲自身之解脫。在《令人壽治平法》中的高低有所不同：「上士用以平國，中士用以延年，下士用以治家。」看來，《太平經》的「學道」，對「治國平天下」較之「延年益壽」更爲重視。所以它認爲，帝王得道

❸ 所謂「六凡」即地獄、餓鬼、畜生、修羅、人間、天上，「四聖」即聲聞、緣覺、菩薩、佛。

不僅可以「長生不死」，而且更爲重要的是使國泰民安，以致太平，如說「古聖賢帝王將興，皆得師道」，「君王善爲政者，……眞能用道，治自得矣」。在《太平經鈔》癸部最後說：

> 大道變化無常……守之卽吉，不守卽傷，……善人得之以為福德，尊者得之駕乘，卑者得之步足，聖賢得以度世，小人得之不相剋賊，此皆道也。教不重見，時不再來。急教帝王，令行太平之道。道行，身得度世，功濟六方，生之類矣。

這一段結束語正如《後漢書·襄楷傳》所說，《太平經》乃是一部「興國廣嗣」之書也。道教作爲一種宗教其勸世救世目的卽在於此。它企圖利用一種神秘的宗教信仰，來「勸善戒惡」，以達到鞏固封建帝王的統治，這一特點又是反映了道教的強烈干預政治的願望。「學道」不僅可以「長生不死」，更爲重要的是用宗教的道德教化來鞏固封建統治。所以在中國「道教」本有兩種涵義：一爲「道德教化」義❹，一指「宗教團體」義。而《太平經》作爲道教這一宗教團體的經典其所說的「道教」（如「太平道」「天師道」）亦含有「道德教化」的意義。如在《樂生得天

---

❹《中論序》謂：「曾無闡弘大義，敷散道教。」（《全三國文》卷五十五）荀顗《上疏請增置博士》說：「中命儒術，恢崇道教。」（《全晉文》卷三十一）《資治通鑑》卷五十八中說：「光和六年，……郡縣不解其意，反言（張）角以善道教化，爲民所歸。」又陶弘景《登眞隱·訣序》「自非閑練經書，精涉道教者」云云。均爲「道德教化」義。

生法》中說「敬受天師之教」，又說「願得天師道傳弟子」，此「天師道」是說「天師之道」亦即「天師之教也」。《道佑三人訣》中說的「天師道」也是說的「天師之道」。至於「太平道」也常是說「太平之道」，《經鈔》辛部中說「太平道，其文約，其國富」云云。在《經鈔》壬部中說：「行太平之道，乞請皆應；不行太平之道，乞請不應。」因此，「太平道」實是說的「太平之道」。

在分析《太平經》的「氣」和「道」的涵義時，必然會遇到這兩個概念的關係問題。在這部書中「氣」和「道」都是十分重要的概念，但那一個更根本呢？照道理說「道」應比「氣」更根本，或者說「道」是高於「氣」的一根本概念。但我們從全部《太平經》的內容看，並非如此，其間的關係大體上說有以下三種情況：

1.從「氣」是構成天地萬物的材料方面看，「道」比「氣」更根本。

《經鈔》乙部中說：「夫道者何？萬物之元首……六極之中，無道不能變化……元氣行道，以生萬物。」這裏的「道」必是有能動性的，是天地萬物生成變化的主使者，「元氣」必須根據它而生成為天地萬物，一切事物變化之因在於「道」。就這個意義上說，「元氣」只是構成天地萬物的材料，「道」是使「氣」構成天地萬物者。「道」既然是天地萬物的主使者，「道者」乃「大化之根」，故「氣」的變化發展也是由「道」使之然，「道無不能化，故元氣守道，乃行其氣，乃生天地」（《安樂王者法》）。「道」的這種性質是《老子》書中也有的。

2.從「氣」有能動性方面看，「氣」和「道」有同等意義。

在《太平經》中，「氣」有各種各樣的性質，而且事物之間的感應關係是由「氣」的作用而成，這就是說「氣」也有能動性。就這一方面看，在《太平經》中用了同樣的說法來說明「元氣」和「道」的性質和作用。如《經鈔》丁部中說「道者，天也，陽也，主生」，又說「元氣」，「陽也，主生」。「道」作爲天地萬物的主使者，當然是可以「主生」的，那麼「氣」是構成天地萬物的材料爲什麼也能「主生」呢？這就有點像西方哲學中的「物活論」了，「氣」作爲構成萬物的材料本身也可以有某種能動性，甚至可以說是有意志力的，如在《來善集三道文書訣》中說：「夫氣者，所以通天地萬物之命也。」這裏對「氣」的能動作用的說明和《妙門由起》所引《太平經》對「道」的說明基本上是相同的：「道者，乃天地所常行，萬物所受命而生也。」

3.從「氣」無所不包方面看，「道」是「氣」的「道」，「氣」高於「道」。

在《分解本末法》中，列舉了人修道的次第，其第五等爲「得深知眞道」，其最高境界則是「與元氣比其德」，而「與元氣比其德」之所以爲最高等級，乃在於「元氣乃包裹天地八方，莫不受氣而生」。在《六罪十治訣》中所列「十治」以「元氣治」爲最高，而「道治」排在第五。當然我們也可以說上引兩處所說之「道」並非主宰意義之「道」，而是道德（至善）意義上之「道」。但我們知道，在《太平經》中主宰意義的「道」和道德（至善）意義的「道」並無分別，是一而二，二而一的，所以仍可以認爲在《太平經》中「氣」在某種情況下比「道」更根本。在一本一百七十卷且是不斷完成有宗教性的大書中存在着一些理論上的矛盾，看來是必不可免的。

《太平經》中的這類關於「氣」和「道」的關係問題在理論上的矛盾，以後的道教著作中也是普遍存在的。如《老子想爾注》認爲「道」的散落而爲「氣」，「一者，道也，……一散形爲氣。」《河上公注》和《抱朴子》都有同樣的看法，又如劉勰《滅惑論》引齊道士的《三破論》說：「道以氣爲宗。」這似乎「氣」又是「道」的宗主。而說「道」即「氣」的也不少，如陶弘景《養生延命錄》引《服氣經》說：「道者，氣也。」像道教這樣一種宗教其思想來源本來就很龐雜，又加之以其宗教神秘主義的需求，因此其所用「概念」不嚴謹，甚至自相矛盾，是可以想見的。對這些也用不著去多作分析了。

三　關於《太平經》若干問題的討論

近世以來國內外學者對《太平經》作過很多方面的研究，著作和論文總有上千，有些問題可以說大體已經解決，但也還有不少問題存在著不同看法，我們這裏只就幾個較重要的問題加以討論。

本章前面已討論了《太平經》的成書問題，這裏再作若干補充。《太平經》這樣一部一百七十卷的大書在漢朝的條件下，不是一個人所能完成的，它是經過相當長的時間逐漸編纂而成的。《太平經》大體上是由帛和經于吉、宮崇至襄楷而成一百七十卷。因此，這部書從一個方面看有點像基督教的《聖經》。《聖經》分《舊約》和《新約》兩個部分，《舊約》是猶太教的經典，它在耶穌基督以前就有了，是誰作的，成於多少人之手已難搞清，而且據考證它也決不是成於一時。《新約》是耶穌以後的作品，有所謂「四福音書」等，說是耶穌弟子記錄耶穌的言行，但據考證說這也不是事實，它並非一個時期的作品，且其中思想也有矛盾，可見「四福音書」也有前後之不同。例如，耶穌「山上垂訓」一事，在《路加福音》中說「貧窮的人有福了」，「富足的人有禍了」，「富人入上帝之國怎樣的困難呀，一隻駱駝穿過針眼，比之一個富人進入天國，還更容易哩」。但在比《路加福音》遲幾十年的《馬太福音》中就刪去了對「富人」的非難，把「山上垂訓」改爲：

心中貧乏的人有福了（另一譯有作「虛心的人有福了」，英文為Blassed are the poor in Spirit: for thei's in the hinglom of Heaven」，或應譯為「精神上要求不多的人有福了」）因為天國是他們的，……飢餓慕義的人有福了，因為他們必得飽足。

《太平經》不是成於一時，前面已經討論過，從形式上看，不僅每節長短不一，而且文體也不一，有的爲對話體，有的爲敍述體，有的爲韻文，有的爲非韻文。對話體中，有「眞人」與「天師」的問答，有「神人」與「眞人」的問答，有「大神」與「聖人」的對話，有「天君」與「大神」的對話，還有「大神」與「生」的對話等等。而且內容上看，也頗有一些矛盾之處。因此，對《太平經》的性質也就有了不同看法，有的人認爲它基本上仍屬於儒家思想體系，有的人則認爲它反映勞動農民的要求，或者說它有「民本」思想，當然更多的學者還是認爲他是最早的道教經典，而且從總體上說是反映了當時統治者的某些要求。

有些學者說《太平經》中有許多漢朝的儒家思想，如天人感應、陰陽五行、三綱六紀、讖緯迷信等，並以《後漢書・襄楷傳》所說的《太平經》「專以奉天地、順五行爲本，亦有興國廣嗣之術」，「其言陰陽五行爲家」，和唐玄嶷《甄正論》所說「多說帝王理國之法，陰陽生化之事」爲根據，說明《太平經》基本上屬儒家。我們看今本《太平經》確實有大量上述思想內容，但問題是，這部書除上述內容外，還有大量「長生久視」、「養生成仙」等內容，而這些思想不是儒家思想的特點，是屬秦漢以來神仙家的思想，也正是道教的基本思想，如《太平經》中說：

> 古今要道，皆言守一，可長存而不老。（《太平經鈔》壬部）
>
> 凡萬物自有神，千八百息人為尊，故可不死而長仙。（卷一〇三《虛無無爲自然圖道畢成誡》）

久久有歲數，次上為白日升天地。（卷一百一十《善仁人自貴年在壽曹訣》）

三皇五帝多得道上天，或有尸解，或有形去。（卷一百十七《天咎四人辱道誡》）

在《太平經》中像這類的話比比皆是。至於說到其中有大量儒家思想，則是並不奇怪的，這是因為：第一、儒家思想在東漢末雖有所削弱，但在當時仍是統治階級的統治思想，因而《太平經》如欲流行，自不能不包含若干儒家思想。第二、漢朝的儒家思想已與陰陽五行思想相混合，而神仙家思想本來就和戰國陰陽家思想相通，《史記・封禪書》和《漢書・郊祀志》都說：

鄒衍以陰陽主運，顯於諸侯，而燕齊海上之方士傳其術，不能通。

這說明燕齊地區的神仙家繼承着陰陽五行的學說，至西漢末編造《包元太平經》的甘忠可仍繼鄒衍的五德終始立說。《太平經》和《包元太平經》是一脈相承的。第三、道教的顯著特點之一是把「治身」與「治國」結合起來，道教的著作大都表現了這一特點。例如葛洪的《抱朴子》「其內篇言神仙方藥鬼怪變化養生延年禳邪卻禍之事，屬道家；其外篇言人間得失，世事臧否，屬儒家」。後於葛洪的寇謙之也是把儒家思想吸收入道教之中，並以此作為反對「三張僞法」的一重要步驟。《魏書・釋老志》說：寇謙之的道教「專以禮度為首，而加之以服食閉練」。所以在他的《老君音誦戒經》中說：「謙之，汝就系天師正位，並教生民，佐國扶命」，使道教徒「不得叛逆君王，謀害國家」。以後的道教領袖幾乎無不講儒家的「禮教」，所以《道教義樞》和《雲笈七籤》都說《太平經》是以「三一爲宗」。這一情況正是道教作爲我國封建社會的本民族宗教的特點。在我國封建社會中各種意識形態無不打上儒家「禮教」的烙印，甚至印度佛教傳入中國後也不得不逐漸受到儒家思想的影響，而成爲維護封建禮教、講「三綱五常」的中國式的佛教。據以上三點，我們可以說《太平經》中雖有大量儒家思想內容，但此書的性質仍應屬道教的著作。

有一些學者認爲，《太平經》既然能爲領導黃巾起義的張角所利用，就其性質說應是反映了勞動農民的要求，並舉出說《太平經》中包含着「民本」思想，它有反對剝削，要求人人參加勞動的觀點，因此它是一種農民的烏托邦思想。這個看法也是值得我們討論的。

《太平經》中有沒有一些看起來是爲勞動人民說話的辭句，確實有一些，但分析起來則很難說它是爲勞動人民說話。而且「民本」思想並非勞動人民的思想，如孟子講「民爲貴」，都是說統治者應重視勞動人民，所以「民爲邦本」的思想和農民的烏托邦思想並不是一回事。說《太平經》中有反對剝削和提倡人人勞動的思想大都引用第六十七卷《六罪十治訣》中的一段：

> 或積財億萬，不肯救窮周急，使人飢寒而死，罪不除。
>
> 天生人，幸使其人人自有筋力，可以自衣食者，而不肯力為之，反致飢寒，負其先人之體，而輕休其力；不為力可得衣食，反常自言愁苦飢寒，但仰多財家，須而後生，罪不

除也。

從這裏引用的兩段話得出《太平經》是反對剝削，提倡勞動的結論，至少有兩個問題可以討論：

(1)所引的前面一句話只是說統治者要注意救濟老百姓，使得他們「不飢不寒」，這本是儒家常有的思想，如孟子說行王道，就是要使「民不飢不寒」，在帝王的詔書中也常有類似的話，如漢光武帝的《給稟詔》中說「往歲水旱蝗蟲爲災，穀價騰躍，人用困乏，朕惟百姓無以自贍，惻然愍之，其命郡國有穀者給稟」云云。漢章帝《稟給幼孤詔》說：「蓋人君者視民如父母，有慘怛之憂，有忠和之教，匍匐之救，其嬰兒無父母親屬，及有子不能養食者，稟給如律。」就是《太平經》上引文，同卷本節對這個問題也有明確說明：「周窮救急」的目的在於「助帝王存良謹之民」。(2)而後一句批評「輕休其力」者，更是站在統治者立場認爲「仰多財家」而「不肯爲力者」「其罪不除」。同卷本節後面還有一段說：「君子有力不息，因爲委積財物之長，家遂富而無不有。先祖則得善食。子孫得肥澤，舉家共利。」這不過是說「有力不息」者可得富貴而已。更就本節全文內容看，它是以「勸善戒惡」求長生爲宗旨，而所謂善惡的標準仍是三綱五常、忠孝之類。如中說：「古者聖賢，悉以教學人爲大憂，助天地生成，助帝王理亂，此天地之間，善人之稱也。……爲人子則欺其父母，爲臣則欺其君，爲下則欺其上，名爲欺天，罪過不除也。」本節末尾也說：「夫要道乃所以安君，以治則得天心。夫要德所以養君，以治則得地意。」「夫爲子乃不孝，爲民臣乃不忠信，其罪過不可名字也。」《太平經》的「要道」除長生久視之術外，就是「三綱六紀」了。所以《太平經鈔》乙部中說：「三綱六紀」所以能長吉者，「以其守道也，不失其治故長吉。」

由此可見，《太平經》從總體上說並不是反映勞動農民的要求的，而是一部「應帝王」的書，這一點在《太平經》中也說得明明白白的，它說「帝王能力用吾書，災害悉已一旦除矣，天下咸樂，皆欲爲道德之士」云云。

從《太平經》的思想淵源看，有神仙家、陰陽家、儒家、道家、墨家以及兩漢的各種方術，其所包含的內容頗爲雜亂，但都有一個中心就是「長生久視」及「興國廣嗣」之術。其中所包含的某些似乎爲勞動人民說話的內容，也是爲了鞏固統治，使得社會安定的措施罷了。從這裏我們就可以看出一個問題，道教作爲一種宗教本應是「出世」的，可是它一建立就有着強烈干預政治的願望，究竟是什麼原因？這一情況應該歸之於中國本民族宗教所要求者。宗教作爲一種意識形態其不同於其他意識形態之處應是把世界二重化爲現實世界（此岸世界）與超現實世界（彼岸世界），並希望可以在超現實世界中得到解脫，得到幸福的生活。道教作爲一種宗教，它也爲自己構造了一個超現實的神仙世界，以便「得道成仙」者可以在那享受種種幸福生活。可是，中國的道教並不滿足於此，它同時希望得道的人在現實生活中也能享受各種榮華富貴，所以就必須把現實社會也治理好，建造一個「太平世」。這樣一種「致太平」的「入世」思想正是中國儒家所提倡的。蓋兩漢以來儒家思想成爲統治思想已達數百年，它已深深地植根於中國民族文化之中，根深蒂固地凝聚在中華民族的人們的心理之中，道教如欲在中國生根並得到發展，就不能不受到這一傳統的影響，而把「出世」思想與「入世」思想結合起來。所以「道教」之稱爲「道教」並不僅僅因爲它和「道家」有着密切的聯繫，而且也因爲它是一種「道德敎化」以「致太平」深受儒敎思想影響的宗敎。道敎是中國傳統思想儒道兩家思想相結合的宗敎。正是由於道敎的這一特點，它也說明在中國封建社會中一切意識形態領域內都不能不受到儒家思想的影響，中國本民族的宗敎道敎既然深受儒家傳統思想影響，它就沒有可能取代儒家思想取得獨占的統治地位，並且可以說一直是屬於一種輔助儒家統治的地位。

第三章 道教的產生

道教作爲一種宗教是產生在東漢末期，在順帝時（一二六—一三二）有張陵創「五斗米道」，靈帝時（一六八—一七二）有張角創「太平道」。而前此在戰國末燕齊地區之神仙家實爲道教之前身。《漢書・藝文志》中有「神仙家」，文中說：「神仙者，所以保性命之眞而游求於其外者也，聊以盪意平心，同死生之域，而無怵惕於胸中。」據此可知，神仙家雖亦求長生不死，但純屬個人的身心修練，以至羽化而登仙，而並非一有宗教組織之教會團體。戰國末已有所謂「方仙道」。《史記・封禪書》中說：

> 自齊威、宣之時，騶子之徒，論著終始五德之運。及秦帝而齊人奏之，故始皇採用之。而宋毋忌、正伯僑、充尚、羨門子高最後皆燕人，為方仙道，形解銷化，依於鬼神之事。

蓋戰國末世有「方術」出，而行「方術」的人叫「方士」，而行「方術」的人也可以叫「道士」。

《後漢書・方術傳》的《許曼傳》中說：「許曼……祖父峻……行遇道士張巨君授以方術，所著《易林》，至今行於世。」「方術」亦可稱「道術」，《莊子・天下篇》中說「天下之治方術者多矣，皆以其有，爲不可加矣。古之所謂道術者果惡乎在」云云。故所謂「方仙道」者，是用各種各樣方法來求得成仙的道術，因此它只是當時「方術」或「道術」的一種，和老莊道家並無直接關係。《漢書・郊祀志》中有谷永上成帝言，卽謂「有仙人服食不終之藥，長生輕舉，登遐倒景，覽觀玄圃，浮游蓬萊」者，卽屬「方術之士」。《後漢書・方術傳》中費長房、甘始、東郭延年、封君達等亦屬「神仙家」人，屬「方術」。傳中說：「長房曰：我神仙之人。」又說：「甘始、東郭延年、封君達，三人皆方士也。……愛嗇精氣，……凡此數人皆百歲及二百歲也。」秦始皇和漢武帝都信「方術」。而其所信之「方術」多爲「神仙家」人。漢初，黃老思想流行，而此時之黃老思想主要是講「清靜無爲」的君人南面之術，主治國經世。至東漢初則黃老之學爲之一變而與神仙養生學說結合，《後漢書・光武紀》中說：

> （光武帝（二五—五七））每旦視朝，日側乃罷，承間諫曰：陛下有禹湯之明，而失黃老養性之福。

可見此時已把「黃老」與「養性」聯合起來。至明帝時，明帝（五八—七五）之弟楚王英「誦黃老之微言，尚浮屠之仁祠」，把「黃老」看成與「浮屠」同樣的「神」。桓帝（一四七—一六七）更是好「神仙」之事，延熹八年九月七日祠祀黃帝老子於濯龍宮。又多次派人至苦縣祠老子，「存神養性，意在凌雲。」《後漢書・王渙傳》中說：

> 延熹中，桓帝事黃老道，悉毀諸房祀。

「黃老道」之名稱或初見於此。又，魏愔嘗與陳敬王羨共祭黃老君，求長生福。又有矯愼者，少學黃老，隱遁山谷，仰慕松喬導引之術，年七十餘卒，而「後人有見愼於敦煌者，故前世異之，或云神仙焉」（《後漢書・矯愼傳》）。可見於桓靈之世，祭祀黃老目的在於求長生，成神仙。至此，帝王及士大夫等信黃老道，仍爲個人修養的事，雖也有明顯的宗教性，而並無宗教組織。但在順帝以後，則有一宗教組織產生，這就是道教。道教產生的原因前已論及，此處僅論述道教產生之歷史。最早產生道教或有兩支，一支爲順帝時張陵之「五斗米道」，一支爲稍後靈帝時張角之「太平道」，前者或多與「方仙道」有關，而後者則是「黃老道」之發展。蓋張陵原爲「沛國豐人」（在今江蘇豐縣），地近東海，後遷蜀，創道教。而東海各方仙道流行之地也，故而「五斗米道」或與「方仙道」有若干淵源關係。《後漢書・皇甫嵩傳》謂：「初鉅鹿張角自稱大賢良師，奉事黃老道。」「太平道」或由「黃老道」發展而成。「五斗米道」和「太平道」雖同爲早期道教之兩派，而「太平道」稍後於「五斗米道」，而受到「五斗米道」的若干影響，但亦有若干不同。恩格斯的《論原始基督教史》中有這樣一段話：

最初的基督教徒是從哪些人中募集起來的呢？主要是從屬於人民最下層的、並合乎革命潮流的那些受苦、受累的人們中來的。這些人是由什麼樣的人構成的呢？在城市中，由那些淪落的自由人，像南方奴隸制諸州的下層白人，或歐洲的流浪人，或殖民地口岸和中國口岸的冒險分子那樣形形色色的人們，並也由被解放的人們，主要是奴隸，在意大利、西西里、非洲的大地產中，由奴隸，在各省農業地區，由日益淪為負債奴隸的小農。把所有這些人引向解放的任何共同道路，是絕對沒有的。……出路在哪裏？被奴役、受壓迫，弄得赤貧的人們在哪裏可以獲得拯救？這些利益不相干的，或甚至互相衝突的一切不同的人羣所共有的出路在哪裏？……這樣的一種出路找到了，但不是在這個世界上，就當時的情況來說，這出路也只能在宗教的領域內。

恩格斯的這段話所說的原始基督教產生的情況雖然和我國原始道教產生的情況很不相同，但他分析問題的方法對我們仍有啓發。在本書《緒論》中曾引用過上文的開頭幾句，並說在順帝以後的農民起義多利用當時的方術、迷信思想作爲組織羣衆的思想武器，故被稱爲「妖賊」。據史書記載順帝在位二十年間農民起義有十餘起之多，其中較大規模的有「妖賊」章河領導的起義。《資治通鑑》卷五十一記載：

陽嘉元年，……三月揚州六郡妖賊章河等寇四十九縣，殺傷長吏。

其他還有不少起義的農民領導被稱爲「妖賊」，如在《後漢書·桓帝紀》中有：

> 建初元年，……冬十月長平陳景自號黃帝子，署置官屬，又南頓管伯亦稱真人，並圖舉兵。悉伏誅。

按，「黃帝子」或因漢爲赤帝，故陳景自號「黃帝子」，意以代漢；亦或因陳景本神仙家人，爲黃老道派，故稱「黃帝子」，而管伯自稱「眞人」，當亦爲黃老道之神仙家人。

> 和平二年……二月，扶風妖賊裴優自稱皇帝。
>
> 延熹八年，……渤海妖賊蓋登等稱太上皇帝。

《資治通鑑》卷五十三中有：

> 建和元年，……十一月，清和劉文與南郡妖賊劉鮪交通，……。

卷五十七中有：

> 熹平元年，……十一月，會稽妖賊許生起句章，自稱陽明皇帝，衆以萬數。

這些起義農民被稱爲「妖賊」，他們所利用的思想武器不一定是「道教」，但至少可以肯定這些起義的農民領袖都利用了當時流行的「方術」和迷信思想。而太平道的張角和五斗米道的張修在史書上也被稱爲「妖賊」，這也就不是偶然的了。《三國志・魏志・張魯傳》注引《典略》中說：

熹平中妖賊大起，三輔有駱曜；光和中東方有張角，漢中有張修。駱曜敎民緬匿法，角為太平道，修為五斗米道。

由此可見，原始道敎的兩支和當時的農民起義有着密切關係。信奉原始道敎的人大多是從廣大貧苦的農民中募集起來的。不過「五斗米道」並不是由張修創立的，而是由張陵創立的。《三國志・魏志・張魯傳》說：

張魯字公祺，沛國豐人也。祖父陵客蜀，學道鵠鳴山中，造作道書，以惑百姓。從受道者出五斗米，故世號米賊。陵死，子衡行其道；衡死，魯復行之。益州牧劉焉以魯為督義司馬，與別部司馬張修將兵擊漢中太守蘇固，魯遂襲修殺之，奪其衆。焉死，子璋代立，以魯不順，盡殺魯母家室。魯遂據漢中，以鬼道敎民，自號君師。其來學道者，初皆名鬼卒，受本道已信，號祭酒。各領部衆，多者為治頭大祭酒。皆敎以誠信不欺詐，有病自首其過。大都與黃巾相似。諸祭酒皆作義舍，如今之亭傳。又置義米肉懸於義舍，

> 行路者量腹取足；若過多，鬼道輒病之。犯法者，三原，然後乃行刑，不置長吏，皆以祭酒為治，民夷便樂之。

《後漢書・劉焉傳》與《張魯傳》所載相同，但說明張陵于順帝時由江蘇到蜀地學道鶴鳴山中，又據宋賈善翔《猶龍傳》謂：張道陵死於桓帝永壽三年（一五七年），故知張道陵當為順帝、桓帝時人，而此時正是《太平經》成立及宮崇、襄楷獻書於皇帝之時。道教成立於順帝、桓帝之時當無可疑。《三國志・魏志・張魯傳》及《後漢書・劉焉傳》注均引《典略》，其中又說到五斗米道張修：

> 角為太平道，修為五斗米道。太平道者，師持九節杖為符祝，教病人叩頭思過，因以符水飲之。得病或日淺而愈者，則云此人信道；其或不愈，則為不信道。修法略與角同。加施靜室，使病者處其中思過。又使人為姦令祭酒，祭酒主以《老子》五千文，使都習，號為姦令。為鬼吏，主為病者請禱。請禱之法，書病人姓名，說服罪之意，作三通：其一上之天，著山上；其一埋之地；其一沉之水，謂之三官手書。使病者家出米五斗以為常，故號五斗米師，實無益於治病，但為淫妄。然小人昏愚，競共事之，後角被誅，修亦亡。及魯在漢中，因其民信行修業，遂增飾之。教使作義舍，以米肉置其中，以止行人。又教使自隱，有小過者，當治道百步，則罪除。又依月令，春夏禁殺；又禁酒。

流移寄在其地者不敢不奉。

又，《後漢書・靈帝紀》章懷注引《劉艾紀》（按：劉艾爲漢侍中）說：

時巴郡巫人張修療病愈者，雇以五斗米，號為五斗米師。

根據以上材料，我們可以得出以下幾個結論：

第一、張道陵在順帝時從神仙方術流行地區的東方江淮地區到四川巴蜀地區創立了道教，因此可以說道教是在順帝時建立，它是江淮沿海地區神仙家思想與巴蜀地區少數民族風俗相結合的產物（參見蒙文通先生《道教史瑣談》，載《中國哲學》第四輯）。

第二、張道陵創立道教，開始影響並不大，後爲農民起義者張修利用，始壯大而有影響。而張魯是在殺了張修後，把原跟隨張修的徒衆奪歸於己，並在漢中地區建立了割據政權。而張魯的政權是利用道教所建立的政教合一的政權組織。從這裏看，早期道教所參加的人確實大多是貧苦百姓，所以清潘眉《三國志考證》中說：「是時從受道者，類皆兵民脅從無知名之士，至晉世則及士大夫矣。」

第三、信奉道教的信徒中有不少爲西南少數民族，由於道教吸收了某些少數民族的風俗，因而「民夷便樂之」。

第四、自張道陵起經張修至張魯已逐步建立了道教的教會組織，它已立有類似教主的「師君」，有教會的神職人員「祭酒」、「治頭大祭酒」、「姦令祭酒」等，又有大批信仰其教的徒衆。而這時教徒大都爲受壓迫的老百姓，他們入教的原因，除有信仰的因素之外，也是因爲張修靠道教來組織羣衆和張魯靠其政權力量推行道教。從史料記載看，張魯的政權、官吏和神職人員是合一的，所以是「不置長吏，皆以祭酒爲治」。

第五、自張道陵後，五斗米道就逐步建立和完善其教規教儀，其教規如「有病自首其過」、置靜室「使病者處其中思過」，此甚似基督教的懺悔儀式；又有「春秋禁殺，又禁酒」等等；其教儀有如請禱之法，有師君持九節杖爲符咒的儀式。又於行路處置義舍，此亦有某種宗教意義，如佛教之施捨也。但看來，此時的道教儀式尚不完備，並不固定，時有變化。某些規儀似是受巴蜀地區少數民族風俗之影響。

第六、此時道教已有其宗教之教義。據史料知早期道教把《老子》五千文作爲他們的宗教經典。在敦煌遺書中有《老子道德經想爾注》一種，唐玄宗《道德眞經疏外傳》謂爲「三天法師張道陵所注」，唐杜光庭《道德眞經廣聖義》亦謂「三天法師張道陵所注」，但近人考證多謂爲「張魯所注」（詳後）。按劉大彬《茅山志》卷九中《道山册》謂：

按《登真隱訣》隱居云：《老子道德經》有玄都楊真人手書張鎮南古本。鎮南卽漢天師第三代系師魯，魏武表為鎮南將軍者也。

據此可知魏晉南北朝時曾有所傳張道陵一系的古本《老子》，此種《老子》當即《想爾注》本也。《想爾注》的主旨在論證「長生久視」之術，如說「但歸志於道，唯願長生」，「能法道，故能自生而長久也」。並且認爲天地萬物皆由「氣」構成，「道氣常上下，經營天地內外」，而「人行道奉誡，微氣歸之」，「所以精者，道之別氣也，入人身中爲根本」，則能「成仙士」。道教的最高神仙也是由「氣」聚而成的，故謂：「聚形爲太上老君，常治昆侖，或言虛無，或言自然，或言無名，皆同一耳。」

可見自張道陵始，道教不僅有了教會組織，教規教儀，而且也有了一套「養生成仙」的宗教教義和理論。雖然這些方面都還是初步的不完善的，而且還表現了宗教和政治力量、政權組織沒有分家的狀態，但它確實已是一種宗教了，而和前此的一些「方術」大不相同了。張道陵這支道教「五斗米道」又稱「天師道」，到東晉以後有了很大發展，不少世家大族都信奉了道教（詳下）。而據傳說張魯的兒子張盛後由巴蜀遷到江西龍虎山，建立了道教的「正一派」，這一派從張道陵算起到現在已六十幾代，子孫相傳沒有中斷。是否張盛確在江西創「正一派」不可詳考，但根據史料看張道陵這一支是道教最早的宗教團體，可以說是沒有什麼問題的。

早期道教的另一支是張角的「太平道」。史書所載張角太平道事雖不多，但大體可以使我們了解到其時太平道的情形。《後漢書・靈帝紀》：

> 中平元年，春二月，鉅鹿人張角自稱黃天，其部師有三十六萬，皆著黃巾，同日反叛。

按《後漢書・五行志》也說：「張角兄弟起兵冀州，自號黃天。」《三國志》卷四十六說：「中平元年，黃巾賊師張角起於魏郡，托有神靈，遣人使以善道教化天下，而潛相連結，自號黃天泰平。」《三國志・魏志・武帝紀》初平三年注引黃巾軍給曹操的檄文中說：「昔在濟南，毀壞神壇，其道乃與中黃太乙同，似若知道，今更迷惑。漢行已盡，黃家當立。天之大運，非君才力所能存也。」《後漢書・皇甫嵩傳》所說大體相同而較詳：

> 鉅鹿張角自稱大賢良師，奉事黃老道。畜養弟子，跪拜首過、符水咒說以療病，病者頗愈，百姓信向之。角因遣弟子八人，使於四方，以善道教化天下，轉相誑惑，十餘年間，衆徒數十萬，連結郡國，自青、徐、幽、冀、荆、揚、兗、豫八州之人莫不畢應。遂置三十六方。方猶將軍號也。大方萬餘人，小方六七千，各立渠帥。訛言：蒼天已死，黃天當立，歲在甲子，天下大吉。以白土書京城寺門及州郡官府。

唐釋法琳《對傅奕廢佛僧事》中引《後漢書・皇甫嵩傳》則作：「鉅鹿張魯自稱大賢良師，奉事黃老，行張陵之術」云云。《三國志・張魯傳》注引《典略》言及張角太平道者，已見前引。

《後漢書·襄楷傳》中說：

> 初，順帝時，琅琊宮崇詣闕，上其師于吉於曲陽泉水上所得神書百七十卷，皆縹白素，朱介，青首，朱目，號《太平清領書》。其言以陰陽五行為家而多巫覡雜語。有司奏崇上妖妄不經，乃收藏之。後張角頗有其書焉。

張角利用太平道作爲他組織農民起義的工具，一時聲勢很大，各地響應者甚衆，如《華陽國志》所說：「中元（當爲「中平」之誤）二年，瓊州黃巾逆賊馬相、趙祇等聚衆綿竹，募疲之民，一二日得數千人。」（《後漢書·劉焉傳》作「益州賊馬相亦自號黃巾」云云）《三國志·公孫淵傳》所說：「張燕常山眞定人也，本姓褚。黃巾起，燕合聚少年爲羣盜，在山澤間轉攻，還眞定，萬餘人。博陵張牛角亦起衆，自號將兵從事，與燕合。」這些參加農民起義信奉太平道的自然都是貧苦農民。因此，有一種看法認爲，道教在初創立時是勞動人民的宗教，只是到東晉以後才成爲統治階級的、貴族的道教。還有一種看法認爲，宗教既然是「痲醉人民的鴉片」，那麼就它的性質說只能是爲統治階級服務的。這兩種看法雖然都有一些道理，但是片面的，它不能全面地反映原始道教的眞實情況。據史料看，在東晉以前士大夫信奉道教不能說沒有，但確實很少，而且三國和西晉的統治者對道教是採取限制的政策，到東晉以後許多士大夫都信奉了道教，如當時的名門大族琅琊王氏就世奉五斗米道。當時的情況如此，但卻也不能說道教的性質有一個由勞動人民的宗教變爲統治階級的道教的質變過程。這裏不僅有歷史事實的問題，而且也有一個如何分析宗教的理論問題。道教作爲一種宗教從東漢末到東晉時並沒有一個質變過程，而只有一個發展和完善的過程，而這一發展完善的過程使得道教越來越適應士大夫的需要了。無論是那一種史料的記載，都說道教最初是由張道陵建立的，而張道陵創立道教比張角利用道教早得多，而且據釋法琳引用的《皇甫嵩傳》又說張角「行張魯之術」。不僅張角利用道教，而且張修也利用道教。這就說明，在張角之前道教已有一定影響，各地的起義農民都曾加以利用。前面我們已經討論過原始道教的經典《太平經》的性質問題，就這方面看也很難說原始道教的性質是勞動人民的宗教。如果再看早期五斗米道的《老子想爾注》更加難以說明原始道教的性質是勞動人民的宗教了（詳後）。所以說，利用道教是一回事，道教作爲一種宗教的性質又是一回事；參加早期道教的徒衆的成份是一回事，道教的階級實質又是一回事。下面我們先來分析一下張角利用道教的具體情況：

1.張角發動農民起義的口號是「蒼天已死，黃天當立，歲在甲子，天下大吉」。這本是由陰陽家的五德終始說演變而來。當時道教經典《太平經》就包含着大量類似思想。在《太平經》中雖有歌頌木德和火德，推崇青帝與赤帝者，但亦有所謂「五帝更迭治，可皆致太平」（卷九十三《事敬神十五年太平訣》）。按「五帝」爲青帝、赤帝、黃帝、白帝、黑帝，又有所謂「人大興武部者，木絕元氣，土得王」云云。按「青帝」即「蒼帝」爲「木德」，故張角等或可利用《太平經》中之類似思想，提出「蒼天已死，黃天當立」的口號。張角之所以提倡「黃天」，除如楊泉

《物理論》所說：「黃巾被服純黃，不將尺兵，肩長衣，翔行舒步，所至郡縣無不從，是日天大黃也」（《後漢書・五行志》注引）之外，或亦因「黃天」爲「土德」，主管稼穡，而爲農民所推尊者也。而「黃天泰平」之類亦見於《太平經》，如《事敬神十五年太平訣》中有「黃帝神氣太平」，「黃帝太平」等。至於「中黃太乙」顯係將當時的五行相生說和「太一神」的思想結合起來，爲黃巾起義造輿論。黃爲土德，居木、火、金、水中央，故稱「中黃」，以象徵居中的地位，而「太一神」亦居五帝之中央，《史記・封禪書》謂：「天神貴者太一，太一佐曰五帝。」又《漢書・律曆志》中說：「太極中央元氣，故爲黃鍾。」「黃鍾」爲音律，其所以稱「黃鍾」者，如《淮南子・天文訓》所謂：「黃者土德之色，鍾者氣之所種也。日冬至，德氣爲土，土色黃。」「中黃」或卽由「黃鍾」所演變。而在《太平經》中也有「太一」居中之說，卷九十八《包天裹地守氣不絕訣》中說：「子欲不絕窮，宜與氣爲玄牝，象天爲之，安得死也……乃上從天太一也，朝於中極，受符而行，周流洞達六方八遠，無窮時也。」《太平經鈔》甲部爲僞書，則更有「太平眞正太一妙氣皇天上清金闕後聖九玄帝君」者有其他五位神仙爲左輔右弼。《太平經鈔》戊部亦以「太一」爲尊神。由此可見，張角太平道利用《太平經》爲其代替漢王朝提出「蒼天已死，黃天當立」的革命口號當無疑義也。

2.張角之道敎之所以稱「太平道」，也是從《太平經》中來。《太平經鈔》辛部中有：「太平道，其文約，其國富，天之命，身之寶。」又《經鈔》壬部中有：「行太平之道，乞請皆應；不

教的。張修一支後爲張道陵的孫子張魯所編收；張角一支在他失敗以後逐漸就消失了，「太平道」在史書中就沒有什麼記載了。根據這些情況，對於早期道教可以得出以下看法：

1.道教作爲一種宗教意識形態說，它一開始就是爲統治階級所提倡的。道教的前身「方仙道」和「黃老道」都和統治者的提倡有關。雖然道教建立在東漢末年經濟、政治、精神和道德普遍瓦解的時代，當時參加道教的又是廣大勞動人民，且有勞動人民利用它作爲自身利益而鬥爭的武器，但從道教的性質說，它仍然不能說是勞動人民的宗教。從《太平經》的內容卽可看出，它十分明顯地是爲了拯救統治者所面臨的政治、經濟、道德的危機，從而提倡一套「奉天地、順五行」、「興國廣嗣」之術，希求用這套宗教教條使國家太平和統治延續。儘管《太平經》中間或有對統治者批評之處，無非是小罵大幫忙而已。

2.道教雖然從根本上說是有利於統治階級的，這並不妨礙在一定條件下勞動人民可以利用它作爲組織羣衆和團結羣衆的武器。在封建社會中廣大農民不大可能有一種代表其階級利益的系統理論，正像恩格斯所說那樣，在宗教盛行的中世紀，「任何社會運動和政治運動都不得不採取神學的形式，對於完全受宗教影響的羣衆的感情說來，要掀起巨大的風暴，就必須讓羣衆的切身利益披上宗教的外衣出現」（《費爾巴哈和德國古典哲學的終結》，《馬克思恩格斯選集》第四卷二五一頁）。中國的中世紀封建社會的具體情況雖然和西歐不同，但農民起義要利用宗教這一點則是有共同性的。而且我們知道，農民作爲封建社會的小生產者，他們的思想體系仍然是屬於封建的意識形態；他們反對當權的封建統治階級的殘暴、腐朽統治對歷史的發展雖有積極意義，但他們不可能建立起新的生產關係，所以他們的思想體系仍然是封建的一套，這就是爲什麼張角等能把《太平經》作爲他們鬪爭武器的原因了。

3.宗教的發展有一個逐漸完備的過程，道教也是這樣。從道教的發展看，它是在原有的神仙家、方仙道、黃老道和東漢流行的陰陽五行讖緯迷信的基礎上形成的，最早的道教經典爲《太平經》，與此同時張道陵從江淮地區到巴蜀建立了道教組織，之後張角與張修都利用了道教作爲農民起義的工具，再後張道陵的孫子張魯又依靠它在漢中地區建立了割據政權，這時道教也有了初步的教規教儀和教會組織系統。但在這一階段，道教的組織並不固定，其教規教儀也不完備，而且其教會組織往往和政治勢力沒有分開，沒有成爲獨立的教會組織，張角利用的太平道的教會組織和農民起義的組織是合二而一的，張魯的五斗米道的教會組織和其割據的政權組織是合二而一的。

4.道教和其他宗教派別相比，從一開始就有其十分顯著的特點：其一是，其他宗教大都要解釋「人死後如何」的問題，而道教所要求解決的卻是「人如何不死」（長生不死）；其二是，道教一開始就有十分強烈干預政治的願望，這點和印度佛教很不相同。佛教在釋迦牟尼的時期並不直接要求干預政治，也沒有一套「致太平」之術，而只是爲了個人解脫。但道教卻不同，它一開始就把「治身」與「治國」結合起來，在《太平經》中就表現爲「天、地、人三者結合而致太平」與「精、氣、神三者合一而永生」；太平道和五斗米道也都是要求把這兩方面結合起來。

第四章 《老子想爾注》與《老子河上公注》

《老子》一書本爲先秦道家著作，戰國末有韓非的《解老》、《喻老》等解釋《老子》的篇章；秦有《呂氏春秋》，漢初有《淮南子》等發揮了《老子》的某些思想；西漢末有嚴遵作《老子指歸》等等，均以闡發《老子》思想爲宗旨。於漢時研究《老子》的人可考者有五六十家（參見楊樹達《增補老子古義》中所附之《漢代老學者考》），惜書均不可得見。漢魏之際注《老子》者，多以玄理解《老子》，除王弼、何晏最爲著稱，尚有鍾會，夏侯玄等。漢末道教建立，爲給自己的教派找尋理論上的根據，很自然就找到這部「玄之又玄」有「長生久視」思想的《老子》。且在道教建立之前，漢時已把老子神化，並爲方術之士所利用，而有「黃老道」與「方仙道」等方術派別。東漢之初，已神化老子爲禮拜祠祀之對象，明帝之弟楚王英曾把老子和浮屠同樣當作神加以禮拜；桓帝於宮中立黃老浮屠之祠，並於延熹八年九年三次於苦縣祠祀老子，欲「存神養性，志在凌雲」也。由此可知桓帝之世，祭祀黃老，求長生，爲帝王所希。靈帝之世，東海地區張角之太平道與巴蜀漢中地區張修、張魯之五斗米道興起，均奉黃老，而五斗米道又以「五千文爲教」。由於要利用《老子道德經》五千文，因而出現了站在道教立場來注解《老子》的書，今日可見之最早道教的老子《道德經》注當推《老子河上公注》與《老子想爾注》。前者與後來東吳時葛玄一系有關，而後者則爲西蜀漢中之張魯一派所述。《河上公注》當早於《想爾注》，但爲敍述方便，先述《想爾注》而後論《河上公注》。

一 《老子想爾注》

(一) 關於《老子想爾注》的考證

倫敦大英博物館所藏敦煌寫本《老子注》一種，斯氏編目六八二五號，卷末題《老子道經上》，下注橫排《想爾》二字，起於《老子》之第三章「不尙賢，使民不爭；不貴難得之貨，使民不爲盜」的注「則民不爭和不盜」，止於卷終，共五百八十行，注和經文連書，無章句之分，字體大小同。此卷一九四八年之《北京大學五十周年紀念敦煌考古工作展覽概要》曾述及，謂爲六朝前之經卷。後爲香港饒宗頤先生所注意，一九五六年四月出版《敦煌六朝寫本張天師道陵著老子想爾注校箋》，同年九月臺灣《清華學報》刊陳世驤《《想爾》老子道經敦煌殘卷論證》，後日本學者大淵忍爾等均撰文論及此書之成書年及性質。又有嚴靈峰撰《讀《老子想爾注校箋》

書後》與《《老子想爾注》寫本殘卷質疑》等文與饒宗頤多方辯難。現據上述論著加以己意，對《老子想爾注》作若干考證。

1. 關於《老子想爾注》的作者

據陳世驤考證《想爾注》之經文是傳行於漢代的一種不分章句的《老子道德經》。今存倫敦、巴黎之唐寫本《老子》五千文，如倫敦所藏的斯字六四五三，巴黎所藏之二五九九及二六一七等，以《想爾注》經文與之相較，除字體與少數明爲筆誤者外，字句皆同。因此，可以說《想爾注》經文保存了漢代的一種較古老的《老子道德經》版本。據上述論者謂，根據字體、紙質等均可斷定此《想爾注》殘卷當是六朝北朝的寫本，這點似已成定論，故可無復多論。關於《老子想爾注》之著錄，最早見於陸德明的《經典釋文敘錄》，原文謂：「《想余注二卷》，注曰：「不詳何人，一云張魯，一云劉表。」「余」字當爲「尔」字之誤。然《經典釋文》中並沒有引用《想爾注》文。按劉表不大可能注《老子》，據《後漢書・劉表傳》言，表「博求儒術，以綦毋闓、宋忠撰五經章句」；蔡邕《劉鎭南碑》又盛讚劉表之儒雅，故知劉表爲儒家學者，或由於劉表封「鎭南將軍」，而張魯亦曾封「鎭南將軍」，致使後人分不清是那一個「鎭南」，而有「不詳何人，一云張魯，一云劉表」之說（參見陳世驤的第二節《《想爾》經注之流傳及湮沒》）。又《道藏闕經目錄》中有「《想爾注老子道德經》二卷」，但未說明作者。關於張魯與《老子想爾注》的關係，有以下幾條材料：

《三國志・魏志・張魯傳》注引《典略》中說：

(張)角為太平道，(張)修為五斗米道。……修法略與角同，加施靜室，使病者處其中思過。又使人為姦令祭酒，祭酒主以《老子》五千文，使都習，號為姦令……後角被誅，修亦亡。及(張)魯在漢中，因其民信行修業，遂增飾之。

劉大彬《茅山志》卷九中《道山冊》中謂：

按《登真隱訣》隱居云：《老子道德經》有玄都楊真人手書張鎮南古本。鎮南卽漢天師第三代系師魯，魏武表為鎮南將軍者也。其所謂《五千文》者有五千字也。數系師內徑有四千九百九十九字，由來闕一。是作三十輻應作卅輻，蓋從省文耳，非正體也。宗門真迹不存。今傳《五千文》本上下二篇，不分章。

然上引文一段不見於今本《登眞隱訣》。又查《道藏》字帙《傳授經戒儀注訣》中《序次經法》說：

系師得道，化道西蜀，蜀風淺末，未曉深言。托遘想爾，以訓初迴，初迴之倫，殆同蜀淺，辭説切近，因物賦通。

又《道藏》楹字帙《洞眞太上太霄琅書》卷四《爲師訣》第十說：

> ……志行此道，存五千文，……今之所道，十天大字，神仙人鬼，共所歸宗，文同數等，無有一異，但感者未齊，應者微革。河上《章句》，系師《想爾》。轉字會時，立題標義，始殊終同，隨因趣果，洞明之師，諦宜宣誥。其《大字》以數入道，故先言五千而後云經；《想爾》以道統數，故先云經而後言五千。《河上》道數相涉，故分經以及文品，章為第句，各有應焉。

據以上四段引文，可知以下數事：⑴張魯繼承張修於漢中所推行的道教而有所增飾，可知張魯亦頗重視老子《五千文》，以之作爲道教的經典。⑵雖《傳授經戒儀注訣》和《洞眞太上太霄琅書》未明言「系師」爲張魯，而《茅山志》引《登眞隱訣》則明言漢第三代系師爲張魯。按佛教著作多謂張道陵之子張衡爲系師，如《廣弘明集》中甄鸞之《笑道論》，玄光之《辯惑論》等均是。但在道教的著作中則以張魯爲「系師」，如《清徽仙譜》、《歷代眞仙傳道通鑑》、《漢天師世家》等，故知從道教看「系師」當爲張魯。⑶張魯所用的《老子道德經》爲不分章的《五千文》本，此正與敦煌本《想爾注》同。此種不分章的《五千文》本嘗爲楊羲所手書。⑷張魯在西蜀漢中傳道教，「蜀風淺末，未曉深言」，故爲《老子》作注，「托遘《想爾》」。⑸《想爾注》與《河上公注》同爲老子《五千文》本作注，但《河上公注》由於「道」（經）和「數」

（學數）相關連，所以把「經」分成若干文品及章句；而《想爾注》是「以道統數」，因此經文在前，而最後才言明「五千文」字數。

上述材料本來已經可以說明《老子想爾注》為張魯所出，但是唐朝有些注解《老子》的書中又說《想爾注》為張道陵所撰，致使《想爾注》的作者又發生了問題。《廣弘明集》卷十三載唐法琳《辯正論》謂「道士張道陵……注《五千文》」云云，但並未言明張道陵所注《老子》名為《想爾》。至唐玄宗所撰《道德眞經疏本外傳》中著錄有《想爾注》二卷，注謂：「三天法師張道陵所注」，唐末有道士杜光庭撰《道德眞經廣聖義》，《序》中著錄有《想爾注》二卷，注謂「三天法師張道陵所注」。在法琳《辯正論》中並引用了一段所謂張道陵關於《道德經》第一章的注文，說：「道可道者，朝美食也；非常道者，謂暮成屎也，兩者同出而異名，謂人根出溺，溺出精也。玄之又玄，謂鼻與口也。」如果張道陵果眞注有《道德經》，這段文字也不大可能是這位天師的注文，而為法琳所偽造。退一步說，即使是張道陵的注，它也和《想爾注》無關。因為證之敦煌本《想爾注》沒有對整章加以總的注解的情況。因此，我們可以說：(1)張道陵或本注過《道德經》但並非《想爾注》；(2)《想爾注》為張魯的注；(3)後來道教徒為擡高《想爾注》的地位，而說它是第一代天師張道陵的注；(4)張魯的《老子想爾注》是西蜀漢中地區五斗米道所用的一種《老子注》本。

2. 關於「想爾」的釋義

「想爾」應如何解？從道教的著作中看，有以「想爾」爲書名，也有以爲「想爾」爲人名，如《正一法文天師教戒經》中說：

> 道使末嗣，分氣治民漢中，四十餘年。道禁真正之元，神仙之說，道所施行，何以想爾（中空四字），妙真、三靈七言，復本真正，而故謂道欺人，哀哉可傷！

此處「妙眞」爲《妙眞經》，「三靈七言」指《黃庭經》，《黃庭經》文字爲七言，因此「想爾」亦當爲書名。（詳見楊聯升《老君音誦誡經校釋》，《歷史語言研究所集刊》第二十八本；饒宗頤《老子想爾注考略》，《選堂集枕》）然《雲笈七籤》卷三十三引孫思邈《攝養枕中方》云：「想爾曰：勿與人爭曲直。」原文「想爾」二字下自注謂：「想爾蓋仙人名」。（按《道藏》臨字帙有《枕中記》一卷，題晉葛洪撰，亦引「想爾曰：勿與人爭曲直」等語）又杜光庭《道德眞經廣聖義》的「序」中也說：「述修身，則松靈、想爾，逸軌難追。」據「松靈」爲人名，「想爾」與之對舉，當亦應爲人名。此外引用《想爾注》的書尚有多種，例如，李榮《道德眞經注疏》卷二：

> 《想爾》力曰：豫，猶豫，行止之貌，常當畏敬也。冬涉川者，恐懼也；畏四鄰，不敢爲非，恐鄰見知之，此遵道奉戒之人謙謹如此也。

敦煌本《太平經》殘卷前語中有：

相（想）爾云：世多耶（邪）巧，托稱道云。

據上述材料，或「想爾」本爲書名，後因系師張魯用「想爾」「道化西蜀」，故而「想爾」或爲張魯之代名，而成人名。又「想爾」又或爲道教中之一職位，《道教義樞》謂：「道民三界，錄生五戒，祭酒八戒，想爾九戒。」然而「想爾」無論作書名或人名，應如何解釋，則衆家多以爲與道教的所謂「存思」有關。饒宗頤《老子想爾注考略》中舉出《雲笈七籤》卷四十三引《老君有異圖》十八篇中之《坐朝存思》第十證之。《坐朝存思》第十云：

凡（按：「凡」字當作「九」字）行者，亦存想爾注，三業在盟威經後。凡存思者，急宜憶之，故標出如左。

上最三行：行無為、作柔弱、行守雌、勿先動。

中最三行：行無名、行清靜、行諸善。

下最三行：行無欲、行知止足、行推讓。

一者不殺，二者不盜，三者不淫。此三業屬身業。

一者不妄言，二者不綺語，三者不兩舌，四者不惡口。此四事屬口業。

> 一者不嫉妒，二者不瞋恚，三者不邪疑。此三事屬心業。
>
> 右九行、三業十事，存念驚恐。人思想干，皆速思之，危卽安也。

《道藏》夙字帙《太上老君大存思注訣》中之《坐朝存思》亦列九行及三業十常，與《雲笈七籤》所引同，惟開頭一段爲「九行在《想爾注》前，三業在《盟威經》後，存思者急宜憶之夕」云云。這就是說，九行之《想爾戒》在《想爾注》前（詳後）。所謂「存思」者，卽存思上述九行。要求奉道者小心謹愼地想着「行無爲行柔弱……」等等，這樣就可以轉危爲安也。這種所謂「存思」就是想着某種觀念，故而道教中「存思」亦可作「存想」。《崇文總目》有《道德經存想圖》一書，當卽《老君存思圖》。又《道藏目錄詳注》中《洞神部》謂：

> 《太上老君大存思圖注訣》一卷，有圖，乃存想五臟五星，常存九行三業，坐臥登堂，存想圖像。

「存想」一辭在邊韶的《老子銘》也有：

> 規矩三光，四靈在旁，存想丹田，太一紫房。

這些材料都說明「存思」的對象爲「五臟」、「五星」、「丹田」等具體物或某種圖象，而不是九行等觀念，這應如何解釋？我想是否可以作如下的解釋：道教徒在修養時（卽「坐朝存思」時），按《太上老君大存思圖注訣》謂「坐朝者端坐而修禮也」，「凡有思時，皆閉目內視」，要心存觀想，如佛教之「安般守意」，專注一心，使意念不生。而觀想的對象可以是具體的，如五臟、丹田之類，這種「存想」的結果，也是可以達到「意念不生」「常存九行三業」。陳世驤《《想爾》老子道德經敦煌殘卷論證》中提出：「《登眞隱訣》（卷下之）言及入靜室之法，及《眞誥》（卷十八）言有『靜室法』。俱謂『閉氣存想』或『存想入室』則『功曹使者，龍虎眞君，可與見語』。且並云是『漢中詩』，則原出張修所傳（靜室）甚明。而『存想』，在此詩中有特殊意義。若然則或張魯托言入靜室『存想』見神，以注《老子》，而名其注曰『想爾』也。」按《魏志·張魯傳》引《典略》謂張修「加施靜室，使病者處其中思過」，接著說：「又使人爲姦令祭酒。祭酒主以《老子》五千文使都習，號爲姦令。」以「靜室」思過和「以五千文使都習」是否有關？據推想，很可能有關係。使病者於靜室中「思過」，用什麼標準來判斷是非，當以「五千文」，姦令祭酒的責任之一就是讓「病者」入靜室習「五千文」以思其過，而這一過程卽是病者的「存想」（「存思」）的過程，因此所修習的對《老子》五千文的解釋就是《老子想爾注》了。想來，《老子想爾注》不僅和張魯有關，也可以說和張修有關。因爲這種《老子》五千文的本子是五斗米道所採用的一種《老子道德經》文本。

又《太上戒經》於《思微定志經十戒》中有如下一段：

> 一人曰：餘戒悉易，淫戒最難斷。所以爾者，我曾履斯事。隨數兄中食，當中食時，自云一日精進，無不過理，亦謂後身當得此齋戒之福。至是夕夜，是我所惘，輒來狡獪。雖若加抑迫，不覺已爾，每每如此，最知最難。化人曰：色者是想爾，想悉是空，何有色也？但先觀身，如身無寄，便知無也，何可不忍。

《太上戒經》成於何時，難以確，或與寇謙之有關（詳後），而寇謙之的《老君音誦戒經》即已引入佛教的「輪迴」觀念。而此處對「色」用「想爾」釋。且認爲，不僅「色卽是空」，而且「想悉是空」。而如「想悉是空」，如何可「存想」？而我們知道，寇謙之的新道教旨在「破除三張僞法」，故張魯的「存想」當亦應在破除之列。此或不僅可反證「存想」爲張魯之主張，且可證「想悉是空」正是寇謙之利用佛教學說反對「三張僞法」之一例也。

3.《想爾注》與《想爾戒》

在《道藏》力字帙中有《太上老君經戒律》一種，前有目錄包括四種：卽《道德尊經戒》、《老君百八十戒》、《大淸陽戒》和《女靑律戒》，後兩種「闕失」，並注謂「已上女官受」；前兩種並注謂「以上男官同受」，於《道德尊戒經》下注有「九行二十七戒」，而本文中又有題爲《道德尊經想爾戒》和《道德尊經戒》兩種，前者卽爲「九行」，後者卽爲「二十七誡」，後者當爲前者之展開，現將《道德尊經想爾戒》抄錄於下：

《道德尊經想爾戒》

行無為，行柔弱，行守雌勿先動（以上最三行）；

行無名，行清靜，行諸善（此中最三行）；

行無欲，行知止足，行推讓（此下最三行）。

此九行二篇八十一章，集會為道舍，尊卑同科，備上行者神仙，六行者倍壽，三行者增年不橫夭。

而題爲《道德尊經戒》的二十七戒，其中「上最九戒」：「戒勿喜邪與喜怒」等九戒實爲《道德尊經想爾戒》之「上最三行」之展開，或「上最三行」爲「上最九行」之根據；而「中最九戒」則爲「中最三行」之展開，或「中最三行」爲「中最九戒」之根據；「下最九戒」爲「下最三行」之展開，或「下最三行」爲「下最九戒」之根據。因此，《道德尊經想爾戒》應包括《想爾九戒》和《想爾二十七戒》。故《太上經戒》中最後有《老君二十七戒》則不僅包括有《太上老君經律》中之「二十七戒」，而且《想爾九戒》也一並於其中。可見「九戒」與「二十七戒」本爲一體，孟安排《道敎義樞》卷二中講到道敎的戒律時說：

戒律者，戒，止也，法善也，止者，止惡心口，為誓不作惡也。戒之為善，又有詳略焉。……略者，道民三戒，錄生五戒，祭酒八戒，想爾九戒。……

《想爾九戒》爲道敎戒律之略者，而其「二十七戒」則爲較詳者也。

早期道敎於張魯時並無戒律之形式，僅有尙未形成系統的若干要求道民遵守的規則，如張修所立的「犯法三原」、「靜室思過」等。而道敎完整之戒律當產生在東晉佛敎大盛之後。東晉以降佛敎的「十誦律」、「四分律」、「僧祇律」等都有了譯本，道敎爲鞏固其敎會組織，並與佛敎相抗衡，就必須建立一套完備的戒律，因而可以推想《想爾戒》應成於東晉之時，據《想爾注》而構成。原在《想爾注》中已屢言「奉道誡」、「守道誡」、「勿違道誡」、「行道奉誡」等等，可見其對「誡」之重視。《想爾九戒》中之「無爲」、「無名」、「無欲」本諸《老子》自不待言，而「二十七戒」中之「行知止足」則爲《想爾注》中之常用語，如「諸知止足，終不危殆」、「既有名，當知止足」、「誡知止足」、「夫亦將知止」、「奉道誡道，可長處吉不凶，不能止足，相返不靈也」等等。其他如「勿傷王氣」、「勿爲僞彼（按：當作「技」），指形名道」、「勿學邪文」、「勿以貧賤強求富貴」、「勿與人爭曲直，得諍先避之」、「勿稱吾名大」等均見於《想爾注》中。

《想爾九戒》後有「此九行二篇八十一章，集會（按：「會」當作「合」，據《太上經戒》）爲道舍，尊卑同科」云云，可看作此《想爾九戒》本與「二篇八十一章」之《老子道德經》合在一起。但這裏有一問題，蓋《老子想爾注》五千言不分章，如何又分爲「八十一章」？此或更可證明《想爾注》是後於《河上公注》而出。又按《混元聖經》卷三十記有：

魏太和中道士寇謙之得河上丈人本。

據此推想，把《想爾注》與八十一章之《老子道德經》合在一起或爲寇謙之所爲，蓋《老子河上公注》分八十一章。《太上老君經律》中之「二十七戒」後有「此二十七戒上篇共合爲道淵，尊卑通行」云云，而《太上經戒》作「此二十七戒二篇合爲道淵」，當以《太上經戒》爲是。因此，也許「二十七戒」更爲原始，只是與《道德》二篇合在一起，而《想爾注》只分《道經》和《德經》二篇，不分章也。但從內容看，「二十七戒」則更多與《想爾注》相近，而「九戒」中除「行知止足」外多取自《老子》本文。

(二)《老子想爾注》內容分析

《想爾注》既爲《老子》之注，必依道教之立場來改造《老子》的思想，使之適合道教的需要。《老子》書中最重要的哲學範疇是「道」，提出「道」這個範疇在春秋戰國時期是具有和傳統的「尊天」思想相抗衡的意義，它是企圖從另一角度來回答宇宙本源的問題。而關於宇宙本源問題從來是中外哲學史上最難以回答的問題之一，因此在兩千五百年前老子要回答這個具有形而上學意義的哲學問題，自然是很費力氣的。從形而上學的要求說，宇宙本源應是超言絕像的，但又得要人們能了解，故老子給「道」以各種各樣不確定的形容和說明，如他說「吾不知其名，強宇之曰道，強爲之名曰大」，「道常無名，樸，雖小，天下莫能臣。」又說「道」是「寂兮寥兮」，「恍兮惚兮」，「窈兮冥兮」等等。正是由於老子對宇宙本源並不能清楚明白地說明，所以「道」這個概念在他的哲學體系裏有着不同的涵義。分析起來「道」大體有四層相互聯繫的涵義：

1. 「道」本來是「人們行道的道路」的意思，從而引申而有「規則」、「法則」（或「規律」）的意思。《老子》中說「道法自然」，「道」是效法自然的，也就是說「道」的運動是自然而然的。又說：「道常無爲而無不爲，侯王若守之，萬物將自化。」這是說：按照「道」辦事，一切將自然而然的發生着，變化着，事物的運動將是合乎規律的。

2. 「道」是宇宙存在的最初狀態，如《老子》中說「有物混成，先天地生」，在天地萬物存在之前，宇宙的存在是混沌的狀態，這種混沌的未分的存在狀態叫作「道」。黑格爾認爲：「把物質當作本來就存在着的並且沒有形式的這個觀點，是很古老的，在希臘人那裏我們就碰到過，它最初是從混沌的神話形式出現，而混沌最初設想爲現存世界的沒有形式的基礎。」（轉引自恩格斯的《自然辯證法》）

3. 「道」是先於天地萬物存在的某種精神性實體。如《老子》中說：「道生一，一生二，二生三，三生萬物。」如果把「一」了解爲構成天地萬物的物質性「元氣」，則「道」就可能是不同於「物質性的元氣」的精神性東西。而這點《老子》第四十二章所說的「天下萬物生於有，有生於無」更可得到證明。

4.「道」是無所不存構成天地萬物的材料。《老子》中說：「道常無名，樸，雖小，天下莫能臣。」司馬光注說：「樸，道之質也。」《老子》第二十八章又說「樸散則爲器」，這就是說，「道」作爲一種材料是最微細的，但一切都是由它構成，因此它是無所不在的。

《老子》書中這四點關於「道」的涵義是相互聯繫的。「道」作爲宇宙存在的「法則」（「自然而然」的存在狀態），這「法則」只是由最初宇宙存在的混沌狀態表現出來；這「道」作爲宇宙最初存在的不可分的狀態如何變化成後來的有分別的天地萬物，而這一變化過程的主使者卻是「道」。天地萬物由「道」使之變化而成，因而「道」又可以成爲構成天地萬物的材料而無所不存。《老子》書中關於「道」的種種涵義，其中任何一點都可以爲道教的宗教性教義所利用，使具有形而上學意義的哲學轉化爲宗教神秘主義的理論。

我們從《想爾注》中可以看到，首先它把「道」的精神性實體的意義轉化爲「人格神」。《老子》第四章中說：「道冲而用之或不盈……吾不知誰之子，象帝之先。」此處「吾」並非指「道」而是老子本人之自稱，本意是說，「道」是宇宙的根本，在「天帝」之前已經存在了。而《想爾注》說：「吾，道也；帝先，亦道也。」用「吾」來說「道」，這就把「道」人格神化了。《老子》第十三章：「吾所以有大患，爲我有身。」此處之「吾」和「我」都不是指「道」，而《想爾注》謂「吾，道也，我者同吾，道屬善，常畏患不敢求榮，思欲損身」云云，此處的注「道」亦成爲有意去活動的主體。《老子》第三十七章「道常無爲而無不爲」，本來是說明「道」的性質，《想爾注》則謂：「道性不爲惡連，故能神，無所不作，道人當法之。」這樣「道」就成爲有意志有能動性的人格神了。對「無欲以正，天地自證」的注說：「道常無欲，樂清解，故令天地常正。天地，道臣。王者法道行誡，臣下悉自正矣。」「無欲以靜」本來是說「道」沒有意志的，是清靜無爲的，但注謂「道」樂清靜，則「道」成爲一有意志之主體了。又如注說「道不喜強求富貴」，「道設生以羨善，設死以威惡」等等，「道」都有人格神的意義。特別是對《老子》第十章「載營魄抱一，能無離」的注解更可見《想爾注》把「道」人格化了。《想爾注》說：

> 魄，白也，故精白，與無（炁）同色。身為精車，精落故當營載之。神成氣來，載營人身，欲全此功無離一。一者，道也。今在人身何許？守之云何？一，不在人身也。諸附身者，悉世間常偽伎，非真道也。一，在天地外，入在天地間，但往來人身中耳，都皮裏悉是，非獨一處。一散形為氣，聚形為太上老君，常治昆侖，或言虛無，或言自然，或言無名，皆同一耳。今布道誡教，人守誡不違，卽為守一矣，不行其誡，卽為失一矣。世間常偽伎指五藏（臟）以名一，瞑目思想，欲從求福，非也，去生遂遠矣。

這段注解很費解，大體包含以下幾層意思：(1)批評當時的「世間僞伎」以爲「一」是人身體的某些器官而在人身，如「五臟」爲「一」在人身中。《太平御覽》卷六六八所引《太上太眞科》中說：

一在人身，鎮定三處，能守三一，動止不忘，三尸自去，九蟲自消。

《想爾注》與此相反，認爲「一不在人身」，並責問「一在人身何許」（「一」在人身何處）。它認爲，主張「一」在「人身」的某一器官是「世間僞伎」。⑵爲什麼說「一不在人身」？照《想爾注》看，「一」是「道」。「道」如何能是「人身」的某一器官或部位呢？「一」即是「道」，則即「在天地外」，又「入在天地間」，而無所不在，可以出入往來於人身之中，不是限於人身體中的那一處，它能往來於人身體中的各處。⑶由於「一不在人身」，就要求奉道教的人能「守誡不違」（按：「誡」即「道誡」），如果能「守誡不違」就是「守一」。（按：「守一」即是「守道」，一者，道也。）⑷「魄」是「精白」，即「精氣」，故與「元氣同色」。人的身體是「精氣」的居住處，「精氣」在人身體中應得到保養，如果能保存住「精氣」（精神現象的承擔者），那麼「元氣」（此處「神成氣來」之「氣」當指「元氣」）就自然來到身體之中而使身體得到保存。⑸那麼如何使「元氣」來到身體之中而又保存住呢？這就是注中所說的「守一」了，即「無離一」。⑹「一者，道也」，它散開可以成爲「氣」，說明它「在天地外，入天地間」。它聚起來就成爲「太上老君」，即成爲道教中的最高神仙，說明它可以成爲人格神。這不能不說，《想爾注》把老子道家的思想加以宗教化和神秘化了，這本和《老子》原有的「道」的「自然無爲」的思想大不相同了。

從上述分析，我們可以看到，在《想爾注》中「道」、「一」、「氣」這三者是有著密切聯繫的。在《想爾注》中，我們常常可以看到「道氣」這一概念，那麼「道氣」和「道」是什麼關係呢？從《想爾注》中可以看出，「道氣」和「道」並無分別，這可以由以下材料得到證明：

⑴《想爾注》常用「不可見知」、「清微」、「無狀無象」等來說明「道氣」，如「其上不皦，其下不忽」的注說：「道炁常上下，經營天地內外，所以不見，清微故也；上則不皦，下則不忽，忽而有聲。」又「天地之間，其猶橐蘥」注說：「道氣在間，清微不見，含血之類，莫不欽仰。」而對「道」的說明也大體相同，如對「是無狀之狀，無象之象」的注說：「道至尊，知也。」對「是謂恍惚，迎之不見其首，隨之不見其後。」注說：「道明不可見知，無形象也。」「蠅蠅不可名，復歸於無物」注說：「道如是，不可見名，如無所有也。」

⑵《想爾注》又常用「清靜」來說明「道氣」，如「歸根曰靜」注謂：「道氣歸根，愈當清靜矣。」而對「道」也有同樣的說明，如「無欲以靜，天地自正」注說：「道常無欲，樂清靜，故今天地常正。」

由以上兩點可見，《想爾注》從原則上對「道氣」和「道」並未作出分別。這點可能和《老子》書認爲「道」是「無名之樸」有關係。「復歸於樸」《想爾注》說：「樸，道本氣也，人行道歸樸，與道合。」「樸」指「最初最小者」，「道」本來都是「氣」，人能行道歸樸，則可與「道氣」合一。但是，也可以說《想爾注》從不同的方面來使用「道氣」和「道」這兩個概念，它使用「道」這一概念往往是從「主宰」天地萬物方面來說的，或者是就宇宙無所不包的統一狀態來說的，如說：「吾，道也，所以知古今共此一道。」而使用「道氣」則往往是從「構成」天地萬物方面說的，而且「道氣」是最根本的「氣」，因此天地萬物，人的精神（內）和形體（外）均由它經營而成，所以又可以叫「元氣」。而這兩種含義在《老子》原書裏也都可以找到某些根據。《想爾注》對「視之不見名曰夷，聽之不聞名曰希，搏之不得名曰微」的注說：「夷者，平且虛；希者，大度形；微者，道炁清，此三事欲歎道之德美耳。」這裏說：「道氣清」叫「微」，而「夷」、「希」、「微」都是說「道」的美德，這就更說明「道」和「道氣」沒有什麼原則區別了。

爲什麼《想爾注》常常用「道氣」來說「道」，這應和道教的基本思想「長生不死」、「肉體飛升」有關。（詳後）所以在《想爾注》中還有「精」或「精氣」、「微氣」等概念，它認爲「精氣」（或「微氣」）是人們的精神現象的承擔者，此「精氣」常出入於人的身體之中，如說「人之精氣滿藏中」、「微氣歸之」、「入人身爲根本」。「精氣」與「道氣」的關係，似乎「精氣」是「道氣」的一種表現，所以《想爾注》中說：「所以精氣，道氣之別名也。」《想爾注》中又用「道精」這一概念，如說：「有道精，分之爲萬物，萬物精共一本。」「道精」大體也是指「道氣」，不過說它很「精細」，它是萬物的根本。至於「道」和「一」的關係，在

《想爾注》中已有明確的說明，《想爾注》用「一」說「道」，一方面說明「道」是宇宙的無所不包的統一狀態；另一方面又說明「道」是天地萬物統一的「本」，「道者天下萬物之本，……故還歸一。」（「此三者不可致詰，故混而爲一」的注）「一」又是「氣」（「道氣」），整個宇宙是由統一的狀態向分散狀態過渡，這是「氣」的作用。

其次，我們知道道教作爲一種宗教必須解決現實的人如何能成爲超現實的神仙這個問題，因此《想爾注》也就不能不回答這個問題，在《想爾注》中說：

> 道人……但歸志於道，唯願長生……。

這就是說，學道的人之所以立志向來學道，只是希望得到長生。要想得到「長生」就必須「奉道守誡」，《想爾注》中說：

> 欲求仙壽天福，要在信道，守誡守信。

又對「故貴以身於天下」句注說：

> 人但當保身，不當愛身，何謂也？奉道誡，積善成功，積精成神，神成仙壽，以此為身寶矣。貪榮寵，勞精思以求財，美食以恣身，此為愛身者也，不合於道也。

人如何保存住身體使之長生不死？要在「奉道誡，積善成功」，這樣就可以把「精氣」（按：人身體中之「精液」也是「精氣」）積結起來而成爲「神」（這裏的「神」是指「精神」），「精神」能長存於身體，則人可以成仙長壽。我們知道，早期道教以爲「精、氣、神三者結合永不分離」可以成神仙，此《太平經》殘卷前有一段引《想爾注》說：《想爾》云：「世多耶（邪）巧，托稱道云。千端萬伎，朱紫磐纇。故記三合以別眞，上下二篇法陰陽。」按，《想爾注》中多批評「僞伎」，如「和慧出有大僞」注謂：

真道藏，邪文出，世間常僞伎稱道教，皆為大偽，不可用。何謂邪文？其五經半入邪；其五經以外，六書傳記，尸人所作，悉邪耳否。

《想爾注》不僅認爲儒家經典不是「眞道」，如對「孔德之容，唯道是從」注謂：「道甚大，教孔丘爲知，後世不信道文，但上孔書，以爲無上，道故明之，告後賢。」並認爲其他方術都是「僞伎」，如「揣而悅之，不可長寶」注謂：「道教人結精成神，今世間僞伎詐稱道，托黃帝、玄女、龔子、容成之女相教，從女不施，思還精補腦，心神不一，失其所守，爲揣悅不可長寶。」本來「道」教人應「結精成神」，但是世間有一種房中術的僞伎，卻教人御女之法，這樣就使得「心神不一，失其所守」，這是應該拋棄的方術之伎也。特別是《想爾注》中對道教中之一派認爲「道」有形體進行了批評，它認爲「指形名道」、「令有處所服色、長短、有分數」的均爲

「世間僞伎」。按《太平經》中說：「眞神在內……長二尺五寸，隨五行五臟服飾。」很可能《想爾注》是針對《太平經》中此類思想而發的。而後葛洪在《抱朴子・地眞篇》中更明言「一」有「性字服色」云云，故知早期道敎至東晉初已分爲數派。（這點在《抱朴子・微旨篇》中已談到道敎中有若干派別）又按道敎塑像或在陶弘景後，據唐初釋法琳《辯證論》中說：「《陶隱居內傳》云：在茅山中立佛道二堂，隔日朝拜，佛堂有像，道堂無像。」那麼什麼是「眞道」呢？應該是主張「三合」的道敎，但是早期道敎大體主張「精、氣、神」三者合一的「理論」。在《想爾注》所存部分，沒有直接說到「精、氣、神」三者結合的「三合義」，但分析起來似乎仍然保存了早期道敎「三合義」的思想。在《太平經》中，「精」爲「陰氣」，「神」爲「陽氣」，「氣」爲「中和之氣」，而《想爾注》中則認爲：「神」爲「陽氣」，如說「精結成神，陽炁有餘，務當自愛，閉心絕念，不可驕欺陰也」。而「氣」（卽「形氣」）爲「陰氣」，如說「太陰道積，結形之宫」。「精」則當爲「中和之氣」，因爲《注》中有「所以精者，道氣之別名」，而「道貴中和」。因此，從敦煌《太平經》殘卷所引《想爾注》的說明看，《想爾注》之出的目的之一就是爲了要破除「僞伎」、「邪文」，所以它要闡明「三合義」以便分別眞僞，作上下二篇的注釋來「法陰陽」，上篇就是《老子》的《道經》，下篇就是《老子》的《德經》，因此在敦煌《老子想爾注》殘卷的最後有「老子道經上想爾」等字。

《想爾注》在魏晉南北朝曾一度流行，至唐似仍甚流行，除陸德明《經典釋文》提及外，一些《道德經》的注釋也常說到。巴黎敦煌卷伯希和二三三七《三洞奉道科誡儀範》卷五《法次儀品》列道教必讀書目：「《老子道德經》二卷，《河上眞人注》上下二卷，《想爾注》二卷，……」《道藏》損字帙《傳授經戒儀注訣》所列道教必讀書目依次爲：《老君大字本道經上》、《老君大字本德經下》、《老君道經上道經河上公章句》、《老君德經上德經河上公章句下》、《老君道經上想爾訓》、《老君德經下想爾訓》等等。又唐張萬福《傳授三洞經戒法籙略說》（《道藏》肆字帙）亦依次列《道德上下》、《河上公注上下》、《想爾注上下》等等。而唐以後《想爾注》似不傳。元至元初輯《道藏闕經目錄》敍歷代經文佚失，《老子想爾注》已屬闕經矣。

二　《老子河上公注》

《老子河上公注》成於何時向有爭論，近有谷方《老子《河上公章句》考證——兼論其與《抱朴子》的關係》（載《中國哲學》第七輯）以爲該注當出東晉以後，係葛洪一系門徒所作；而金春峰《也談《老子河上公章句》之時代及其與《抱朴子》之關係》（載《中國哲學》第九輯）則認爲「《河上注》產生於西漢而非東漢末期」。而王明先生早在一九四八年即撰有《《老子河上公章句》考》（載《國立北京大學五十周年紀念論文集》），此文對《老子河上公注》成書年代考證甚詳，對此書主要思想的分析也很精要，本節多依據王明先生之論點，並作若干補充。

現在所見記載《老子河上公注》的最早著作爲皇甫謐的《高士傳》。按皇甫謐卒於晉武帝太康三年（二八二年），年六十八，故應是生於東漢獻帝建安十九年（二一四年）。因此，《河上公注》最晚當成於魏晉之際。另外，我們也還可以從各種道書言及有關河上公注本的各種材料來推測《河上公注》的成書年代。《道藏》中有《傳授經戒儀注訣》、《傳授三洞經戒法籙略說》、《洞眞太上太霄琅書》以及敦煌卷伯希和二三三七《三洞奉道科誡儀範》等均言及道教徒應修習的經典的先後次序，從這些書所排列的次序，我們可以看出《河上公注》應在《道德經》作成「五千言」後，而在《想爾注》前。現把上述材料抄列於下，再作分析。《傳授經戒儀注訣•序次經法第一》中說：

> 隱注云：讀《河上》一章，則徹太上玉京，諸天仙人，叉手稱善，傳聲三界；魔王禮於空中，酆都執敬，稽首於法師。人生多滯，章句能通，故次於大字。系師得道，化道西蜀，蜀風淺末，未曉深言，托遘《想爾》，以訓初迴；初迴之倫，殆同蜀淺，辭說切近，因物賦通，三品要戒，濟衆大航，故次於《河上》。《河上》、《想爾》，注解已自有殊，大字系體，意況亦復有異。皆緣時所須，轉訓成義，舛文同歸。

書中並列舉讀經次序，先讀《老子》大字本，次讀《河上公章句》，再讀《老子想爾訓》。張萬福《傳授三洞經戒法籙略說》與《注訣》所列相同，唯《想爾訓》作《想爾注》。敦煌伯希和《三洞奉道科誡儀範》卷五《法次品儀》所列亦同。據以上材料，當可得以下結論：⑴《河上公注》與《想爾注》或均成書於五千文本《老子道德經》後。《道德經》原並非恰爲五千言，馬王堆出土之帛書本《老子》甲本與乙本均非「五千言」，司馬遷《史記》亦謂：「老子乃著書上下篇言道德之意，五千餘言。」王弼注本，據宋謝守灝說：「有五千六百八十三字或五千六百一十六字。」現有浙江書局覆刻張之象本爲五千二百八十字。但道教系統最早所用的《老子》本爲「五千言」。《後漢書・張魯傳》注引《典略》謂：「（張）修……又使人爲姦令祭酒，祭酒主以《老子》五千文，使都習，號爲姦令。」而後劉大彬《茅山志》中有：「《登眞隱訣》隱居云：《老子道德經》有玄都楊眞人手書張鎭南古本，鎭南卽漢天師第三代系師魯，魏武表爲鎭南將軍者也。其所謂五千文者有五千字也。」張魯是繼承張修在漢中推行五斗米道，當亦令奉道教者修習「五千文」。又唐釋法琳《辯正論》謂：「漢安壬戌，張陵……注五千文。」《注訣》中所說「大字本」當卽早期道教所用的「五千文」本。這點可以從《洞眞太上太霄琅書》中找到證明，文中有謂：

> 志行此道，存文五千。……今之所遵，十天大字，神仙人鬼，共所歸宗，文同數等，無有一異，但感者未齊，應者微革。河上《章句》，係師《想爾》，轉字會時，立題標

義。始殊終同，隨因趣果，洞明之師，諦宣宣誥。其《大字》以數入道，故先言五千而後云經；《想爾》以道統數，故先云經而後言五千。《河上》道數相涉，故分經以及文品，章為第句，各有應焉。妙思之儔，研期感應，勿互舛亂筌蹄也。

根據以上材料，我們大體可以說：⑴在漢末由於道教爲了其宗教的需要，而刪定《老子》成「五千文」，寫成「大字本」，以神化這部書。⑵據上引材料的排列次序，也說明時間先後的次序。所引材料都把《想爾注》列於《河上公章句》之後，而且《注訣》和《洞眞太上太霄琅書》還說明了兩者之間的不同。因此，我們應可斷定《河上公章句》成書於《想爾注》之前。敦煌卷有天寶十年系師定本《道德經》一卷，在卷末有「五千文上下二弓，合八十一章四千九百九十九字，太極左仙公序，系師定《河上眞人章句》。」這一段記載說明《河上公注》在張魯時已有，因此也可證明它在《想爾注》前。同時又說明《河上公注》和葛玄這派道教有更密切的關係。後來葛洪作《抱朴子》有些思想就來源於《河上公注》（詳後）。葛玄是三國吳人，卒於吳大帝赤烏七年（二四四年），《河上公注》或者是漢末和三國時流傳於南方的一種《老子》注本。

如果把《河上公注》和《想爾注》相比，很可能《想爾注》曾吸取了《河上公注》，這個問題饒宗頤先生的《老子想爾注校箋》中作過考證，玆不贅述。但把兩種注相比較，顯然《想爾注》的宗教性、神秘性更強，且更荒誕，而《河上公注》仍有較多的哲學意味。例如，第四章「吾不知誰之子」句，《河上公注》謂「吾」是「老子自謂」，而《想爾注》則謂：「吾，道也。」第二十一章「孔德之容，惟道是從。」《河上公注》謂：「孔，大也。有大德之人，無所不容，能受垢濁，處謙卑也。唯，獨也，大德之人，不隨世俗所行，獨從於道也。」而《想爾注》謂：「道甚大，教孔丘爲知；後世不信道文，但上孔書，以爲無上；道故明之，告後賢。」第三十七章「吾將鎭之以無名之樸」，《河上公注》謂：「吾，身也；無名之樸，道也。萬物以化效於己也，復欲作巧僞者，王侯當身鎭之以道德。」《想爾注》謂：「……觀其將變，道便鎭制之，檢以無名之樸，教誡見也。王者亦當法道鎭制之，而不能制者，世俗悉變爲邪也，下古世是也。」以上所引可以看出，《河上公注》多以「吾」爲「老子自謂」或「大德之人」，而《想爾注》則以爲「吾」爲「道」本身，故而《河上公注》以爲「改邪歸正」是由王侯用道德的力量使之「得正」，因此可見在《想爾注》中把「道」人格神化了，而《河上公注》尚無此意也。這也可能是《河上公注》得以流傳，而《想爾注》則漸不流傳的原因之一。不過無論如何《河上公注》已經成爲道教的經典了，這點又與《王弼注》不同。

早期道教從《太平經》起有一基本思想，就是不僅要求「治身」，而且要求「治國」。所以《太平經》的「三一爲宗」，既要求精、氣、神三者合一而成神仙；又要求天、地、人三者合一而致太平。《河上公注》同樣把「治身」與「治國」看成是「道教」（或者說「道」）的基本要求，如說：

> 用道治國則國安民昌，治身則壽命延長，無有旣盡時也。(第三十五章注)
>
> 常道，當以無爲養神，無常安民。(第一章注)
>
> 法道無為，治身則有益於精神，治國則有益於萬民。(第四十三章注)

因此，《河上公注》常把「治身」與「治國」並列，甚至認爲老子對「治國」也非常關心，如第五十三章「使我介然有知，行於大道」注說：「老子疾時王不行大道，設是言介然有知於政事，我則行於大道，躬無爲之化。」但《河上公注》雖以爲用「道」就可「治身」，又可「治國」，卻以「治身」以求「長生不死」爲根本，這點與《太平經》有所不同。《太平經鈔》癸部《今人壽治平法》中說：

> 夫無事乃生無事，此天地常法，自然之術也，若影響。上士用之以平國，中士用之以延年，下士用之以治家。大道坦坦，去身不遠，內愛吾身，其治自反也。

《河上公注》第四十一章中說：「中士聞道，治身以長存，治國以太平。」第十一章又明確提出「經術政教之道」是「可道」之「道」，非「常道」；「常道」是「自然長生之道」。又認爲「人學治世，吾人學治身，守道眞也」。(第六十四章注) 因此，可以說《河上公注》作爲道教經典較之《太平經》又前進一步。

道教與道家相比主要之點在於它把論證「養生成神」、「長生不死」作爲其主要目標，這點在《河上公注》中是充分體現了的。我們可以從如下幾個方面來說明《河上公注》以爲「學道」是爲了「長生不死」。

（一）養神可長生不死

「神」在中國古代哲學中有種種不同涵義，在道教的經典中它的涵義也不盡相同。在《太平經》中所謂「精、氣、神」之「神」爲「陽氣」；《老子想爾注》「谷神不死」句注謂：「谷者，欲也。精結爲神，欲令神不死，當結精自守。」此處之「神」是說由「精氣」集結成的人而居於人身體之中的「精神」。《河上公注》「谷神不死」注說：

> 谷，養也。人能養神，則不死也。（按：明初建文刊六子本《纂圖點注老子道德經》作：「人能養其神氣，則長生不死。」）神謂五臟之神也。肝藏魂，肺藏魄，心藏神，脾藏意，腎藏志，五臟盡傷，則五神去矣。

照中國傳統醫學看，「五臟」是人身體內部的重要器官，它們都和人的「精神」有關，《素問·宣明五氣篇》中說：「五臟所藏，心藏神，肺藏魄，肝藏魂，脾藏意，腎藏志，是謂五臟所藏。」《河上公注》當來自《素問》。把五種精神現象與五個人體內部器官聯繫起來，並以爲這些器官能不受到傷害，則「五神」就不會離去，這樣人的「精神」就可以有一個永久依托之處，因之神形可得結合而長生不死，所以《河上公注》中說：

> 人能除情欲，節滋味，清五臟，則神明居之也。（第五章）

傷害五臟的是人的情慾，因此必須把情慾去掉，使五臟清淨，虛無所藏，這樣「五神」才能有所依歸，「治身者，當除情去欲，使五臟空虛，神乃歸之」（第十一章注）。這裏我們可以看到，《河上公注》中所謂的「神」一般都是指「精神現象」，所以它又可以叫作「神明」。「神」是由「精」（「精氣」）集結而成的，因此「精」和「神」歸根結底都是「氣」了。

（二）養「精」使不離身，則長存

照《河上公注》看，「精」卽「精氣」，它和形體（形氣）的關係是：如果身體中能保存好「精氣」，則身體可以柔順而長生不死，故第十章注中說：

> 專守精氣使不亂，則形體能應之而柔順。
>
> 人能抱一，使不離於身則長存，一者道始所生，太和之精氣也。

「精氣」是貫通於身體內部而使之得到協調統一，所以人必須守住「精氣」使不離於身，則可得

「長生不死」，「人能自節養，不失其所，受天下之精氣，則可久」(第三十三章注)。「精氣」即「太和之精氣」，故又可稱爲「和氣」，這點與《太平經》不同。照《太平經》看，「和氣」組成肉體(形體)，「神氣」使人有生命。而《河上公注》認爲，「和氣」即「精氣」，保有「精氣」才能有生命，所以第三十六章注中說：

> 人生含和氣，抱精神，故柔弱；人死則和氣竭，精神亡，故堅强。

人如果能保存「精氣」使不離身，不僅可以長生不死，而且可以與天地相通，第四十七章注說：

> 天道與人道同，天人相通，精氣相貫。

「天」與「人」之所以能相通，是由於「精氣」使之相貫通之故。就這點說，「精氣」當是一種細微的有活力的「氣」，它充斥於天地之間，也充斥於人的身體內外，從而使身心內外得以聯繫著，如果能把充斥於身心內外的「精氣」調節好，則不僅可長存，而且可以通於天地。

(三)「守一」不離於身則得長生久視

「一」在《河上公注》中一般是指「氣」，有時則指「太和之精氣」。第二十一章注中說：

> 道唯怳惚，其中有一，經營主化，因氣立質。

在「道」中有「一」，它作成天地萬物，並使事物由一種形態變爲另一種形態，所以天地萬物是「因氣立質」，這顯然是說「一」就是「氣」。或稱爲「元氣」。天地萬物雖由它構成，但它本身並無固定的形質。「一」是未形成具體事物以前的宇宙統一狀態，但它又能作成有形有質的天地萬物，「一無形狀而能爲萬物作形狀」，「一無物質而能爲萬物設形象也」。所以第五十一章注中說：

> 道生萬物，德，一也。一主布氣而畜養。

「道」雖是產生萬物的根據，但是由「一」來「布氣畜養」；「一」既「布氣」，則「氣」當爲「元氣」，「元氣」指最根本的氣，最原始的「氣」，所以第二章注又說「元氣生萬物而不有」。「元氣生萬物」和「道生萬物」不同，照《河上公注》看，天地萬物之始爲「元氣」，而後由「元氣」演化而成爲天地萬物，但爲什麼如此演化，則由「道」支配。第二十一章注「以閱衆甫」說：

> 閱，禀也；甫，始也。言道禀與，萬物始生，從道受氣。

此即言萬物是根據「道」禀受「氣」而成。「我何以知從道受氣？以今萬物皆得道、精氣而生動起居，非道不然」，所以「萬物皆歸道受氣」。因此，天地萬物之成爲天地萬物，一方面是根據

「道」，另一方面稟受「氣」。第一章注「有名萬物之母」句說：「萬物母者，天地含氣生萬物，長大成熟如母之養子。」萬物由「氣」而成有形有質之物，第十四章注：「物，質也」，但在天地萬物形成以前是由虛無的「道」來「吐氣布化」，所以「道」從原則上說比「氣」更根本，「道」比統一的未有具體形狀的「元氣」更根本，《河上公注》有：「一，無爲，道之子也。」「道爲天下之母；子，一也。既知道已，當復知一也。」（《纂圖互注老子道德經》本第五十九章「有國之母可以長久」句注謂：「母，道也，元氣之祖是矣。」）當然，「得道」則可「知一」，但「知一」也可以「得道」，所以第十四章注中說：「人能知上古本始有一，是謂知道綱紀也。」人要求得長生不死，必須「守一」，第十章注說：

人能抱一，使不離本身，則長存。一者，太和之精氣也。

「守氣」即是「抱一」。「抱一」不僅可使人長生不死，而且可以使人具有種種「神通」，第二十二章注說：「聖人守一，乃知萬事，故能爲天下法式也。」這類「守一」能長生不死和能知天下事的觀點在早期道教的著作中是常見的，《太平經》中有，《抱朴子》中也有，玆不贅述。

（四）與道合同，乃能長久

《河上公注》中對「道」有各種各樣的說法，但大多因襲《老子》之原意，但其有不同於

《老子》原意者，仍在於更多地論述「得道」可以「長生不死」的觀點，就這點說，它表現了作爲道教經典的《老子》和作爲道家經典的《老子》之不同。照《河上公注》的看法，人「修道於身」才可以「愛氣養神」成爲「長生不死」的「眞人」，第五十四章「修道於身，其德乃眞」句注說：

> 修道於身，愛氣養神，益壽延年，其德如是，乃爲眞人。

所以無論「養神」、「養精氣」和「守一」都是「修道」的一種手段，《河上公注》第十六章中說：「與道合同，乃能長久。」得「道」的人是能把各種情慾去掉，使自己的五內清淨，以「至於虛極」(第十六章注)，所謂「五內」即「五臟」。口鼻是「氣」出入之門戶，五氣從口鼻出入五臟，這樣使人之五臟與天地之元氣相通，從而五臟得以清淨，而不爲情慾所累。如果人得「道」，與「道」合同，則雖有身體，亦可「肉體飛昇」，故第十三章注說：

> 使吾有身，得道自然，輕擧升雲，出入無間，與道通神，當有何患？

在《河上公注》中講到「得道」可以「飛昇」的地方很少，不像後來的一些道教經典講得那麼多，這點說明由於《河上公注》較近《老子》原意而後世得以保存而廣爲流傳之因也。但是，無論如何，《河上公注》已把「肉體飛昇」之觀念引入《老子》之中，這又正是它成爲道教的經典的原因了。

在《河上公注》中，「道」是它的最高範疇，因此必須了解它和其他重要範疇之間的關係。「道」無形無質，先天地生，它產生萬物，並畜養之，「道生萬物而畜養之」（第十章注）。在它產生天地萬物之後，天地萬物仍在其中，「道大者，包羅天地，無所不容也」（第二十五章注），「道爲萬物之藏，無所不容也」（第六十二章注）。所以「道」不僅是「天地之始」，而且是「萬物之母」，「始者，道本也。吐氣希化，出於虛無，爲天地本始也」（第一章注），「道育養萬物精氣，如母之養子」（第二十五章注）。「道」之所以能無所不包，無所不容，在於其性「空虛」，「言空虛者，乃可用盛受萬物，故曰虛無能制有形。道者，玄也」（第十一章「無之以爲用」句注）。言「道」爲「天地之始」者，乃因「道自在天地之前」，而更無有前者；言「道」爲「萬物之母」者，蓋因「母，道也，元氣之祖是矣」（《纂圖互注老子道德經》第五十九章注），「母，道也。人能保身中之道，使精氣不勞，五神不苦，則可長久」（第五十九章注）。一切事物皆由「元氣」構成，而「道」爲「元氣之祖」。又《河上公注》也認爲「氣」根據「道」而構成天地萬物，「萬物歸道受氣」。由此可見，「道」和「氣」的關係：「道」既是產生「氣」的，如母與子的關係，如說「道始所生者一」，「道爲天下萬物母；子，一也」。都說明「道」比「氣」更根本，它首先產生統一的無分別的「氣」（卽「元氣」），然後「元氣」構成天地萬物，所以歸根結底「氣」和「萬物」都是由「道」所產生，如母生子。這是一種宇宙構成論的理論，以爲宇宙的演化是先有「道」，而後有「一」，（即統一的「氣」）而後有各種不同性質的「氣」（精氣、神氣、形氣等），天地萬物則是由各種不同的「氣」所構成。「道」又是「氣」所根據的「原則」，「氣」據「道」而構成天地萬物。《纂圖互注老子道德經》第一章開頭有「夫道者一元之至理」一句，可見「道」已有「理」的涵義。在《四部叢刊》影宋刊本雖無此句，但細察之，實亦有此意，如「道法自然」句注謂「道性自然無所法」，這就是說「道」的本性是「自然而然」；這種「自然而然」的本性是本有的，因此也是天地萬物應效法的。又如，第三十七章注說「道以無爲爲常也」，因而王侯守道，使萬物自化；如萬物不法「道」而作巧僞，則王侯應當用「道德」使他們改正。這顯然也是把「道」看成是一最高的法則，所以第六十五章謂：玄德之人順天理，「順天理」即順「道」也。這種認爲「道」是天地萬物應效法的準則本來是《老子》書中「道」所具有的涵義，從這點看《河上公注》仍然保留了《老子》書中原有的形而上學意義。

如果我們把《河上公注》與《想爾注》相比，除前面已經談到的，《想爾注》付與「道」人格神的意義外，還有一點重要的不同。這就是《想爾注》認爲，「道」就是「一」，「一者，道也」；而「一」是「氣」。《想爾注》把「道」和「氣」看成是同一的，或者說他們是同一的兩面，所以在《想爾注》中使用了「道氣」這一概念。這樣萬物不僅可由道產生，而且可由「道」構成。但《河上公注》則認爲「道始所生者一」。這就是說，雖然天地萬物存在之前「道」已存在，故天地萬物是由「道」產生的；但從「道」最初產生的是「一」（「元氣」），而後由「氣」據「道」而構成天地萬物。因此，《河上公注》較之《想爾注》仍更近於《老子》原意。葛洪的《抱朴子》則是繼承了《河上公注》認爲「道起於一」，並以「一」爲「氣」（詳後）。《河上公注》的「道」爲「母」、「一」爲「子」的思想也是有來源的，嚴君平的《道德指歸論》的《得一篇》謂：

一者，道之子。神明之母，太和之宗，天地之祖，於神為無，於道為有，於神為大，於道為小，故其為物也，虛而實，無而有，……故能知一，千變不窮，萬輪不失。

這裏對「一」的說明是「虛而實，無而有」，它正是「氣」的特性。只有「氣」才是無具體形狀而似「虛」無，但卻是實實在在的存在；只有「氣」才無具體方所，但可變化爲有形有象的天地萬物。又嚴君平書《信言不美篇》有「約守眞一」一句，《太平經》和《河上公注》均言「守一」，《抱朴子》更言「守眞一」，或均與《道德指歸論》有關也。

總之，《河上公注》是早期道教的一部重要經典，它既保存了《老子》書的某些原意，又把《老子》這部具有哲學意義的著作引向宗教，來論證道教「長生不死」的基本教義。因此，這部《老子》注在道教史上佔有特別重要的意義。

第五章　三國西晉時期對道教的限制

漢獻帝初平三年（一九二），曹操破黃巾，受降卒三十餘萬，號青州軍，自此黃巾太平道遂告終。又，建安二十年（二一五），曹操攻漢中，張魯避走巴中，不久投降，而五斗米道亦受沉重打擊。曹操鑒於張角利用太平道舉行農民起義，張魯利用五斗米道進行地方割據，因此對道教一直採取限制的政策。

曹操像許多帝王一樣，不僅希望鞏固其統治，而且希求延長生命以至於長生不死。在他的《出氣唱》、《精列》、《陌上桑》、《秋胡行》等四首遊仙詩中描寫了一個幻想的境界，駕龍乘風，遨遊海外，以求長生。曹操甚至服食野葛，飲鴆酒，調息元氣，以保養精神。但是，曹操作爲一個有作爲的統治者卻看到，爲農民起義和地方割據所利用的道教對於鞏固其統治是一種威脅，因此對道士、方士等的活動加以控制。《後漢書・方術傳》中說：

甘始、元放、延年，皆為操所錄，問其術而行之。孟節能含棗核，不食可至五年十年。又能結氣不息，身不動搖，狀若死人，可至百日半年。亦有家室，為人質謹不妄言，似士君子。曹操使領諸方士。

元放卽左慈，延年爲東郭延年，孟節郗姓。《方術傳》所記「不食可至五年十年」等等，當然都是不實之辭，而曹操收攬方術道士當爲事實。曹植《辯道論》中說：

世有方士，吾王悉所招致，甘陵有甘始，盧江有左慈，陽城有郗儉。始能行氣導引，慈曉房中之術，儉善辟穀，悉號三百歲，本所以集之於魏國者，誠恐斯人之徒，挾奸宄以欺衆，行妖隱以惑民，故聚而禁之也。豈復欲觀神仙於瀛洲，求安期於海島，釋金輅而履雲輿，棄六驥而羨飛龍哉？自家王與太子及余兄弟，咸以為調笑，不信之矣。

按曹丕之爲太子在建安二十二年，曹植《辯道論》中有「太子及余兄弟」一句，故可知該文當成於建安二十二年之後，卽在曹操破黃巾和張魯降曹之後。曹植對曹操收攬這些道士的意圖自然是很清楚的，這就是說，曹操爲了防止道教和方術爲人們所利用，因此「聚而禁之」，使他們無法在社會上進行活動。曹丕受禪，改漢爲魏，立爲文帝。他對道教採取了和曹操同樣的政策，其《典論》除引用了上引曹植《辯道論》的一段外，還揭露了歷史上神仙方術的虛妄性，用以說明道教之不可信，文中說：

> 劉德治淮南王獄，得《枕中鴻寶苑秘書》，及子向，咸共奇之，信黃白之術可成，謂神仙之道可致，卒亦無驗，乃以罹罪也。

《枕中鴻寶苑秘書》已佚。葛洪《神仙傳》謂：「漢淮南王篤好儒術，兼占候方術，作內書二十二篇，又作中篇八章，言神仙黃白之事，名爲《鴻寶萬畢》，三章論變化之道，幾十萬言。」今有葉德輝輯《淮南萬畢術》上下兩卷，多言方術，當爲此類書。曹丕認爲，這類「黃白之術」、「神仙之道」都是得不到驗證的，由於無法實現而卒罹罪，故《典論》批評說：「劉向惑於《鴻寶》之說，君遊眩於子政之言，古今愚謬，豈唯一人哉。」道教神化老子，並用《老子》五千言教人，故曹魏政權對祠祀老子亦加禁止，曹丕黃初三年《敕豫州禁吏民往老子亭禱祝》說：

> 告豫州刺史，老聃賢人未宜先孔子，不知魯郡為孔子立廟成未？漢桓帝不師聖法，正以嬖臣而事老子，欲以永福，良足笑也。此祠之興由桓帝，武皇帝以老子為賢人，不毀其屋，朕亦以此亭當路，行來者輒往瞻視，而樓屋傾頹，儻能壓人，故令修整，昨過視之，殊整頓，恐小人謂此為神，妄往禱祝，違犯常禁，宜宣告吏民，咸使知聞。

道教以老子爲神，並尊爲「老君」，以爲教主。曹丕批評漢桓帝把老子作爲神來崇拜是「不師聖法」，而說曹操令修老子屋只是因爲老子是賢人，因此不應對老子祠祀禮拜。就此也可見曹氏父子對道教的限制政策。

三曹中對道教的神仙方術批評最激烈者爲曹植，在他的《辯道論》中除說明了曹操收攬道士的眞實動機和曹氏父子對道教「咸以爲調笑，不信之矣」的態度外，曹植還從以下三個方面批評了道教：

1. 揭露歷史上神仙之書、道家之言的荒謬性

曹植《辯道論》中說：

> 夫神仙之書，道家之言乃云傳說上為辰尾星宿，歲星下降為東方朔，淮南王安誅於淮南而謂之獲道輕擧，鈎戈死於雲陽而謂之屍逝空柩，其為虛妄甚矣哉！

據《莊子·大宗師》說，傳說得「道」作了殷帝武丁的宰相，掌管着天下，死後乘駕東維星，托龍尾，上升到天上成辰尾星。東方朔漢武帝時人，傳說至宣帝時避亂世，置幘宮舍，風飄而去，後見於會稽，賣藥五湖，知者疑其爲歲星精（見《玄品錄》卷一）。葛洪《神仙傳》謂淮南王劉安隨從八公而得仙道，竟致白日飛升成仙。漢武帝鈎戈趙婕好死後葬於雲陽，而《列仙傳》說更葬時「屍逝柩空」，剩餘絲履。曹植說這些都是十分荒唐的虛妄之談。進而曹植指出，所謂「神仙」也許不過是猿猴之類的東西，人得道變成這樣一類的東西又有什麼意思呢？

2. 揭露神仙方術之士的虛妄性

在《辯道論》中說，郗儉自稱可以百日不食，但曹植對他加以考驗，並沒有發現有什麼異於常人的能力，也作不到延年益壽，最多不過可以用饑餓的辦法治治病。而左慈說他善修房中術，但卻又說必須「有志至精」才能靈驗，曹植揭露說這不過「至誠則靈」一類的騙術而已。對甘始則說他「辭繁寡實」。曹植曾避開左右與之單獨交談，甘始說了一些離奇古怪的故事，當說到把一條浸過藥的魚和一條沒有浸過藥的魚都放在油鍋裏炸，未浸過藥的魚炸透了可以吃，浸過藥的魚則「奮尾鼓鰓，游行沉浮，有若處淵」，曹植問甘始能否實驗，甘始推托說，這種藥生在萬里之外，要他親自去拿才可以得到。曹植評論說，這些都是無法取信於人的奇談怪論。

3. 揭露相信神仙方術的危害性

曹植的《辯道論》還對秦始皇、漢武帝相信神仙方術的危害性作了說明，他說：

> 始昔秦始皇、漢武帝，則復為徐市、欒大之徒也。桀紂殊世而齊惡，姦人異代而等偽，乃如此耶。

按《史記·秦始皇本紀》謂：「齊人徐市等上書，言海中有三神山，名曰蓬萊、方丈、瀛洲，仙人居之，請得齋戒與童男女求之。於是遣徐市發童男女數千人，入海求仙人。」漢武帝相信欒大所謂不死之藥可得，神仙可致之言，對之寵信倍加，給以「天道將軍」等封號，並以長衞公主妻之。據《史記・封禪書》說：欒大「佩六印，貴震天下，而海上燕齊之間，莫不扼腕而自言有禁方，能神仙矣。」秦始皇、漢武帝都相信神仙方士之術，上當受騙，「經年累稔，終無一驗，或殁於沙丘，或崩於五柞」（《辯道論》）。曹植說，現今的方士和秦始皇漢武帝時的方士一樣可惡，都是一樣的騙人，沒有什麼不同。並認爲由於這些道士的招搖撞騙，使得社會不安寧，更可見其危害性。

曹植所批評的是否都是道教徒雖難以斷定，但後世多視此等均爲道教中人。卽使這些人不是眞正的道教徒而是一些方術之士，方術之士在當時和道教徒有着密切的關係，則是無可疑義的。

與此同一時期，也有東吳孫策斬道士于吉的故事，據《三國志》卷四十六注引《江表傳》中說：

> 時有道士琅琊于吉，先寓居東方，往來吳會，立精舍，燒香讀道書，制作符水以治病，吳會人多事之。……策曰：此子妖妄，能幻惑衆心，遠使諸將不復相顧君臣之禮，盡委策下樓拜之，不可不除。……卽催斬之，懸首於市。

此事當在孫權稱帝之前。但孫權信方術，《三國志・吳書》卷九載，呂蒙病篤，孫權自臨視，命道士於晨辰下爲之請命。又有東吳道士葛玄曾爲《老子》作序，葛玄爲東晉著名道教徒葛洪之叔祖，葛玄於後世之道教頗有影響。在江東地區對道教的限制大概不像北方曹魏統治地區那麼嚴，因此到晉時南方地區道教勢力發展得比北方快，玆不贅述。

由於曹魏政權對道教採取限制的政策，因此道教受到很大打擊而勢力大大削弱。史書不復有太平道的記載，或這一道派已瓦解。五斗米道，就張魯個人及其家族雖說仍受曹魏優待，但漢中地區的道教似乎也沒有什麼活動，史書上對曹魏時期五斗米道的活動也很少記載。那麼漢中地區的道教勢力到何處去了呢？很可能向西南和西北兩個方向轉移了。據近來學者研究的成果看，雲南地區的文化或頗受道教影響（見劉堯漢《中國文明源頭新探——道家與彝族虎宇宙觀》，雲南人民出版社）。又，一九八二年我去甘肅酒泉、嘉峪關地區，在當地見到北涼時期墓葬十餘座均有壁畫，畫面多爲西王母、東王公、三足飛、九尾狐等道教內容，敦煌也發掘出有北涼紀年的小型墓葬羣三十餘座，有陶罐數十，每罐上均有「天柱地柱月柱日柱」等八柱和「急急如律令」等，顯然這些都是道教的內容，這都說明在東晉北涼以前道教很可能傳入西北地區了。這個問題由於目前材料不足，尙須進一步研究。

西晉初，司馬政權對道教仍採取嚴格加以控制的政策，據《晉書・武帝紀》記載，泰始二年（二六六），武帝「遣兼侍中侯史光等持節四方，巡省風俗，除禳祀之不在祀典者」。次年十二月，又「禁星氣、讖緯之學」。但在武帝以後，道教勢力又漸有擡頭之趨勢，據陳寅恪先生《天師道與濱海地區之關係》說，西晉八王之亂其中心人物爲趙王倫，趙王倫之主謀爲孫秀，而孫秀爲天師道徒。《晉書・孫恩傳》說：

孫恩字靈秀，琅玡人，孫秀之族也，世奉五斗米道。

按「五斗米道」又稱「天師道」，故孫秀、孫恩一族當爲天師道也。而趙王倫或亦奉天師道，《晉書・趙王倫傳》說：

倫、秀並惑巫鬼，聽妖邪之說。……拜道士胡沃為太平將軍，以招福祐。……又令近親於嵩山著羽衣，詐稱仙人王僑，作神仙書，述倫祚長久以惑衆。

西晉末道教又漸活躍，並始有道教世家出現。至東晉則道教有大發展矣，詳下章。

宗教作爲一種社會意識形態，它決不是能靠行政命令所能禁止的。社會需要宗教，雖可用行政命令使之暫時消沉，但一有氣候，宗教勢力就會更快的發展起來。因此到東晉南北朝，道教這種中國本民族的宗教迅速發展了，統治階級中的許多大族都信奉了天師道，勞動人民也大量地信奉了道教，如東晉末孫恩領導的農民起義就是靠着廣大天師教徒的支持。這一現象或者可以說是宗教發展的一般規律。

第六章 道教在南北朝的發展

至東晉，道教有了很大的發展，而成爲一完備意義上的有很大影響的宗教團體。道教到東晉之所以有很大發展決不是偶然的。晉王朝的當權統治者是以司馬氏爲首的門閥世族，這個統治集團從三國到西晉已經發展到頂點，而和任何事物一樣，盛極必衰，支撐司馬氏的門閥世族在西晉元康以後開始衰落下去了。而八王之亂，西北少數民族入主中原，晉王朝的南遷，又加速了這個衰落過程，因此到東晉這個統治集團的勢力已大不如前了。他們的統治儘管還維持了相當一個時期，但政權更替之頻繁，社會風氣之敗壞，都說明門閥世族的統治不過是苟延殘喘而已。東晉的門閥世族雖然較之西晉的門閥世族更加強調他們在社會上、政治上的特殊地位，然而事情正是這樣，越是着力強調就越說明他們的地位不鞏固，越是說明這個集團已經成爲社會的贅瘤。他們根本不知道自己的前途，對解決現實社會中存在的種種矛盾既無辦法又無信心，因而他們就不得不把自己的命運寄托於超現實世界，把現實社會存在的矛盾，統統推到那個超現實的世界中去解決。他們所關心的主要不再是調和「名教」和「自然」這類社會政治問題，而是要求個人解脫的生死問題，於是佛教和道教到東晉以後就更加廣泛地流行了。

如果說在東晉以前道教已具有宗教應有的某些特點，那麼東晉以後的道教則應該說是發展得更加完備了和更加有影響了。從道教在東晉以後的發展看，我們可以看到它作爲一種宗教的發展的某些規律性的現象，本文下面將對這個問題作些具體分析。在東晉南北朝期間，道教完成了以下五個方面的大事，這樣才使它成爲一完備的有影響的宗教團體。

一 整頓和建立道教的教會組織

漢末雖然已經建立了道教的組織，但當時或者是政教合一的如張魯在漢中，或者是組織農民起義的如張角在東方各州，實際上也是政治組織，教會組織還沒有獨立出來。在曹魏和西晉時，道教受到統治者的限制不僅沒有發展，相對地說大大削弱了，因而更加沒有嚴密的組織了。到東晉，整頓和建立教會組織就成了道教的當務之急。最重要的整頓和建立道教組織的人物在東晉有杜子恭，在劉宋有陸修靜，在北魏有寇謙之。《三洞珠囊》引《道學傳》中說：

杜炅（按：又作「昺」，字子恭）為人善治病，人間善惡，皆能預睹。上虞龍稚，錢塘斯神，並為巫覡，嫉炅道王，常相誘毀。人以告炅。炅曰：非毀正法，尋招冥考。俄而稚妻暴卒，神抱隱疾，並思過歸誠。炅為解謝，應時皆愈。神晚更病。炅語曰：汝藏鬼物，故氣祟耳。神卽首謝曰：實藏好衣一箱。登取於治燒之。豁然都差。

這段記載，其中當然有許多是無法令人相信的，但有一點似可注意：杜炅在整頓道教時把一般巫覡之術從道教中清除出去，使道教和一般迷信思想區別開來。本來原始道教的來源之一就有兩漢的一些方術，如果道教要成爲一種完備意義上的宗教，就不能全部容納巫覡之術，而必取其中能適合道教教義所需要部分，而排除其不需要部分。

杜子恭整頓道教的另一件事就是恢復和建立道教的組織，本來在三張時已建立有所謂「治」的這樣一種組織，然而至三國、西晉這種組織已經混亂了，甚至並不存在了，據《洞仙傳》載：

……夜間有神人降云：我張鎮南也，汝應傳吾道法，故來相授諸秘要方，典陽平治。昺每入靜燒香，能見百姓三五世禍福，説之了然，章書符水應手卽驗，遠近道俗歸化如雲，十年之內操米戶數萬。（引自《道教研究資料》第一輯）

「治」大體上就是「教區」，「陽平治」是天師道最高一級的「教區」。杜子恭重建的這種教會組織「治」看來和張魯時的「治」已有很大不同，原來漢末五斗米道教會組織是依附於政治組織，而杜子恭所重建的組織已相對獨立於政治組織之外了，它不僅把信教的人組織起來，而且可以自己向教徒征求租米。

陸修靜（四〇六—四七三年）是劉宋時大力整頓道教組織的重要人物，在他的《道門科略》中首先論述了整頓和建立道教組織的必要，他說：

> 太上老君以下古委懟，淳流樸散，三五失統，……太上患其若此，故授天師正一盟威之道，禁戒科律，檢示萬民，逆順禍福功過，令知好惡。……清約治民，……使民內修慈孝，外行敬讓，佐時理化，助國扶命，……。

並提出建立道教自上而下的固定教會組織，「置二十四治，三十六靖廬，內外道士二千四百人，下千二百官」，「奉道者皆編戶著籍，各有所屬。以正月七日、七月七日、十月五日一年三會，民各投集本治師，當改治錄籍，落死上生，隱實口數」。陸修靜還規定神職人員的升降制度：「民有三勤爲一功。三功爲一德。民有三德則與凡異，聽得署籙。受籙之後，須有功更遷，從十將軍籙階至百五十……能明煉道氣，救濟一切，消滅鬼氣，使萬姓歸伏，便拜陽平、鹿堂、鶴鳴三氣治職。」可見陸修靜已爲整頓道教提出了一套組織系統的規定，當然實際上能否完全作到則是另一問題（參見鍾治國《南朝道教改革及其由來》）。

稍早於陸修靜的有北魏寇謙之（三六三—四四八年），這位道教領袖不僅有宗教上的野心，而且有政治上的野心。他改革和整頓道教的宗旨是要使道教進一步完善化，既更適合宗教的要求，又適合當時統治者的要求。他假托所謂老君對他說的一段話表達其改革道教的方針：

汝宣吾《新科》，清整道教，除去三張僞法，租米錢稅，及男女合氣之術。大道清虛，豈有斯事？專以禮度為首，加以服食閉練。

從組織上說，寇謙之改原來神職人員的世襲制爲選舉制，並建立各級教會組織，規定了加入道教的種種要求，使教民有所歸屬。

從東晉以來，道教的整頓自然都是按照當時門閥世族的要求進行的。上述三位道教大師都是屬於當時的大族。道教組織雖然相對的獨立於政權之外，而卻更能使當時的一些士大夫得到精神上的安慰，所以到東晉以後，信奉道教的人的階級成分有了很大變化，據《隋書·地理志》載：漢之末世，「是時受道者，類皆兵民，脅從無名之士，至晉世則及士大夫矣。」

道教的長生不死，閑散放蕩，游於名山大川，採藥石煉金丹，海闊天空地幻想虛幻的神仙世界，這種生活自然很投合門閥世族的口味。門閥世族這個已開始衰落的統治集團不正是希望毫不費力就得到一種過着神仙般生活的方法嗎？魏晉大族頭等莫過於瑯琊王氏，至東晉「王氏世奉五斗米道」；南方大族吳郡杜氏，「世傳五斗米道，至京產及子栖」；吳與沈氏，「沈警累世奉道」（詳參見陳寅恪《天師道與濱海地域之關係》）。這種大族奉道的現象也是道教組織經過整頓所出現的一種結果。

二　為道教建立和完善其宗教教義的理論體系

漢末道教創立時雖已有其基本的教義，但無論是《太平經》，還是《老子想爾注》和《河上公注》等，都還不能說已經使道教的教義系統化。《老子河上公注》雖有若干可作為道教教義的哲學理論，但仍欠系統，且和道教教義還沒有密切結合在一起。而後曹魏到西晉道教又無發展，至東晉它才得到大發展。因而為道教建立系統的宗教教義和理論體系就成為當時道教徒的迫切任務了。東晉初有葛洪著《抱朴子》，他不僅為道教構造了種種修煉以求成仙的方法，而且為它建立了一套理論。此後道教的教義和理論就在此基礎上不斷創造，如南朝有陸修靜、顧歡、陶弘景，北朝有寇謙之等。

一種宗教總要有其最基本的信仰，即求得「超生死，得解脫」的理論和方法。佛教的解脫之道是靠戒、定、慧而達到涅槃，那麼道教的解脫之道是什麼呢？照道教說，它的解脫之道是靠身心的煉養而達到成仙。如果要人們信仰這種宗教，就必須回答「成仙是否可能？」「如何才能成仙？」這類的問題。「成仙」本來是虛幻的問題，是根本不可能做到的，但作為宗教必須回答這個問題，否則它就沒有宗教作為一種意識形態的社會意義，不能起「宗教是人民的鴉片」的作用。

「成仙是否可能」？葛洪對這個問題的回答當然是肯定的。如果說人根本不能成仙，道教作為一種宗教則無意義。問題是，是否任何人都能成仙。東晉之末、劉宋之初，《涅槃經》開始流傳，義熙十三年（四一七年）六卷《泥洹經》譯出，這部佛經中說明了「一切衆生皆有佛性」，認爲衆生都有成佛達到涅槃境界的可能性。但是，對於「一闡提」（善根斷盡的人）則認爲不能成佛。《泥洹經》中說：「如一闡提者，懈怠懶惰，尸臥終日，言當成佛。若成佛者，無有是處。」這時有和尚道生提出「一闡提人皆得成佛」，後來四十卷《涅槃經》譯出，果然說一闡提悉有佛性，亦得成佛。

葛洪的《抱朴子》在「是否任何人都有可能成仙」這個問題上似乎有些矛盾，他一方面認爲任何人都可以通過修煉服食而「成仙」；另一方面又認爲「仙人有種」、「仙人稟異氣」。這種矛盾可能是葛洪思想中實際存在的。從增加宗教的神秘性和超越性方面說，它要求「仙人有種」、「仙人稟異氣」，不是人人都有可能成仙；從擴大其社會影響和爭取信徒方面說，又得主張「天下悠悠，皆可長生」。但看來葛洪重視的是後一方面。

葛洪認爲，所謂「仙人有種」、「仙人稟異氣」也並不是說有的人生來就是「仙人」；而只是說這種人有成仙的可能性，要眞正成仙也還得通過修煉服食，所以他說就是所謂「特稟異氣」的人，「然其相傳皆有師，奉服食，非生知耳」。甚至像道教中最高級的神仙「元君」也是積學所致的，「元君者，老子之師」，「大神仙人也」，「天下衆仙皆隸焉，猶言亦本學道服金丹之所致也，非自然也」，所以他說「亦有以校驗，知長生之可得，仙人之無種」，「仙人可學致，如黍稷之播種得，甚炳然耳。然而未有不耕而獲嘉禾，未有不勤而獲長生度世」。「如何才能成仙」？葛洪認爲要從兩個方面着手：一方面要靠煉得神藥金丹服食，卽借外物（外丹）而養生，使人身心不朽，如他說：

夫五穀猶能活人，人得之則生，絕之則死，又況於上品神藥，其益人豈不萬倍於五穀耶？夫金丹之為物，燒之愈久，變化愈妙，黃金入火，百煉不消，埋之，畢天不朽。服此二物，煉人身體，故能令人不老不死，此蓋假求於外物以自堅固，有如脂之養火而不可滅，銅青塗脚，入水不腐，此是借銅之勁以捍其肉也。金丹入身中，沾洽榮衞，非但銅青之外傅矣。

「榮衞」卽「營衞」，《靈樞經·榮衞生會篇》：「營衞者，精氣也。」葛洪利用了一些當時不能正確解釋的化學、物理現象，用比附的方法說明人如煉得「金丹」服食卽可長生不死，這當然是非科學的。另一方面葛洪又說明「長生不死」要排除對人有害的種種內外影響，其方法是導引行氣（內丹），如他說：

夫人所以死者，諸欲所損也，老也，百病所害也，毒惡所中也，邪氣所傷也，風冷所犯也。今導引行氣，還精補腦，食飲有度，興居有節，將服藥物，思神守一，柱天禁戒，帶佩符印，傷生之徒，一切遠之，如此則通，可以免此六害。

內欲和外因使人不能長生，如何辨?要在「導引行氣，還精補腦」，「精」即「精氣」，因為「人在氣中，氣在人中，自天地至萬物，無不須氣以生」。從當時的醫學觀點看，人的生命現象就在於「有氣」、「無氣」，「有氣」則生，「無氣」則死，因此把「氣」養好，使「精氣」永遠存於身體之中，就可以長生不死。為什麼「精氣」(精神的承擔者)可以永遠存於身體之中，而使「精神」和「身體」不分離而成為超出個體限制的「仙人」呢?這就要對兩個相互聯繫的根本性問題作出說明，一是神形關係問題；二是有限的個體和無限的宇宙的關係問題，即有限的個體如何具有超自然力而成神仙的問題。

道教(主要是早期道教)要求長生不死，而長生不死是說「肉體成仙」，而不是說「靈魂不死」。「肉體成仙」必須以神形不離為條件，如果神離形去，則人死，就根本無所謂「成仙」，為此道教必須解決神形關係問題。葛洪說：

夫有因無而生焉，形須神而立焉。有者，無之官也；形者，神之宅也。故譬之於堤，堤壞則水不留矣。方之於燭，燭靡則火不居矣。身勞則神散，氣竭則命終。根竭枝繁，則青青去木矣。氣疲欲勝，則精靈離身矣。夫逝者無反期，既朽無生理，達道之士，良所悲矣。

葛洪用「有」、「無」說明「神」、「形」關係，這顯然是受魏晉玄學的影響。老子說：「有之以爲用，無之以爲利。」「有」之所以對人們有「用」，正因爲有「無」才可以有此「利」，所以「有」和「無」是一對矛盾，不能只有「有」而無「無」。神形關係也是一樣，人的形體有了「精神」才成爲有生命的人，但如何使「神」保存在形體之中，那首先就要這個形體是堅固的、永遠不壞的形體，這樣「神」才有一個永遠留存的地方。那麼應該怎麼辦呢？照葛洪看，這就靠「養生」。而形體由氣構成，所以氣存則身存，「氣竭則身死」，「養其氣，所以全其身」，「寶精愛氣，最爲急」。如何「養氣」，葛洪說：

夫吐故納新者，因氣以長氣，而氣大衰則難長久也。服食草藥者，由血以益血，而血垂竭者則難益。

「吐故納新」是爲了補氣，「服食草藥」是爲了益血，而「益血」實也是「養氣」，王充說：「能養精氣者，血脈也。」能否長生不死關鍵在於「養生」，「養生以不傷（按：指「不傷生」）爲本，此要言也」。如果作到「正氣不衰，形神相衛，莫能傷也」，則長生可得。爲什麼「補養血氣」就能長生成仙？這是因爲「割嗜欲，所以固血氣，然後眞一存焉」。所謂「眞一」即是精神現象的承擔者「精氣」。精氣固守在形體中永不消散，這樣神形就永遠結合在一起而「永生」了。

「神仙」如果是能「長生不死」，當然這也表現其超自然的神力，但是作爲宗教這樣的超自然力還畢竟有限，它只是限於「個體」而還不能超出「個體」。因此，就產生了「有限個體的人」和「無限宇宙」的關係問題，亦卽「有限的個體」如何超出其「有限」而達於具有「無限的超自然力」的問題。

葛洪的《抱朴子》中雖然批評了玄學這種風氣，但他的思想仍不能不受到玄學的影響，所以他的這部書的第一篇叫《暢玄》。《暢玄》正是討論宇宙本源的問題。因爲只有說明了宇宙本源的問題，才可以進而討論「宇宙」和「人」（指「仙」）的關係問題。如果「仙人」能和宇宙相通，那麼神仙豈不超出了有限而達到無限了嗎？葛洪說：

玄者，自然之始祖，而萬殊之大宗也。

葛洪的「玄」又稱「玄道」或稱「道」，它是天地萬物的總根源。「玄」（或「道」）無形無象，其高可「冠蓋九霄」，其曠可「籠乎八隅」，「眇昧乎其深也，故稱微焉；綿邈乎其遠也，故稱妙焉」。從「無」這個方面說，它比影子和回音還要更虛無；從「有」這個方面說，它比存在着的萬物都實在，「論其無，則影響猶爲有焉；論其有，則萬物猶爲無焉」。因爲它無名無形，當然是最空虛的；因爲它是產生天地萬物的總根源，作爲存在的總根源又是最實在的存在。作爲天地萬物存在的根據說它是「有」，「因兆類而爲有」；就其沒有任何規定性說它又是絕對的「無」，「托潛寂而爲無」。照葛洪的看法，他也企圖把「玄」（道）說成是「有」、「無」的統一，作爲實在的存在說它是「有」，作爲天地萬物的總根源說它又只能是無名無形的「無」。這就是說，葛洪的「玄」雖具有天地萬物之本體的形式，卻更具有產生天地萬物的精神性實體的特色。因此，「玄」似乎具有無限的偉力，它「光乎日月，迅乎電馳」，「胞胎元一，範疇兩儀，吐納大始，鼓冶億類，回旋四七，匠成草昧」。這樣一來，「玄」實際上具有了造物主的地位，成了一種神秘的力量。「玄」既然是這樣一種神秘的超自然的力量或存在，如果人能與「道」合一，或者說如果人能「體道」，那麼有限的個體的人卽可超出有限、超出個體而具有神秘的無限超自然力。有限的個體的人怎樣才能與整個無限的宇宙(玄道)相通呢?葛洪認爲，必須通過內外丹的修煉而達到「守眞一」。所謂「一」就是「氣」，它是把「人」和「道」聯繫起來的紐帶，是「人」成「仙」的橋樑，所以他說：「子欲長生，守一當明。思一至饑，一與之糧；思一至渴，一與之漿。」「守一」，就是守氣，如得「眞一之氣」並能守之，「乃能神通」，可「陸僻惡獸，水卻蛟龍；不畏魍魎、挾毒之蟲；鬼不敢近，刃不敢中」。人的形體和精神是由氣構成，整個宇宙也是由氣構成，氣把天、地、人統一起來，在氣和氣之間有着感應關係。如果人能根據「道」的要求把「精氣」養得很靈妙，那麼和整個宇宙的感應就很靈敏，這樣有限的個體的人就可以超出個體的限制，而和無限的宇宙合而爲一體，具有超自然的偉力了，所以葛洪說：「余聞師云：人能知一，萬事畢。知一者，無一不知也。」

道教的發展以後雖然分成若干派別，但葛洪這套成仙的理論，卻對後來的道教大師有着深遠的影響。這裏可以提出一個問題，卽宗教哲學和一般哲學所討論的問題是不是表現形式應該有所不同？我想應該是這樣的。如果用一般哲學史上的問題來要求宗教中的哲學問題，那就會抹殺宗教這樣一種意識形態的特點。因此，研究道教的宗教哲學理論，應該抓住其足以能代表道教的特點的某些問題來分析。上面把葛洪的思想作爲一種宗教哲學來研究，提出了四個問題：成仙是否可能，如何才能成仙，神形關係和個體與整個宇宙的關係問題，這四個問題雖也是哲學問題，但不是一般的哲學問題，因此它是不是可以說正是道教作爲一種宗教必須回答的理論問題，我想是這樣的。

葛洪這套理論，儘管它吸取了某些玄學的觀點，但如果用當時魏晉玄學那種思辨性很強的哲學標準來衡量，它無疑是很粗糙的，他所採用的證論方法不是思辨的而是經驗的。可是它作爲一種宗教哲學理論來說，不僅成爲以後道教宗教理論的基礎，而且在當時的條件下也確有其可以迷惑人的地方。在當時那種科學發展的水平情況下，人們就會問：「精神」到底是什麼？如果眞是一種「精氣」，那麼守住它使之不離散是否可能？宇宙的存在由什麼使它成爲一個統一體，如果是「氣」，那麼都是由「氣」構成的東西能不能相通？有沒有超自然的神力，如果沒有，爲什麼宇宙萬物得以形成，爲什麼會有「天以之高，地以之卑，雲以之行，雨以之施」等等現象？所有這些問題，在當時不可能得到科學的說明，因而這樣一些非科學、反科學的有神論思想就乘虛而入了。宗教就是利用人們對人自身和宇宙的無知，在社會上發生着巨大的迷惑人的作用。

三 編纂道教經典

佛經從東漢永平求法之後至西晉已大量譯出，據《開元錄》這一時期二百五十年間共譯經八二三部，一四二〇卷。東晉渡江爲南朝，一朝一百〇三年共譯經一六八部，四六八卷，與此同時北朝（後秦、西秦、前涼、北涼）譯經二五一部，一二四八卷，總此時期南北兩地共譯經四一九部，一七一六卷，一百年間超過以前二百五十年所譯經數。據梁僧祐《出三藏記集》載，佛經至梁時已達總數二一六二部，四三二八卷之多。佛經這樣大量的譯出，對道教當然是一個很大的威脅。道教是漢末才建立的，一建立就參與了政治鬥爭，對其宗教教義和理論的闡述並不十分注意。直至東晉初，葛洪爲道教創造了一套理論體系，一些士大夫又信奉了道教，才轉而更加注意其宗教教義和理論的闡述。一種宗教必定有其教義和理論，而教義和理論必定表現在它的經典之中。葛洪《抱朴子．遐覽篇》中載有道經目錄，所著錄道經凡六七〇卷，符籙五百餘卷，總一千二百卷。而《神仙傳》（傳爲葛洪撰）則云：「老教所有度世消災之法，凡九百三十卷，符書七十卷，總一千卷。」這兩種說法不一致。而葛洪言，一千二百卷是他的老師鄭隱的藏書，他自己只見到二百餘卷。在葛洪時道教經典大概沒有一千二百卷之多，葛洪假造了一些道經的名稱。但葛洪死後，道教卻眞的掀起了一個大規模的造經運動。

據載葛洪的從孫葛巢甫構造了《靈寶》一系的道經。《道教義樞》卷二《三洞義》說《靈寶經》「至（葛洪）從孫葛巢甫以晉隆安（三九七—四〇二年）末，傳道士任延慶、徐靈期之徒，相傳於世，至今不絕」。在晉安帝至宋文帝之間（三九七—四一四年）有王靈期者「見葛巢甫構造《靈寶》，風教大行，深所憤嫉。於是詣許丞求受上經」（《眞誥·敍錄》）。許丞即許黃民，於晉安帝元興三年（四〇四年）奉《上清經》入剡（浙江杭州附近會稽山），王靈期到許黃民處所求之道經就是此《上清經》。據甄鸞《笑道論》中說，《上清經》類到陸修靜時已有一百八十六卷之多。從這裏可以看出，先是葛巢甫構造《靈寶經》，後來又有王靈期從許黃民處得到許構造的《上清經》，並把它加以擴充。與此同期《三皇經》等也構造出來。對於這樣大量構造道經的活動，就連陶弘景也不得不承認它使道教經典眞僞難辨了，他說：

> 自靈期以前，上經已往往舛雜。弘農楊洗隆安和四年（四〇一年）庚子歲於海陵再遇隱盟上經二十餘篇，有數卷非真；其云尋經以來一十二年。此則楊君羲去後，便以動作。故《靈寶經》中得取以相揉。非都是靈期造制，但所造制者自多耳。

陶弘景的《眞誥》本來就是爲了要證明一些道經是「眞人」的話而被記錄下來，但是他也不得不承認有許多道經是後人僞造的。可見東晉以後，道教爲闡發教義，抵抗佛教，爭取信徒，而大量構造了他們自己的經典，這也是當時道教得以發展的原因之一。陳國符先生《道藏源流考》中《三洞四輔經之淵源及傳授》的最後結論說：

考《上清經》、《靈寶經》，係經之總稱。各統經數種或數十種。最初不過數十卷。後人據先出道經，敷衍增修，仍題以原名，卷帙遂因而增多。又據所統經文，修撰齋儀，仍編入此經，種數亦因以孳乳。今《洞真》、《洞玄》二經，實卽《上清》、《靈寶》二經演繹而成。又《洞神經》最初僅有《三皇經》，後增入其他道經，又修齋儀，初亦不過十餘卷。《四輔經》之孳乳亦類此。

由於道教徒大量造道經，到劉宋陸修靜於大始七年（四七一年）修《三洞經目錄》時，道教經典眞的就有「一千二百二十八卷」了，他親自看到的也有「一千零九十卷」，雖然還不如佛經那麼多，但也相當可觀了。

四　制定和完善教規教儀

佛教到晉，特別是到東晉，不僅翻譯了大量的「經」，而且把佛教的「戒律」也翻譯過來了。東晉以來，《十誦律》、《四分律》、《僧祇律》都有了譯本，這就是說佛教的戒律大部分都被譯出，而廣爲流傳了。原來道教也有一些簡單的教規教儀，但與佛教的戒律相比，就相差很遠了。據載，在張角、張魯時，有所謂爲病者祈請之法，「書病人姓名，說服罪之意，作三通，其一上之天著於山，其一埋於地，其一沉之水，謂三官手書」；有所謂「置靜室」，「令病者處其中思過」，「犯法三原，然後乃行刑」。看來，漢末道教已有一些規儀，但是不僅簡單，而且多和政權或起義軍法令並沒有區別。在道教的組織經過重建和整頓之後，爲鞏固其教會組織就必須建立一套教規教儀。而且道教要與佛教相抗衡，成爲一完備的、有影響的宗教團體，也必須建立自己的教規教儀。爲道教建立起系統的教規教儀的在北朝是寇謙之，在南朝是陸修靜。

從寇謙之的《雲中音誦戒經》和陸修靜的《道門科略》、《洞玄靈寶齋說光燭戒罰燈祝願儀》等的內容看，這些道教領袖往往是把佛教的戒律和儒家的禮法都容納在他們的戒律和規儀之中。但是，儘管寇謙之在教規教儀方面「專以禮度爲首」，陸修靜以爲「禁戒以閑內寇，威儀以防外賊，禮誦役身口，乘動以反靜」，而如果他們的戒律、規儀全和世俗禮法一樣，那也就不成其爲宗教的戒律、規儀了，所以在他們制定的戒律、規儀中已確有一些是屬於道教特有的東西。

在《洞神部·戒律類》中有《道德經想爾戒》和《道德尊經戒》二種，這兩種「經戒」很可能是寇謙之的《雲中音誦新科之戒》中的一部分，卽或不是也是南北朝時期較早的作品。爲什麼叫《道德經想爾戒》可能和《老子想爾注》有關，其全文如下：

行無爲，行柔弱，行守雌勿先動，此上最三行；

行無名，行清靜，行諸善，此中最三行；

行無欲，行知止足，行推讓，此下最三行；

此九行二篇八十一章，集合為道舍，尊卑同科，備上行者神仙，六行者倍壽，三行者增年不横夭。

這裏無非是把《老子道德經》中的內容抽出若干條作爲戒律，這自然較多地表現了道教的特點，一是取自老子道家思想，二是均以長生久視爲目的，它作爲宗教戒律說仍較少受佛教影響。《道德尊經戒》共二十七條，其中雖有儒家禮法內容，但也還看不出佛教較明顯的影響，而且有幾條作爲道教的特有的戒律則很有代表性，如：「戒勿費精氣」，「戒勿爲僞彼指名道」，「戒勿忘道法」等等，這幾條均列於「上最九戒」之中。

寇謙之不僅制定了教規，而且還說明了一種宗教需要戒律的原因。首先，他認爲有了戒律才可以使奉道的人成爲有道德的人，他假借老君的話說：

> 老君曰：人生雖有壽萬年者，若不持戒律，與老樹朽石何異？寧一日持戒，為道德之人，而死補天官、尸解成仙。世人死有重罪，無益鬼神，神鬼受罪耳。

其次，他認爲「道」的性質是「無爲」，人應效法「道」，故應受戒律約束而不作「有爲」的貪利之事，如說：

> 諸賢者欲除害止惡，當勤奉教戒，戒不可為，道以無為為上。人過積但坐有為，貪利百端。道然無為，故能長存。天地法道無為，與道相混，其人法天無為，故致神仙。

後一原因明顯地表現出道教作爲一種宗教的特點，而前一原因可以說寇謙之看到了宗教戒律的道德作用。普列漢諾夫曾指出：「廣義的而且當然在確切得多的意義上的宗教，實際上只有當社會人爲了自己的道德或一般地爲了自己的行動和設施開始向神或諸神尋求恩准的時候才產生。」道教要成爲一種完備的有影響的宗教，它所制定的戒律不僅對其教會組織成員有強制的作用，而且有勸善止惡的作用，所以《正一法文天師教戒經科》中說：「人能修行，執守教戒，善積行者，功德自輔，身與天通，福流子孫。」

寇謙之的所謂「清整道教」的另一主要內容是爲道教建立一套教儀。在《老君音誦戒經》

中，載有「奉道受戒」的儀式，「求願」的儀式，「燒香」的儀式，「消除疾病祈請」的儀式，三會儀式等等。現以「奉道受戒」的儀式爲例以說明道敎儀式的一般情況。據《老君音誦戒經》載：無論男女如果看到這部《戒經》使他們感到應信道，就可以向已入道者請他們向道官（卽「祭酒」、「師君」之類）說明自願按照《戒經》受戒奉道。在擧行受戒奉道儀式時，首先向《戒經》八拜，然後正立經前；接着由師君和道友捧着《戒經》誦讀經文（「音誦」），可能還有音樂伴奏；最後由受道者伏地誦經，再行八拜之禮，這樣就算完成了奉道儀式。擧行這樣一些煩瑣、荒誕的儀式對於一種宗敎來說，一方面是爲了加強宗敎的神秘性；另一方面則是要求入道敎民對敎會所規定者絕對服從，所以在每種敎儀的規定最後總有「明愼奉行如律令」一句，要求道民非常謹愼地奉行這些儀式的規定，如同奉行政府法律和法令一樣。

南朝的陸修靜也同樣抱着「淸整道敎」的目的爲道敎制定敎規敎儀。自東晉起，就有不少文人學士批評「玄風」，認爲「放達非道」，因而儒家禮法思想又漸擡頭，查《全晉文》中關於各種禮儀制度的討論最多。至宋劉，文帝立四學：儒學、玄學、文學、史學，封建最高統治者對禮敎的重視明顯加強了。劉裕初卽位，就讓何承天、傅亮等共撰朝儀，後何承天又把八百卷《禮論》刪減合併，以類相從，成爲三百卷的《禮論》。時佛敎戒律多已譯出，且有道安自制「僧尼軌範，佛法憲章，條爲三例」。故陸修靜於南朝亦如北朝之寇謙之非常重視道敎規儀的建立。據《茅山志》卷十謂陸修靜「著齋法儀範百餘卷」。現存《道藏》中陸修靜的著作《道門科略》、《洞玄靈寶齋說光燭戒罰燈祝願儀》、《洞玄靈寶五感文》等大都是講規儀的書。陸修靜嘗論齋戒之意義說：

道以齋戒為立德之根本，尋真之門戶。學道術神仙之人，祈福希慶祚之家，無不由之。（《五感文》）

夫受道之人，內執戒律，外持威儀，依科避禁，遵承教令，故經云：道士不受《老君百八十戒》，其身無德，則非道士。（《道門科略》。按：「老君百八十戒」見於《太上老君經律》）

陸修靜十分注意把齋戒和身心修煉的方術結合起來，如說：

人以生為寶，生之所賴唯神與氣。……神去則氣亡，氣絕則身衰。……人何可不惜精守氣，以要久延之視，和愛育物，為枝葉之福。聖人以百姓奔競，五欲不能自定，故立齋法，因事息事。禁戒以閑內寇，威儀以防外賊。禮誦役身口，乘動以反靜也；思神役心念，御有以歸虛也。能靜能虛，則與道合。

同時他也十分注意把齋和道德修養結合起來，如說：

夫齋當拱默幽室，制伏性情，閉固神關，使外累不入；守持十戒，令俗想不起。建勇猛心，修十道行，堅植志意，不可移拔，注玄味真，念念皆淨，如此謂之齋。

從他所列「十戒」，可以看出也是把齋戒和個人修煉（養生）、道德修養結合起來，使道教的「養生成仙」的說教更加進一步倫理道德化。這一齋戒特點表現了道教既不能拋棄它本身原有的身心煉養，否則就會失去道教所追求的「養生成仙」的目標；又不能不在齋戒中增加道德修養的內容，否則就不可能起「勸善戒惡」的作用。早期道教的戒律、齋儀到陸修靜時可以說基本完成了。

五　編造神仙譜系和傳授歷史

道教初創時已經承繼神仙家的故技，說自己是神仙所傳授，且多托言老君，如《太平經》即說爲老君授帛和，帛和授于吉，而後傳於世。所謂老君傳授當然是虛構的。而就《太平經》本身看，內則有所謂「眞人」、「神人」、「大神」等等神仙之類，這當然都是屬於神仙世界的成員。但直至葛洪的《抱朴子》，道教神仙世界的系統也還未形成較爲固定的形式，或者說還沒有泡製出論證其神仙世界的說教（謊言）。至於其宗教傳授的歷史更不固定，除三張（張道陵、張衡、張魯）的傳授比較清楚外，而張魯之子張盛於江西龍虎山創立龍虎宗的傳說亦並不可靠。爲了使道教眞正成爲一完備意義上的、有影響的宗教而和佛教相對抗，編造神仙世界和傳授歷史也是自東晉以後道教必須完成的任務之一。

約和陸修靜同時有顧歡者，在他和佛教徒辯論時作《答袁粲駁夷夏論》中已吸取了佛教若干思想，論證其神仙世界的存在，他說：

> 神仙有死，權變之說，神仙是大化之總稱，非窮妙之至名。至名無名，其有者二十七品，仙變成真，真變成神，或謂之聖，各有九品，品極則入空寂，無為無名。若服食茹芝，延壽萬億，壽盡則死，藥極則枯，此修考之士，非神仙之流也。

顧歡已經把「神仙」的「極品」看成是超自然的存在，故「無爲無名」、「入於空寂」，而下有二十七品分爲仙、眞、神，而仙、眞、神各爲九品。到陶弘景更把這「神仙世界」的等級系統化了，他作《眞靈位業圖》就是專門講神仙世界的譜系的。

道教要爲自己的宗教建立一神仙譜系，這點受到佛教的影響則是無疑的。但是，並非佛教的所有的東西它都接受，例如在南北朝時道教對佛教僧人的「不敬王者」、「不拜父母」就沒有接受。顧歡著《夷夏論》分別華夷，批評佛教說「下棄妻子，上廢宗祀」，「悖禮犯順」，去「孝敬之典」。齊道士著《三破論》也批評佛教「遺棄二親，孝道頓絕」。在這一點上道教反映了我們這個民族的傳統，而佛教以後反而不得不接受這點。因此，道教接受佛教影響而建立其神仙譜系，也還有其他原因。東晉南北朝的社會是門閥世族當權的社會，在這個社會中等級觀念極強，「上品無寒門，下品無世族」。漢末原始道教在他們的神仙世界中等級並不森嚴，甚至還無固定的神仙譜系，但到陸修靜、陶弘景時則十分重視各種神仙地位的排列。陶弘景在《眞靈位業圖》中明白地說出排列神仙等級的必要性，他說：

> 夫仰鏡玄精，睹景耀之巨細；俯眄平區，見岩海之崇深；搜訪人綱，究朝班之品序；研綜天經，測真靈之階業。但名爵隱顯，學號進退，四宮之內，疑似相參。今正當比類正經，仇校儀服，埒其高卑，區其宮域。

照陶弘景看，正因爲人間有綱紀（三綱六紀），所以要排列「朝班之品序」；那麼在神仙世界也應有綱紀，所以也要排列「眞靈之階業」，這種排列的目的是要把「高」和「卑」不同的等級區別開來。陶弘景就是按照這個思想在構造他的神仙世界，在他的《眞靈位業圖》中把「眞靈」分爲七級，最高一級居中者爲「元始天尊」，其左爲「高上道君」，右爲「元皇道君」，如此等而下之。陶弘景構造的等級森嚴的神仙譜系不過是人間等級制度的反映，把「神仙」分爲三六九等正是魏晉南北朝門閥世族等級制度所要求，所以陶弘景在《眞誥》中也說：

天地間事理乃不可限，以胸臆而尋之，此幽顯中都是有三部，皆相關類也。上則仙，中則人，下則鬼。人善者為仙，仙謫之者更為人，人惡者更為鬼，鬼福者更為人。鬼法人，人法仙，循環往來，觸類相通，正是隱顯小小之隔也。

這就是說：第一、神仙世界、人的社會和鬼的世界是相類似的，從這點看「三部」要有等級就都應有等級。第二、這三個世界又是相通的，而且其由現實人的世界（顯）到超自然神仙世界或鬼的世界（隱）之間的距離也不是不可逾越的，只是「小小之隔」。爲什麼陶弘景認爲隱顯之間只是「小小之隔」呢？這很可能是受到當時流行的佛敎「神不滅」和「輪迴」思想的影響，如他在一首詩中說：「形非神常宅，神非形常載，徘徊生死輪，但苦心猶豫。」佛敎說通過修善積功達到靈魂不死，這點是無法驗證的；而道敎以爲通過內外丹的修煉可以成仙，化了很大力氣，卻經不起驗證，所以從宗敎意義上說「靈魂不死」比「肉體成仙」大大縮短了隱顯之間的距離。而且我們還可以看到，陶弘景這一思想或者也受到當時已經流行的佛敎頓悟說的影響。所謂「頓悟成佛」就是只要有了達到成佛的覺悟，即可不必經過若干修煉的階段，而「徑登十地」，所以陶弘景也說：「得道悉在方寸之里耳，不必形勞神損也。」

陶弘景不僅構造了道敎的神仙譜系，而且還通過《眞誥》泡製了道敎的傳授歷史。南北朝，佛敎傳法系統的著作業已出現，如北魏的《付法藏因緣傳》，蕭梁時僧祐的《薩婆多部相承記》

等，道教作爲一種宗教也必然要編造自己傳法的系統。東晉以後，道教實已分爲若干派別，有從五斗米道發展來的天師道或稱正一道；有所謂靈寶派，據說是由葛玄（葛洪之從祖）傳鄭隱，再傳到葛洪，而後爲洪兄子海安君，再傳至葛巢甫，「以隆安之末傳道士任延慶、徐靈期者，世業錄傳，支流分散，孳孕非一」。而陶弘景的茅山宗則是當時影響較大，且具有典型意義的道教宗派。《眞誥》這部書當非專門談宗派傳授的，但實勾劃了此派在陶弘景前的傳授歷史。陶弘景對由楊羲、許謐（許長史）、許翽（許掾）記的眞靈降授的話考訂眞僞，而楊羲自稱其所記爲南嶽魏夫人存華下降親授與他的。因此，據《眞誥．敍錄》可得出，《上清經》的傳授順序大體是：魏夫人、楊羲、許謐、許翽、許黃民、王靈期（另一說爲馬朗、馬罕）、陸修靜、孫游岳、陶弘景。這個傳授系統當然是陶弘景和茅山宗一派的道士編造的，不過其中也有眞實的部分，陸修靜確實是孫游岳之師，而陶弘景也確實師事孫游岳。後來人把陶弘景推爲茅山宗第九代宗師，但實際上陶才是茅山宗的眞正開創者。

早期道教到陶弘景時可以說已經發展成爲一影響很大、具備了一種宗教各種方面要求的宗教團體。這時道教已有了較完備的宗教教義和宗教哲學理論，有了相對獨立的教會組織，制定了有一定特色的教規教儀，並構造了一批宗教典籍，泡製了神仙譜系和傳授歷史。陶弘景是早期道教的集大成者，也是早期道教的終結者。他的《答朝士訪仙佛兩法體相書》、《養生延命錄》和《登眞隱訣》等可以說是繼葛洪《抱朴子》之後的關於闡發道教教義和宗教哲學理論的著作，

《眞誥》是有關考訂道敎經典眞僞和構造傳授歷史的書。《眞靈位業圖》則爲道敎建立了系統的神仙譜系。但是，陶弘景也把「神不滅」、「輪迴」、「緣業」、「來世」等等佛敎的思想引入了道敎，於是早期道敎可以就此終結了，梁陳以後道敎就進入了另一個發展時期。

道敎的發展確有一個逐步完備的過程，這個過程從東晉起到梁陳時止，其過程是否可以說大體如下：東晉以來，先是在對已經渙散和不固定的道敎組織進行整頓的同時，爲彌補其缺乏系統的宗敎敎義和理論體系之不足，葛洪創造了道敎敎義的理論體系；接着爲鞏固道敎敎會組織制定了敎規敎儀，爲闡發其宗敎敎義構造了大批的經典；最後爲把道敎建成完備的宗敎團體而編造了超現實的神仙譜系和現實的傳授歷史。道敎的這樣一個發展過程或者可以說是一種完備意義上的宗敎發展的一般情況吧！我們研究宗敎史的目的之一就是要把它作爲一種社會意識形態揭示其發生發展的規律，以便我們用馬克思主義的態度來對待它，而不應只是簡單地把它看成是「欺騙者的虛構」就了事。

第七章　爲道教建立理論體系的思想家葛洪

一　生平與著作

葛洪字稚川，自號抱朴子，丹陽句容都鄉吉陽里（位於今江蘇省江寧縣東南）人，是東晉時期著名的道教學者、醫藥學家、煉丹家。生於晉武帝太康四年（二八三），依《太平寰宇記》引袁宏《羅浮志》謂洪卒「時六十一」。而《晉書·葛洪傳》、《太平御覽》卷六六四引《晉中興書》、《藝文類聚》卷七八引《中興書》均謂洪卒年爲八十一。然上述材料除《藝文類聚》外均謂洪於建元元年（三四三）致書鄧獄，說他將遠行，至獄往別而葛洪已亡。按依清萬斯同《東晉方鎭年表》及吳廷燮《東晉方鎭年表》，鄧獄卒於康帝建元二年（三四四），據此說葛洪卒於康帝建元元年，年六十一歲比較可信。

葛洪的從祖葛玄好神仙、修煉之術，號「葛仙公」或「太極葛仙翁」，可見葛洪成爲道教理論家是有其家庭影響的。葛洪的父親名悌，仕於東吳和西晉，洪十三歲時喪父，家庭中衰。十五、六歲時博覽經、史和百家書。後又從葛玄的弟子鄭隱學神仙導養之術。

西晉惠帝太安二年（三〇三）張昌、石冰起義於揚州。吳興太守顧秘爲義軍都督，檄葛洪爲將兵都尉，因破石冰有功遷升爲伏波將軍。張昌、石冰起義事平，葛洪遂「投戈釋甲」。後至洛陽，廣泛地尋求異書，以擴大他自己的學問。晉惠帝光熙元年（三〇六年），鎭南將軍劉弘任命嵇含爲廣州刺史，嵇含推薦葛洪作爲他的參軍。洪先行至廣州，而嵇含遇害，於是無意出任官職，而遂留居廣州，後隱於羅浮山。這時鮑靚爲南海太守，靚學兼內外，明天文、河圖洛書。葛洪遂拜鮑靚爲師，從受《石室三皇文》，又娶鮑靚女鮑姑爲妻。愍帝建興二年（三一三），洪返回故里，以後雖多次被召任官職，皆不就。據《抱朴子・外篇・自敍》中說，在晉元帝建武元年（三一七）撰寫成《抱朴子》內外篇。成帝咸和元年（三二六）因鄉里有饑荒，感於生活困迫，乃受司徒王導之召，補州主簿，轉司徒掾，又遷諮議參軍。成帝咸和七年（三三二），葛洪聽說交趾產丹砂，遂求爲句漏令（按：句漏山在廣西北流縣東北），以便得丹砂煉金丹而長生。初成帝不許，再次請求，乃許，於是率子侄南下。至廣州，爲刺史鄧獄所留，遂止於羅浮山，從事煉丹修道，自此著述不輟。建元元年卒於羅浮山。

署名葛洪的著作很多，但有些是否是他的著作，已很難考訂。據王明先生《抱朴子內篇校釋》附錄二《葛洪撰述書目表》列書目六十三種，謂今存或有輯本者共十七種。現據王明《葛洪撰述書目表》參以他書，把現存的列於下：

1.《抱朴子》七十篇，《內篇》二十，《外篇》五十，每篇爲一卷。據該書之《自敍》謂書成於東晉之初，文中說：「……至建武（三一七）中，乃定著《內篇》二十卷，《外篇》五十卷，……其內言神仙方藥，鬼怪變化，養生延年，禳邪卻禍之事，屬道家。其外篇言人間得失，世事臧否，屬儒家。」現存《抱朴子》以明嘉靖四十四年（一五六五）重刊正統十年（一四四五）《道藏》本系統之承訓書院魯藩本爲最早，見收於《四部叢刊》，《正統道藏・太清部》「疲」字至「志」字亦收。有《諸子集成》本可用。王明《抱朴子內篇校釋》校釋甚精，並對了解葛洪思想有很大幫助。又嚴可均《全晉文》收《抱朴子內篇》佚文一卷，《外篇》佚文一卷。

2.《神仙傳》十卷，有《漢魏叢書》本可用。

3.《肘後要急》八卷，收於《正統道藏・正一部》「陛」字，題爲《葛仙翁肘後備急方》。

4.《潮說》，略見於《外篇》佚文。

5.《抱朴子軍術》，《補晉志》著錄云：此《外篇》佚文也。嚴可均《全晉文》輯得四十二條。

6.《金石萬靈訣》一卷，收入《正統道藏・洞神部・衆術類》「松」字帙內，題爲《金木萬靈論》，內容與《抱朴子神仙金汋經》略同，或取自《抱朴子內篇》之《金丹篇》的前段而成。

7.《太清玉碑子》一卷，收入《正統道藏・洞神部・衆術類》「如」字帙內，此爲葛洪與鄭隱的回答。

8.《大丹問答》一卷，收入《正統道藏・洞神部・衆術類》「松」字帙內，內容與《太清玉碑子》接近，而歌訣部分不同。

9.《還丹時後訣》三卷，收入《正統道藏・洞神部・衆術類》「斯」字帙內。本書前言有「時後訣者，稚川葛眞人所撰，十卷，其九則論天下方書、草藥救治之門，其一則辨金石大丹黃芽之眞」。然而書中常引「陶眞人云」，「陶眞人」當爲「陶弘景」，故此書當非葛洪所撰，或係由陶弘景刪增《肘後要急方》所成。

10.《抱朴子養生論》一卷，收入《正統道藏・洞神部・方法類》「臨」字帙內，按本文前半與《內篇》之《地眞篇》後段同，後半則與《內篇》之《極言篇》略同。

11.《稚川眞人校正術》一卷，收入《正統道藏・洞神部・衆術類》「似」字帙內，然而沒有說明撰者。

12.《神仙金汋經》三卷，收入《正統道藏・洞神部・衆術類》「斯」字帙內。嚴可均《鐵橋漫稿》卷六謂「其中下二卷卽《金丹篇》也」。

13.《要用字苑》一卷，顏之推《顏氏家訓》引用此書，作「《字苑》」，謂「葛洪所撰」。《梁書》卷五十《劉杳傳》亦言及葛洪《字苑》。馬國翰《玉函山房輯佚書》的《小學類》載此書三十四條。

14.《西京雜記》六卷，《隋書·經籍志》之《史部·舊事類》著錄「《西京雜記》二卷」，未著撰人。《舊唐書·經籍志》謂「葛洪撰」。《四庫全書簡明目錄》子部十二云：「舊本或題漢劉歆撰，或題晉葛洪撰，實則梁吳均撰。」然余嘉錫《四庫提要辨證》子部七引宋晁伯宇《續談助》卷一《洞冥記》後引張柬之言「昔葛洪造《漢武內傳》、《西京雜記》」云云，以證《西京雜記》爲葛洪撰。

15.《漢武內傳》一卷，收入《正統道藏·洞眞部·記傳類》，有《漢魏叢書》本可用。《隋書·經籍志》之《史部·雜傳類》有「《漢武內傳》三卷」，不著撰人。清文廷式《補晉志》卷四《子部·神仙家類》謂：「葛洪《漢武內傳》三卷，《日本見在書目》題『葛洪』，今從之。」

16.《抱朴子別旨》一篇，附於《正統道藏·太清部》中《抱朴子·內篇》之後。文中言及「導引行氣」之法，與《抱朴子·內篇》卷八《釋滯篇》相類。

17.《元始上經衆仙記》一卷，收入《正統道藏·洞眞部·譜籙類》「騰」字帙內。此書第二行題有「葛洪《枕中記》」五字，此文又載《說郛》中。書中言及「許穆在華陽洞立宅爲眞人，許玉斧在童初之北，位爲眞人，未有掌領」。然許穆（三〇五——三七六年）及其子玉斧（名翽，?——三六八）兩人均後於葛洪，疑此書非葛洪所作（詳考見余嘉錫《四庫提要辯證》卷十九）。

此外，王明先生《葛洪撰述書目表》尚著錄已佚之書目四十六種，可參考，不一一詳列。然尚有若干種著錄於「舊目」者而未爲王明先生著錄，茲補於下：

1.《吳志鈔》一卷，文廷式《補晉書・藝文志》卷二《史部・雜史類》：「《吳志鈔》一卷，見高似孫《史略》。」已佚。

2.《神仙傳略》一卷，丁國鈞《補晉書・藝文志》附錄卷一《存疑類・史部》：「《神仙傳略》一卷，葛洪撰。謹按，《崇文總目》載此書，疑後人刪取葛氏《神仙傳》爲之。」書已不存。

3.《爐鼎要妙圖經》一卷，吳士鑑《補晉書・經籍志》卷三丙部《子錄・道家類》謂：「葛洪《爐鼎要妙圖經》一卷，見《通志略》。」然查鄭樵《通志・藝文略》未著撰人，不知吳士鑑何據謂爲「葛洪」撰。

此外尚有《老子道德經節解》、《葛仙翁敍意》、《葛仙翁歌訣》、《葛仙翁杏仁煎方》、《孤剛子萬金決》等，「舊目」或有題爲「葛洪撰」者均誤。

二　爲道教建立理論體系

一種宗教（在階級社會中的宗教）要想成爲有影響的完整意義上的宗教，必定有一套論證其宗教信仰的理論體系，這一理論體系也必然有其哲學基礎。而道教是中華民族本民族的宗教，因而它必定會打上民族文化與民族心理的烙印。葛洪生活於兩晉時期，他不僅受到傳統的儒家和道家思想的影響，而且也受到了當時流行的玄學思潮的影響。

在葛洪以前，道教已經有了一些自己的經典和著作，如《太平經》、《老子河上公注》、《老子想爾注》以及《三皇經》等，這些著作不僅作者是誰搞不清，成書時間也有一些問題，更主要的是這些道教經典和著作還沒有爲道教建立一較系統的理論體系。葛洪的《抱朴子·內篇》之所以在道教史上佔有重要地位，就在於它爲道教建立了一套反映當時時代特點以及我們這個民族的傳統民族文化與民族心理特徵的理論體系。

一種宗教總有其最基本的信條，卽一種求得「超生死，得解脫」的理論和方法。佛教的「超生死，得解脫」是要求達到「涅槃」的境界，他採用的方法是「戒、慧、定」之類。那麼道教的解脫之道又是什麼呢？對早期道教說，它要求的最高的解脫境界可以說是「長生不死」、「肉體成仙」。葛洪在《抱朴子·外篇·自敍》中說：「凡著《內篇》二十卷……言神仙方藥鬼怪變化養生延年禳邪卻禍之事，屬道家。」在《勤求篇》中說：

> 天地之大德曰生，生好物者也。是以道家之所以至秘而重者，莫過於長生之方也。

這裏所謂「道家」實已是「道教」。蓋道教雖托言老子，以《老子》爲其重要經典，但其思想已與老子大不相同，其目的不在論證宇宙人生的哲學問題，而在於爲追求「長生不死」的宗教信條找尋一理論上的根據。所以在《釋滯篇》中葛洪對先秦道家多有批評，他說：

又五千文雖出老子，然皆泛論較略耳。其中了不肯首尾全舉其事，有可承按者也。但暗誦此經，而不得要道，直爲徒勞耳，又況不及者乎？至於文子、莊子、關令尹喜之徒，其屬文筆，雖祖述黃老，憲章玄虛，但演其大旨，永無至言。或復齊死生，謂無異以存活爲徭役，以殂歿爲休息，其去神仙，已千億里矣，豈足耽玩哉？

從這段話來看，葛洪所注重不是老莊所述的哲學問題，而是「神仙」的問題。如果要人們信仰這種以「成仙」爲目的的宗教，就必須回答「成仙爲什麼可能」、「如何才能成仙」以及與此有關的一些問題。「肉體成仙」本來是一虛妄的幻想，是不可能達到的，但道教作爲一種宗教又必須對這一問題給予理論上的論證，否則這種宗教就不能有普遍的社會意義，也就不可能在人們的社會生活中起宗教可能起的作用。一種宗教要想讓人們普遍接受，就必須講出一番在那個歷史條件下讓人們能接受的道理，以便使人們去眞心誠意的信仰它。

「成仙是否可能？」葛洪對這個問題的回答當然是肯定的。如果不想方設法論證「成仙」是可能的，那麼葛洪就不可能作爲道教的理論家而爲道教的信徒們所推崇。

我們知道，「成仙是否可能？」這個問題本來同魏晉玄學關於「聖人是否可學可致」有關係，當時不少玄學家都討論到聖人的學致問題。王弼說：「聖人茂於人者，神明也。」郭象也說：「學聖人者，學聖人之跡。」這是說一般人和聖人之間有着某種嚴格的界限，所以聖人是不可學、不可致的。就像嵇康這樣相信有神仙的思想家，由於他不是宗教家也認爲仙人和一般人有嚴格界限，「似特受異氣，稟之自然，非積學所能致」。但作爲宗教則不能認爲「神仙」不可學不可致。然而這一「聖人不可學不可致」的玄學思潮不能不曲折地反映在宗教中。例如對當時的佛教也有若干影響。在東晉之末「涅槃學」開始在中國流傳。東晉義熙十三年（四一七）六卷《泥洹經》譯出，這部經典說明了「一切衆生皆有佛性」，認爲衆生都有成佛達到涅槃境界的可能性。但是，對於「一闡提人」（善根斷盡的人）則認爲不能成佛，在《泥洹經》中說：一闡提「病卽請佛世尊不能治，何以故?各世死屍，醫不能治」，「闡提如燒焦之神，已鑽之核，卽使有天上甘雨，猶亦不生」。劉宋之初，有和尚道生提出了「一闡提人皆得成佛」的看法，而爲其他和尚所不取，並據六卷《泥洹經》斥之爲邪說，把道生「擯而遣之」。但道生堅信他的主張，於臨走時發誓說：

> 若我所說，反於經義，請於現身卽表癘疾。若與實相不相違背者，願舍壽之時，據獅子座。

後來四十回《涅槃經》譯出，由北凉傳到南方，果然說一闡提悉有佛性亦可成佛。於是道生名聲大振，人們稱他爲「四依菩薩」。至於如何成佛，道生提出了「頓悟成佛」的理論以論證「佛」

可以學可以致。謝靈運作《辨宗論》又對道生「頓悟義」加以發揮，提出「聖人不可學而可致」的新觀點。這個觀點顯然是企圖調和哲學與宗教，也是調和印度傳統與中國傳統。道教在魏晉南北朝時也不可能不遇到這一爲時代所注意的「聖人是否可學可致」的問題。

早期道教從原則上說似乎都主張「神仙由積學所致」，如漢末陰長生在其《自敍》中曾說：

不死之要道在神丹。行氣導引，俯仰屈伸，服食草木，可以延年，不能度世，以至乎仙。子欲聞道，此是要言，積道所致。（按：葛洪《抱朴子・內篇・金丹篇》中謂《黃帝九鼎神丹經》中說：「雖呼吸導引，及服草木之藥，可得延年，不免於死也；服神丹令人壽無窮已，與天地相畢，乘雲駕龍，上下太清。」與陰長生語大同）。

《太平經》中也說：

夫道者各為其身，不為他人也。故當各自愛而自親，學道卽久，成神真也，與衆殊絕，是其言也。

《老子想爾注》中說：

奉道誡，積善成功，積精成神，神成仙壽，以此為身寶矣。

原來道教的這種思想和當時流行的玄學思潮顯然存在著矛盾。而葛洪所遇到的問題，也正是稍後於他的佛教徒道生所遇到的同類性質的問題。我們可以看到，在葛洪的《抱朴子》中他一方面認爲「仙人稟異氣」（按：此與嵇康說法相同）、「仙人有種」（按：此或與道教的「種民」思想有關，詳後），這點似受到當時流行的玄學影響；但他另一方面又承認任何人都可以通過修煉，服食金丹而成仙。這種矛盾很可能是某些宗教本身所不可避免的，特別是像道教這樣一種更多注重「經驗」的宗教則更難以避免。但葛洪他畢竟是一道教理論家，他從道教作爲一種宗教的立場出發，企圖給這個問題以新的解釋。

首先，葛洪提出所謂「仙人稟異氣」、「仙人有種」並非說有的人生來就是「仙人」，而這種人只是有成仙的可能性。這種有成仙的可能性的人仍然要經過修煉、服食金丹等才能成仙，所以當有人問說：

> 人中之有老彭，猶木中之有松柏，稟之自然，何可學乎？

葛洪回答說：

> 夫陶冶造化，莫靈於人。故達其淺者，則能役用萬物，得其深者，則能長生久視。……至於彭老猶是人耳，非異類而壽獨長者，由於得道，非自然也。……人有明哲，能修彭

老之道，則可與之同功矣。若謂世無仙人乎，然前哲所記，近將千人，皆有姓字，及有施為本末，非虛言也。若謂彼皆特稟異氣，然其相傳皆有師，奉服食，非生知也。（《對俗》）

這就是說，不僅稟異氣的人要想成仙，必須得到「師傳」，服食丹藥才能達到，而且由於人是萬物之靈，有「明哲」之心，與彭老都是同爲人類，雖然有的人起初質不如彭老，但可以靠著修習彭老之道，也可以達到和彭老一樣的長生久視的境界。照葛洪看，甚至像老子的老師元君，「天下衆仙皆隸焉，猶自言亦本學道服丹之所致也，非自然也」（《金丹篇》）。所以他說：

至於仙者，唯須篤志至信，勤而不怠，能恬能靜，便可得之，不待多才也。（《辨問》）

由此可見，葛洪實際上否認了「仙人稟異氣」對「成仙」的特殊意義。

其次，葛洪實際上承認了人人都有通過修煉服食金丹而「成仙」的可能性。他引《玉牒記》：「天下悠悠，皆可長生也，患在猶豫，故不成耳。」在《黃白篇》中也說：「我命在我不在天，還丹成金千萬年。」照葛洪看，任何人都有可能成仙，問題在於他是否能堅持修煉。所以當有人問他「古之仙人者，皆由學以得之，將特稟異氣邪」的時候，他回答說：

是何言歟？彼莫不負笈隨師，積其功勤，蒙霜冒險，櫛風沐雨，而躬親灑掃，契闊勞

> 藝，始見之以信行，終被試以危困，性篤行貞，心無怨貳，乃得升堂以入於室。（《極言篇》）

甚至像傳說中的黃帝，雖是「稟異氣者」，「生而能言，役使百靈，可謂天授自然之體者」，但是也「不能端坐而得道」（《極言篇》）。所以葛洪說：

> 仙可以學致，如黍稷之可播種得，其炳然焉。然未有不耕而獲嘉禾，未有不勤而獲長生度世也。（《勸求篇》）

第三，通過行氣導引可以變化人的氣質。

在《抱朴子》中，葛洪一方面講「仙人稟異氣」，另一方面又認爲人人都有成仙的可能，這似乎是矛盾的。對這個問題，葛洪提出了通過行氣導引可以變化人的氣質的思想。他認爲只要堅持「行氣導引，再加上服食金丹，雖非稟異氣者，同樣可以成仙」。葛洪在《極言篇》中說：

> 受氣各有多少，多者其盡遲，少者其竭速。其知道者補而救之，必先復故，然後方求量表之益。……故治身養性，務謹其細，不可以小益為不平而不修，不可以小損為無傷而不防。凡聚小所以就大，積一所以至億也。若能愛之於微，成之於著，則幾乎知道矣。

本來人稟氣不同，有多有少，但是稟氣少的，也可以有補救的方法，首先保存住自身原有的氣，然後據此使之不斷增加，這樣一點一點的使氣有所增加，慢慢就會使自己的氣稟有明顯的變化，這就幾乎是懂得了養生之道。因爲照葛洪看，人的形體與精神都是由「氣」所成，他說「身勞則神散，氣竭則命終」，故「苟能令正氣不衰，形神相衞，莫能傷也」。如果人能「寶精行氣，服一大藥」便足以成神仙。因而在葛洪的思想裏對所謂「稟異氣」並不大重視，而特別強調成仙在於「積功累勤」，行氣導引，服食金丹。於是葛洪在《抱朴子》中還否定了「仙人有種」之說，他在《至理篇》中解除人們的迷惑，強調成仙在於修煉，特別舉出某些「實例」以說明：「有以效驗，知長生之可得，仙人之無神耳。」

由以上三點看，葛洪《抱朴子》中雖也有「仙人稟異氣」、「仙人有種」這類的話，這很可能是受當時魏晉玄學的「聖人天成」不可學致的影響，而並不是他的道教理論所必須的，相反神仙由「積學所致」才是出於道教的宗教理論的需要。

那麼「神仙可學可致」爲什麼可能？對這個問題，葛洪從兩個方面作了論證。他認爲，靠服食金丹藥物可以使人身心不朽而成仙；通過行氣導引可以排除內外對自已身心的干擾而得長生。前者卽發展爲所謂「外丹」學說；後者的「行氣」之類，又發展爲所謂的「氣」的內循環，而有「內丹」學說。就前者說，葛洪論證說：

> 夫五穀猶能活人，人得之則生，人絶之則死，又況乎上品神藥，其益人豈不萬倍於五穀耶？夫金丹之為物，燒之愈久，變化愈妙。黃金入火，百煉不消，埋之，畢天不朽。服此二物，煉人身體，故能令人不老不死。此蓋假求於外物以自堅固，有如脂之養火而不可滅，銅青塗脚，入水不腐，此是借銅之勁以捍其肉也。金丹入身中，沾洽榮衛，非但銅青之外傳矣。（《金丹篇》）

「榮衛」即「營衛」，《靈樞經·榮衛生會篇》謂：「營衛者，精氣也。」服食「金丹」，使之在人身體內部把「精氣」保留住而永遠不讓它散失掉，這樣人的精神和肉體就可以永遠結合在一起而長生不死了。葛洪這一論證是利用了當時一些不能得到正確科學解釋的化學、物理現象，用比附的辦法來說明人服食了金丹就可以長生不死。這種比附的論證方法完全是一種非科學的「經驗」的方法，就像董仲舒論證「天人感應」所採用的「物類相感」的方法一樣，今天看來是十分荒唐可笑的。但在當時，從黃金埋之「畢天不朽」，以論證人服食金丹（用水銀等煉成的丹藥）而使身體與精神也「畢天不朽」，這種非科學的經驗論證方法，也會起一定作用，使一些人深信不疑。

葛洪在說明人得以長生不死的問題上認爲，排除對人自身內外有害的影響，也很重要。照他看，人之所以不能「長生不死」，常常是受自身的和外界的影響所致，他說：

人之所以死者，諸欲所損也，老也，百病所害也，毒惡所中也，邪氣所傷也，風冷所犯也。今導引行氣，還精補腦，食飲有度，興居有節，將服藥物，思神守一，柱天禁戒，帶佩符印，傷生之徒，一切遠之，如此則通，可以免此六害。（《至理篇》）

內欲和外因使人不得長生，如何應付？葛洪認爲，要在導引行氣。因爲「人在氣中，氣在人中，自天地以至萬物，無不須氣以生」（《至理篇》）。從當時醫學的觀點看，人的生命現象就是「有氣」還是「無氣」，「有氣」則生，「無氣」則死，因此如能把「氣」保養好，使之永遠存在於「自身」之中，再加以服食金丹，就可以成爲長生不死的神仙，所以在《釋滯篇》中說：

欲求神仙，唯當得其至要，至要者在寶精行氣，服一大藥便足，亦不用多也。

《地眞篇》中也說：

養其氣所以全身。

這種「寶精行氣」是指「氣」在身體內部的循環。漢末有魏伯陽作《參同契》，他認爲萬物的生長變化都是由於陰陽二氣交媾，相須不離，使精氣得以舒發的結果。人要想得到長生不死，就要據此陰陽變化的原則，來從事修煉，這叫做「煉丹」。在《參同契》中的所謂「丹」，分爲「內丹」和「外丹」。所謂「內丹」就是煉養體內的「精氣」、「以神遠精氣，結而成丹」（朱熹《周易參同契考異》），就可以養性延命，以至長生不死。所謂「外丹」卽指用外之丹藥煉之成「金丹」，服之則可長生不死，肉體飛升。《參同契》雖然「內丹」、「外丹」都講，但重點似乎在「內丹」，而對「外丹」講得比較少，意思也不夠清楚，不像葛洪那樣，更重視「外丹」，對煉「外丹」講得很具體。如他引《黃帝九鼎神丹經》說：

> 雖呼吸導引，及服草木之藥，可得延年，不免於死也；服神丹令人壽無窮已，與天地相畢，乘雲駕龍，上下太清。

又引《仙經》說：

> 朱砂為金，服之升仙者，上士也；茹藥導引咽氣長生者，中士也；餐食草木，千歲以還者，下士也。

「呼吸導引」、「咽氣」等雖不卽是後來的「內丹」，但在「養氣」這點上則和所謂的「氣」在身體內部流通的基礎是有共同之處的。葛洪雖然認爲「呼吸導引」、「咽氣」等對人們長壽延命有益，但是並不能因此長生不死，成爲神仙。由於葛洪注意「外丹」的作用，所以他對於「冶煉金銀」、「制作丹藥」十分重視，因此在《抱朴子·內篇》中有不少關於煉丹藥的記載，他作了很多試驗，這在中國科技史上對推動化學、藥物學都有一定意義。至於他利用所謂「外丹」以求長生不死，當然是虛妄之談，就沒有什麼意義了。

葛洪認爲，服食金丹，加上行氣導引，就能「令正氣不衰，形神相衞」，成爲神仙；而神仙又是能「與天地相畢，乘雲駕龍，上下太清」的。葛洪的這個思想就包含着兩個中國哲學中帶根本性的理論問題，一個問題是：神形關係問題，即精神和肉體爲什麼可以結合在一起而永遠不分開，「形神相衞，莫能傷也」；另一問題是：有限的個體和無限的宇宙的關係問題，即有限的個體如何可能具有超自然的力量的問題，「與天地相畢，乘雲駕龍，上下太清」，只有這樣的人才可以超出個體的限制而成爲具有無限偉力的神。

道教要求長生不死，而它所謂的「長生不死」不是指的「靈魂不死」，而是指的「肉體成仙」或「肉體飛升」。「肉體成仙」必須以「神」、「形」不離爲條件，如「神」離「形」而去，則人死，就根本不能成仙。爲此道教就要爲「神形不離」創造一套理論根據。葛洪對這個問題作了如下的論證，他說：

> 夫有因無而生，形須神而立焉。有者，無之宮；形者，神之宅也。故譬之於堤，堤壞則水不流矣。方之於燭，燭靡則火不居矣。身勞則神散，氣竭則命終。根竭枝繁，則青青去木矣。氣疲欲勝，則精靈離身矣。夫逝者無反期，既朽無生理，達道之士，良所悲矣。

這裏，葛洪用「有」和「無」的關係來說明「形」和「神」的關係，顯然是受魏晉玄學所討論的「本末有無」問題的影響所致。老子說：「有之以爲利，無之以爲用。」「有」之所以對人們有「利」，正因爲有「無」，它才有這樣的作用。所以「有」和「無」是一對相對的矛盾，不能只有「有」而無「無」。「形」和「神」的關係也是一樣。人的肉體有了精神才成爲有生命的人，但是如何使「神」永遠保存在形體之中，首先這個「形」必須是堅固的，永遠不壞的「形」，這樣「神」才有一個永久留存的地方。那麼應該怎樣才能作到這一點呢？照葛洪看，首先應該通過養生，卽保養好自己的身體。而身體和精神都是由「氣」構成的，「氣」存則身存，「氣」竭則身亡，「養生」之根本在於「養氣」，「養其氣，所以全身」。人的壽命的長短和他稟受、保存的「氣」的多少有關，受氣「多者其盡遲」，「少者其竭速」，因此「寶精愛氣，最爲急」。如何「養氣」，葛洪說：

> 夫吐故納新者，因氣以長氣，而氣大衰者則難長也。服食藥物者，因血以益血，而血垂竭者則難益也。

王充說「人之所以生者，精氣也，死而精氣滅。能爲精氣者，血脈也，人死血脈竭，竭而精氣滅，滅而形體朽」云云，這就是說「血脈」是「精氣」的承擔者，所以在中醫中常有「血氣」之說，因此「血」從本質上說也是一種「氣」。葛洪的上述理論當和中國的醫學有關。看來，葛洪的上述理論全得自「經驗」。從經驗上看，的確存在着用「氣」來養「氣」，而「氣大衰者則難長」的現象，但無論從經驗上還是從理論上都不可能得出「養氣」可以「長生不死」的結果來。眞理向前多走一步則成爲謬誤了。葛洪說，「吐故納新」是爲了補「氣」，「服食草藥」是爲了養「血」，而「養血」也是爲了「養氣」。能否「長生不死」關鍵在於「養生」，而「養生」就要使身體不受傷害，「養生以不傷爲本」。如果能作到「正氣不衰，形神相衞」，則可長生不死。爲什麼補養血氣就可以長生？照葛洪看，那是因爲「割嗜欲，以固血氣，然後眞一存焉」。這裏有只有去掉傷害身心的嗜好欲望，使血氣固養，「眞一」永存，而可成爲長生不死的神仙。這裏有了一個新的問題，即「養生」要使血氣不衰，神形相衞，其結果是「存眞一」，可見能否「長生不死」成神仙要在「存眞一」了。那麼所謂「眞一」是指什麼？對這個問題，我們以後再解釋，先來看看葛洪是如何說明第二個問題的，即如何論證「有限的個體和無限的宇宙之間的關係」的問題。

「神仙」如果只是他個人「長生不死」，這固然也表現了他的超自然的力量，但作爲宗教說這樣超自然的神力仍有一定限制，它還只能限制在個體上面而不能超出個體而成爲具有無限偉力者。因此就存在一個有限的個體和無限的宇宙之間的關係問題，亦即有限的個體如何超出其「有限」以達於「無限」的問題。只有有限的個體和無限的宇宙能相通或合成一體，這樣有限的個體才能超出「有限」以達於「無限」。這種要求使有限的個體與無限的宇宙本體合而爲一的思想，本來也是魏晉玄學中所討論的問題，如有王弼所提出的「反本」、「體道」，阮籍所提出的「與道俱成」之類。

我們知道，葛洪對魏晉玄學是持批評態度的，但是他盡管反對玄學，而其思想也不能不受當時玄學思潮的影響。因此，他著的《抱朴子・內篇》的第一篇叫《暢玄》。在這篇中葛洪討論了玄學家們所討論的宇宙本源的問題。看來葛洪認識到，只有說明了宇宙本源問題，才有可能解決有限個體和無限宇宙的關係問題。如果所謂的「神仙」能和宇宙本源相通，那麼「神仙」豈不是可以超出有限的個體而具有無限的超自然的力量了嗎？因此，葛洪在《暢玄》中把什麼是宇宙的本源問題提了出來，他說：

玄者，自然之始祖，而萬殊之大宗也。

「玄」（按：在《抱朴子》中有時也稱作「玄道」或「道」，如在《暢玄》中說：「夫玄道者，得之乎內，守之者外，用之者神，忘之者器，此思玄道之要言」；《道意》謂：「道者，涵乾括坤，其本無名。」）是天地萬物的總根源。既然它是天地萬物的總根源，它就和具體事物不同，具體事物都是有形有象的，而「玄」則是無形無象的，「綿邈乎其遠也，故稱妙焉」，其高可以「冠蓋乎九霄」，其曠可以「籠罩乎八隅」。說它是「無」，它比事物的影子、聲音的回聲更虛無縹渺；說它是「有」，它比任何具體事物都更實實在在。

所以葛洪說：「道者，涵乾括坤，其本無名。論其無，則影響猶爲有焉；論其有，則萬物猶爲無焉。……以言乎邇，則周流秘毫而有餘焉；以言乎遠，則彌綸太虛而不足焉。爲聲之聲，爲形之形，爲影之影，方者得之而靜，圓者得之而動，降者得之而俯，升者得之以仰，強名爲道。」（《道意》）

因爲它無名無形，因此是最虛無；因爲它是產生天地萬物的總根源（作爲「存在」即「有」的總根源），因此它又是實實在在的「存在」。沒有「玄」，萬物就都不能存在，所以葛洪說：

> 因兆類而為有，托潛寂而為無。（《暢玄》）

作爲萬物存在的根源，「玄」是「有」；就其自身沒有任何規定性，它又是「無」。葛洪對「有」和「無」的關係問題的看法雖與王弼、郭象不同，但也不能說沒有一些聯繫，特別是和東晉中期的玄學家張湛的思想更接近。魏晉玄學討論的哲學問題，一般均從「有」和「無」的關係開始，例如王弼《老子指略》中說：

> 夫物之所以生，功之所以成，必生乎無形，由乎無名。無形無名者，萬物之宗也。不溫不涼，不宮不商。聽之不可得而聞，視之不可得而彰，體之不可得而知，味之不可得而嘗。故其為物也則混成，為形也則無形，為音也則希聲，為味也則無呈。故能為品物之

> 宗主，苞通天地，靡使不經也，若溫也則不能涼矣，宮也則不能商矣。形必有所分，聲必有所屬，故象而形者非大象也，音而聲者非大音也。

所以，「大象無形」，「大音希聲」。這就是說，宇宙的本體是沒有任何規定性的抽象存在，因爲有某一具體規定性，它就必然排斥其他規定性，這樣只能是每種事物，而不可能成爲宇宙全體之本體。王弼這種學說分析起來，就是把事物的所有規定性都抽空，把沒有任何內容的純形式叫作「本體」。葛洪在這個問題上的論證方法大體上也是採用了王弼的論證方法，但也有若干不同。在王弼上述話之後，他接着說事物的本體雖然是無名無形的，是和任何具體事物都不相同的，但它並不是在萬物之外更有一作爲事物本身的實體，而它卽在萬物之中，並不離萬物，所以他接着說：

> 四象不形，則大象無以暢；五音不聲，則大聲無以至。四象形而物無所主焉，則大象暢矣；五音聲而心無所適焉，則大音至矣。

在這裏，王弼把「體」和「用」看成是統一的，因此「體」實際上不過是一抽象概念。但葛洪則不同，他企圖把「玄」（或「玄道」）說成是「有」和「無」的統一，作爲實在的存在說它是「有」；作爲天地萬物存在的總根源說它又是「無」。因此，從一個方面看葛洪的「玄」有王弼

「貴無派」所說的「本體之無」的意義，但從另一方面看它更具有精神性實體的特色，「玄」實際上成了「造物主」了。從後一方面看，葛洪的思想既不同於王弼，也不同於郭象，而更接近張湛。張湛在他的《列子序》中說：

羣有以至虛為宗，萬品以終滅為驗。

從後一句看，張湛的思想是受到佛教影響，自與葛洪不同，葛洪追求的是「神」和「形」永存；而張湛則認爲一切最後總要消滅而回歸於「太虛」。但前一句話則和葛洪《暢玄》開頭那句「玄者，自然之始祖，萬物之大宗」基本相同。葛洪所說的「玄」，就其作爲「實在的存在」說，它比萬物更實在；如果這個最「實在的存在」不具有超乎一切事物的特性，不具有超自然的力量，那麼它豈不成了萬物之一了嗎？所以「玄」和萬物相比除了它有無名無形的特性之外，還具有無窮的能力。照葛洪看，「玄」是「光乎日月，迅乎電馳」、「胞胚元一，範鑄兩儀，吐納太始（按：《列子・天瑞注》「太始，形之始也」。）鼓冶億類，回旋四七（按：指二十八宿），匠成草昧」云云。這樣一來，「玄」或「玄道」就成爲一種神秘的超自然力量了，成爲造物主了。

如果說，王弼論證「以無爲本」採用的是思辨哲學的方法，因而有較多的理性主義的色彩；那麼葛洪則用的是一種非科學的經驗主義的方法來描述天地萬物的本源，從而把作爲天地萬物本源的「玄道」神秘化、人格化了，使之帶有相當濃厚的目的論色彩。因此，葛洪關於天地萬物本源問題的論證很少有什麼邏輯性。它的《暢玄》一篇討論宇宙本源問題，只是給宇宙本源作了主觀地描述，從這方面看它和魏晉玄學這種思辨哲學又是格格不入的，而更接近於漢朝宇宙論的思維模式。

《暢玄》一開始就提出了它關於宇宙本源的基本思想：「玄者，自然之始祖。萬殊之大宗」，接着就對「玄」作了一番描述；再後就直接了當地說它具有種種超自然的偉力，完全缺乏邏輯論證。就葛洪的《抱朴子．內篇》全書看，他也往往是不去對他自己提出的論點作理論分析和論證，而是舉一些似是而非甚至是虛構的個別經驗來證明他的論點。這就可以看出，在魏晉時代哲學家和道教的思想家是多麼不同了。作為道教的理論家葛洪，在他說明宇宙本源問題時，從其宗教的特點出發，最後必然引導到使他創造的宇宙本源「玄」具有造物主的特色。「玄」（或「道」）既然是神秘的超自然的力量和存在，如果人能與「道」合一，如果人能「體道」，那麼個體的有限的個人是不是就可以超出個體、超出有限，而具有無限的超自然的力量，成為超自然的存在呢？葛洪認為這是可能的，他說：

得道者，上能竦身於雲霄，下能潛泳於川海。（《對俗》）

夫玄道者，得之乎內，守之者外，用之者神，忘之者器，此思玄道之要言也。得之者

> 貴，不待黃鉞之威。體之者富，不須難得之貨。高不可登，深不可測。乘流光，策飛景，凌六虛，貫涵溶。出乎無上，入乎無下。經乎汗漫之門，游乎窈眇之野。逍遙恍惚之中，徜徉彷彿之表。咽九華於雲端，咀六氣於丹霞。徘徊茫昧，翺翔希微，履略蜿虹，践跚旋璣，此得之者也。（《暢玄》）

葛洪所描述的「得道」的人具有這樣的「神通」，就是由於他可以與「道」合一。這當然是不可信的。但作爲宗教，葛洪又必須論證這是可能的。於是葛洪提出所謂「守眞一」的思想，用以說明有限的個體的人得以超出個體的限制與「道」合一成爲具有超自然力的神仙的原因。葛洪在《地眞篇》中說：

> 守一存真，乃能神通。

「守一」或「守眞一」在葛洪的宗教理論體系中非常重要，它正是把個體的人與作爲宇宙本體的「道」聯繫的橋樑，是「人」變成爲「神仙」的關鍵。葛洪說：

> 道起於一，其貴無偶，各居一處，以象天地人，故曰三一也。（《地眞》）

早期道教「以三一爲宗」，即謂「天地人三者合一以致太平」，「精氣神三者混一而成神仙」，而「天」爲陽氣，「地」爲陰氣，「人」則爲中和之氣。「精者受之於地」，即受之於陰氣；「神受之於天」即受之於陽氣；「形」即爲「形氣」。而所謂「道起於一」可以有各種各樣的解釋，或說：宇宙最初存在的狀態是統一的，沒有分化的；或說：宇宙是由「一」這樣的狀態開始的。這兩種看法都是認爲「一」是宇宙存在的狀態，也就是說「一」是存在形式的概念，如說：「天得一以清，地得一以寧，人得一以生，神得一以靈」（按：此爲引《老子》三十九章，而增加「人得一以生」句）。接著在《地眞篇》中說：

> 老君曰：忽兮恍兮，其中有象；恍兮忽兮，其中有物。一之謂也。故《仙經》曰：子欲長生，守一當明；思一至飢，一與之糧；思一至渴，一與之漿。一有姓字服色，男長九分，女長六分，或在臍下二寸四分，下丹田中；或在心下絳宮金闕，中丹田也；或在人兩眉間，卻行一寸為明堂，二寸為洞房，三寸為上丹田也。

這就是說，「一」存在於「丹田」之中，而「丹田」又稱「關元」。《黃庭內景經》謂：「三田之中精氣微」，「三氣徘徊得神明」。《道樞》卷七謂：「元氣者出於下丹，流注於身。」桓譚《仙賦》中謂：「夭矯徑引，積氣關元。」（《藝文類聚》七十八）又《道樞》卷十四謂：「氣海在臍下三寸，其名曰子宮，元氣之根本也，是吾之眞一元氣也。」《胎息經》謂：「臍下三寸爲氣海，亦爲下丹也，亦爲玄牝。世人多以口鼻爲玄牝，非也。口鼻既玄牝出入門。」（見《道藏》感字帙上）《靈樞經·寒熱篇》：「臍下三寸，關元也。」《中鑒·俗嫌篇》：「鄰臍二寸謂之關。關者，所以關藏呼吸之氣，以禀授四體也。」關元所藏之精氣可散布全身，故「關元」爲存精氣處，「丹田」爲「守一」處。可見早期道教中的所謂「一」就是指的「精氣」或「元氣」，而精氣則是人的精神現象的承擔者。因此，在堅固不壞的肉體內，守住精神現象的承擔者「精氣」使之不離散，人就可以長生不死。那麼在葛洪的思想體系中「一」的涵義究竟是什麼？「一」和「道」（或「玄道」）的關係如何？在葛洪的思想體系中「一」和「道」的關係可以作兩種解釋：如果說「一」卽是「道」，那麼就是說「道」不僅是萬物的本源或者是創造天地萬物的神秘力量，而且也是構成天地萬物的材料。其實在《老子》書中，「道」就有多種涵義，有宇宙自身規律的意思，也有精神性實體的意思，同時又是構成天地萬物的材料（參見《略論早期道教關於生死、神形問題的理論》，《哲學研究》一九八一年一期）。如果說「一」就是「道」，那麼葛洪的「一」作爲構成天地萬物的材料是什麼呢？如果說「一」不就是「道」，而是宇宙根據「道」而存在的原始狀態，那麼這種原始狀態又是怎樣存在著的呢？這兩種解釋都必然得出同樣的結論，就是說「一」是指「氣」或「元氣」。說「一」是指「元氣」這樣一種物質性實體，在道教中有沒有根據？是有根據的，這可以從兩個方面得到證明：一是從葛洪的《抱朴子》本身中得到證明；二是從早期道教的其他著作中得到證明。

在《地眞篇》中有這樣一段：

一能成陰生陽，推步寒暑，春得一以發，夏得一以長，秋得一以收，冬得一以藏。其大不可以六合階，其小不可以毫芒比。

這是葛洪對「一」所作的說明。我們再看他在《抱朴子》其他篇中對「氣」的說明。《至理篇》中說：

夫人在氣中，氣在人中。自天地以至萬物，無不須氣以生。

《塞難篇》中說：

渾茫剖判，清濁以陳，或昇而動，或降而靜，彼天地猶不知其所以然也。萬物感氣，並亦自然，與彼天地，各為一物，但成有先後，體有巨細耳。

把這兩段話對「氣」的說明，和上面引用的《地眞》關於「一」的說明相比較，可以說葛洪所說的「一」就是「氣」或「元氣」，把上面《地眞》那段話解釋爲：「元氣分成陰陽兩氣，形成了寒來暑往，春、夏、秋、冬。由於它而使萬物呈現着不同的狀態，從總體上說整個宇宙都是元氣，從每個事物說又都是由它構成。」也許是合適的。

從早期道教的其他著作中也可以證明「一」往往也是指「氣」或「元氣」。如《太平經》中說：

夫一者，乃道之根，氣之始也。（《太平經》乙部〈修一卻邪法〉）

夫一者，乃數之始起，故天地未分之時，積氣都為一。（《太平經》壬部）

一者，元氣純純之時也。（《太平經》卷五十三〈國不可勝數訣〉）

《老子河上公注》中也往往把「一」解釋爲「氣」，如第十章注：

言人能抱一使不離身，則長存。一者，道始所生，太和之精氣也，故曰一。一布於天下，天得一以清，地得一以寧，侯王得一以為正。

又說：

萬物皆在氣中。

和氣潛通，故能長生。

按：《老子河上公注》當成於漢末道教建立之後，葛洪的從祖葛玄爲它作過「序」，葛洪的《神仙傳》也認爲河上公有《道德經注》，顯然他是推崇這部書的，因此說葛洪的某些思想來自《河上公注》或者大體不差。《抱朴子·地眞篇》「道起於一」，「一能成陰生陽」一段，和《老子河上公注》中「道始所生，太和之精氣也，故曰一」，「道始所生者一也」，「一生陰陽」等等是非常一致的。「一」是「氣」，而此「氣」初時爲混沌未分之「元氣」，然後分成陰陽二氣，而推動此「氣」之屈伸變化者爲「道」。「氣」根據「道」而有運動變化，由於「道」的作用而如此「成陰生陽」，所以在《河上公注》中又說「一者，道之子」，用以解釋《老子》的「道生一」。在葛洪的《抱朴子・暢玄》中也說「玄」（「道」或「玄道」）「胞胎元一」。（按：「元一」指「元氣」，劉歆《三統歷》說：「太極元氣，涵三爲一」，是說「天」、「地」、「人」混合於元一之氣。）

總之，在葛洪看來，「道」（或「玄道」）就是天地萬物存在的根據，又是產生天地萬物的造物主；「一」即「元氣」則是根據「道」而構成天地萬物的材料，任何事物都是根據「道」由「元氣」構成。沒有「道」，天地萬物就不能存在；沒有「氣」，天地萬物也不能發生。

葛洪根據這套理論，提出了他的「守一」成仙的思想，他引用《仙經》說：

> 子欲長生，守一當明。

「守一」就是根據「道」的要求「守氣」，能守住「氣」，使它不離散，神形永固，而得長生不死。人的身體由「氣」構成，人的精神也是由某種特殊的「氣」構成，它叫「精氣」。這種「氣」，照葛洪看，它有「姓字服色」，存在於上、中、下三丹田中。葛洪把這種存在於丹田中的「氣」叫作「眞一」，而不以「氣」名，無非是要增加它的神秘性而已。因此在《道樞》卷十四中則有「眞一之氣」的名稱。

葛洪說，人如果能守住「眞一」之氣，「乃能通神」，可以「陸辟惡獸，水卻蛟龍，不畏魍魎、挾毒之蟲，鬼不能近，刃不敢中」。所以他說：

> 長生仙方，則唯有金丹，守形卻惡，則獨存眞一，故古人尤重也。（《地眞》）
>
> 苟能令正氣不衰，神形相衛，莫能傷也。（《極言》）

人的身體和精神都是由「氣」構成的，整個宇宙也是由「氣」構成的，「氣」把「天」、「地」、「人」統一起來，在「氣」和「氣」之間存在着感應關係，如果能把「精氣」修煉得很靈妙，肉體又堅固不壞，那麼這樣的仙人就和整個宇宙非常和諧，這樣，有限的個體就可以超出個體的限制，而和無限的永恒的宇宙合而爲一，不僅可以長生不死，而且可以具有種種超自然的「神通」，所以葛洪說：

> 余聞師云：人能知一，萬事畢。知一者，無一不知也。不知一者，無一能知也。（《地眞》）

葛洪這套道教的「長生不死」、「肉體成仙」的理論，盡管它吸收了某些玄學的觀點，但是如果用當時魏晉玄學那種思辨性較強的標準來衡量，它的理論無疑是很粗糙的。而且把「神」、

「形」都看成是由「氣」構成，天地萬物是由「氣」來溝通，「天」和「人」合一的基礎也在於「氣」，並用一些似是而非或全然無根據的「經驗」作爲論證根據，這些大體上都是吸收兩漢神仙方術的某些思想加以改造而成的。葛洪的這套「成仙」的理論，作爲一種哲學理論說是十分粗糙的，但它作爲一種宗教理論，特別是中國本民族的一種宗教理論，在當時的條件下確也有其可以迷惑人的地方。人們可以問：「精神到底是什麼?」「如果精神是一種精氣，那麼守住它使不離肉體，有沒有可能?」「宇宙的存在是由什麼使它成爲統一體?如果是『氣』，那麼天地萬物包括人均由『氣』構成，它們之間能不能溝通?」「有沒有超自然的神秘力量?如果沒有，爲什麼天地萬物得以形成；爲什麼會有天以之高，地以之卑，雲以之行，雨以之施等等現象?」這些問題在當時條件下不可能得到科學說明的，因而一些非科學乃至反科學的思想就乘虛而入了。宗教就是利用了人們對於人自身和宇宙的尚不能作出科學的說明，在人們的社會生活中發生巨大的作用，就是在今後宗教仍然會因爲人們對某些社會和自然現象的不理解以及對自身精神生活方面的某種需求繼續發生作用。因此，我們只有對歷史上曾經發生過作用的宗教進行解剖，不僅要使人們了解它的虛妄性，而且也要對當時人們之所以會相信某種宗教的社會和自然以及人們心理上的原因作出科學的分析，這樣才能使人們了解宗教作爲一種社會意識形態在一定時期存在的必然性。

三　《抱朴子內外篇》所反映道教「治身」與「治國」並重的特點

道教的特點是既要求超世的「長生不死」，又要求現世的「治國安民」，葛洪的《抱朴子》一書正反映着這一特點。其《內篇》多爲道教超世的「長生不死」建構理論基礎；其《外篇》則多爲現世的「治國安民」提供具體方案。照葛洪的看法道教分爲內外兩個方面，他說：

> 夫道者內以治身，外以治國。（《明本》）

> 內寶養生之道，外則和光同塵。治身則身修長，治國則國太平。（《明本》）

因此，葛洪和早期道教的其他領導者一樣，也把實現「太平盛世」作爲自己追求的理想。他認爲，最高理想的人格應該是既能「長生不死」，又能「治國安民」或「兼綜禮教」，在《明本》中把黃帝和堯舜、老子和周孔對比說：

> 夫體道以匠物，寶德以長生者，黃老是也。黃帝能治世致太平，而又升仙，則未可謂後於堯舜也。老子既兼綜禮教，而又久視，則未可謂之為滅周孔也。

反映在《抱朴子》中的道教這一特點的原因，可以說是由於道教作爲中華民族本民族的一種宗教的不能不具有的一種文化特色，即企圖把現實的與超現實的世界打通，而理想的人格應是能「合內外，一天人」者。在葛洪《外篇・自叙》中說他自己「年十六始讀《孝經》、《論語》、《詩》、《易》」，「洪忝爲儒家之末」。可知他早年曾深受儒家思想的影響。因此，葛洪雖然認爲「道本儒末」，但他並不認爲儒家提倡的「仁義」、「忠孝」爲可有可無者，而且要求仙得長生者必須兼修道德，恪守禮法，故在《內篇・對俗》中說：

> 立功為上，除過次之。為道者以救人危使免禍，獲人疾病，令不枉死，為上功也。欲求仙者，要當以忠孝和順仁信為本。若德行不修，而但務方術，皆不得長生也。

如果葛洪僅僅把「兼修道德」看成是對道教信奉者的要求，那還不能看出道教的特點，因爲大多數的宗教都是要勸人行善而勿爲惡的。而道教不僅要求信奉者「兼修道德」，而且認爲應有助於「治國安民」。所以在《釋滯篇》中說：

> 內寶養生之道，外則和光於世，治身而身修長，治國而國太平。

葛洪其所以作《外篇》的目的就在於此，所以他說他的《外篇》是「言人間得失，世事臧否，屬儒家」。關於「治國安民」之道，葛洪提出以下的觀點：

1. 君道臣節

葛洪在《外篇・詰鮑篇》中極力論證設立君主統治的必要性，並且批評了鮑敬言的「無君論」思想，他說：

> 蓋聞沖昧既辟，降濁升清，穹隆仰燾，旁泊俯停，乾坤定位，上下以形，遠取諸物，則天尊地卑，以著人倫之體；近取諸身，則元首股肱，以表君臣之序。降殺之軌，有自來矣。

在《良規篇》中也說：

> 夫君，天也，父也，君而可廢，則天亦可改，父亦可易也。

這種論證「設立君主」的合理性，全是儒家傳統的一套說法，並無新義。漢儒董仲舒即以「天尊地卑」論證其尊君思想，如說：「君者臣之父，天者君之父。」《春秋緯・保乾圖》謂：「天子至尊，精神與天地通，血氣含五帝精，天愛之子也。」這些當然都是一些非科學的比附，無甚可取。而葛洪之《抱朴子・外篇》則更注重論證「必先修諸己，以先四海；去偏黨，以平王道；遺私情，以標至公」（《君道》）。這當是有鑒於東漢中葉以降政治昏亂而發，故他在《漢過篇》中對東漢末年政治上的弊病作了相當深刻的批評，他說：

歷覽前載，逮乎近代，道微俗弊，莫劇於漢末也。當塗端右閹官之徒，操弄神器，秉國之君，廢正興邪，殘仁害義，蹲踏背憎，即聾從昧，同惡成羣，汲引奸黨，吞財多藏，不知紀極，而不能散錙銖之薄施，振清廉之窮儉焉。進官則多非財者不達也，獄訟則非厚貨者不直也。官高勢重，力足拔才，而不能發毫厘之片言，進益時之翹俊也。其所用也，不越於妻妾之戚屬；其惠澤也，不出乎近習之庸瑣。莫戒臧文竊位之譏，靡追解狐忘私之義。分祿以擬王林，致士以由方回。故列子比屋，而門無鄭陽之恤，高概成羣，而不遭暴生之薦。抑挫獨立，推進附己，此樊姬所以掩口，馮唐所以永慨也。

照葛洪看，漢末政治之敗壞，主要是由於君主無道，而使外戚專政，宦官當權。因爲有這樣的君主，他自己無德無才，而又怕失去其統治的權力，因此就依靠他的「妻妾之戚屬」和身邊的「近習之庸瑣」小人。這樣就使得眞正有能力的人得不到升遷的機會，正直的言論也因此不能爲君主聽到，這樣的政治必定是「廢正興邪，殘仁害義」的政治。大凡中國古代政治之昏亂，多因人君「遠君子，而近小人」，擢升其親戚子女和身邊親信，這樣就既不能使有才能的人得到任用，又不能直接聽到對政治的批評，因而政治日益敗壞，而終不能不國亡身戮而改朝換代了。此不可不爲之借鑒也。有鑒於此，葛洪提出人君應「昭德塞違，庸親昵賢，使規盡其圓，矩竭其方，繩肆其直，斤效其斫，器無喪量之任，才無失授之用」(《君道篇》)；「怒不越法以加虐，喜不逾憲以厚遺，割情於所愛，而有犯者無赦；採善於所憎，而有勞者不遺。傾下以納忠，聞逆耳而不諱；廣乞言於誹謗，雖委抑而不距。掩細瑕而錄大用，忘近惡而念遠功」（《君道篇》）云云。這些言論可以說表達了葛洪「治國安民」的思想，它反映了中國自古以來的知識分子（士大夫），儘管是要求超世的宗教思想家，也是把「治國安民」作爲自己的責任。這也是中國本民族宗教——道教的特點之一。

《抱朴子・外篇》中有《臣節》一篇，專論爲人臣者應「事君則竭忠貞而不回」，「撫民則希文翁信臣之德化」，並對趙高、董卓等爲臣不忠，專威擅朝作了嚴厲地批判，他認爲這樣的臣下都是一些「損上以附下，廢公以營私」的小人，他們起的作用就是「上蔽人主之明，下杜進賢之路」。由此葛洪提出了爲人君者要「審舉任賢」。

2. 審舉任賢

魏晉之世，門閥世族當政，造成「上品無寒門，下品無世族」的局面。東晉以後，門閥世族更加強調他們自身的特殊政治和社會地位，於行爲無所檢點，於言論無所顧忌，這當然也影響着社會風氣的不良。因此，葛洪批評了這種現象並提出了爲人君者應「審舉任賢」，他在《刺驕篇》中說：

若夫貴門子孫，及在位之士，不惜典型，而皆科頭袒體，踞見賓客，既辱天官，又移染

> 庸民。後生晚出，彼或以經清之資，或佻竊虛名，而躬自為之，則凡夫便謂立身當世，莫此之美也。

葛洪自身雖也出身於大族，但他看到晉室南遷的原因之一就在於「由任世貴」（見章炳麟《五朝學》），而這些「貴門子孫」又多「無德無才」，而造成了政治上之無能，於是他說：「招賢用才者，人主之要務也；立功立事者，髦俊之所思也。」（《貴賢篇》）為了能把人才選拔出來，葛洪提出，首先要求人君能「至公無私」，他說：「用之不得其人，其故無他也，在乎至公之情不行，而任私之意不違也。」（《百里篇》）其次，要注意考核名實，使「名」與「實」相符，所以葛洪主張用考試的辦法選舉人才，對於州郡推舉出來的人都要經過考試合格才能予以任用；而州長官推舉不當則要加以懲治禁錮。蓋漢末州郡選舉其弊病甚多，究其根源則在於「名不符實」。《審舉篇》引當時人語：「舉秀才不知書，察孝廉父別居，寒素清白濁如泥，高第良將怯如鷄。」故葛洪說：

> 今孝廉必試經無脫謬，而秀才必對策無失指，則亦不得暗蔽也。良將高第取其膽武，猶復試之以策，況文士乎？假令不能，必盡得賢能，要必愈於了不試也。今且令天下諸當在貢舉之流者，莫敢不勤學，但此一條，其為長益風教，亦不細矣。若使海內畏妄舉之失，凡人息僥倖之求，背競逐之末，歸學問之本，儒道將大興，而私貨必漸絕，奇才可得而役，庶官可以不曠矣。（《審舉篇》）

葛洪之「選賢舉能」實本之於儒家所提倡者，他雖為道教的思想家，並以為「道本」而「儒末」，然於興國治世，仍標榜「儒道」，而把「仁政」視為社會之理想。

3. 以刑輔仁

兩漢以儒家思想為正統，而且董仲舒以來就主張在政治上應採取剛柔並濟，威惠兼施的統治方法。曹魏以降，由於法家、名家思想又有所擡頭，而不少思想家、政治家對刑德兼用更為留意。「魏武好法術，而天下貴刑名」（《晉書》卷四十七《傅玄傳》）。故桓范有《政要論》之作，謂：

> 商鞅申韓之徒，其能也貴尚譎詐，務行苛克，則伊尹周召之罪人也。然其尊君卑臣，富國強兵，有可取焉。

葛洪的思想雖然是吸收了儒家和道家，但似對法家也頗留意。《用刑篇》中對秦朝之統一六國有如下一段分析，說：

> 秦之初興，官人得才，衞鞅申之徒，式法於內；白起王翦之倫，功取於外，兼弱攻昧，取威定霸，吞噬四鄰，咀嚼羣雄，拓地攘戎，龍變虎視，實賴明賞必罰，以基帝業。

因此，可見葛洪對先秦法家的歷史作用有相當的肯定，對「明賞必罰」的法家思想更認為是興帝業所不可少，故他根據當時政治的實際情況，提出「以刑輔仁」的主張，他說：

> 莫不貴仁，而無能純仁以致治；莫不賤刑，而無能廢刑以整民也。（《用刑篇》）

葛洪並爲此提出一些理論上和事實上的根據，如他說：

> 蓋天地之道，不能純仁，……溫而無寒，則蠕動不蟄，根植冬榮，寬而無嚴，則奸宄並作，利器長守。故明賞以存正，必罰以閑邪，勸沮之器，莫此之要。觀民設教，濟其寬猛。（《用刑篇》）

並對「周以仁興，秦以嚴亡」作了分析，他說事實上周之興起並不是純粹用「仁政」，周公不僅沒有肉刑的制度，而且號令賞罰十分嚴明，又周之衰亡則正是法令不嚴明所致。而秦之得國正是「以嚴得之」，其失國也不是由於「以嚴失之」，而是由於「窮奢極泰。」葛洪以爲，「爲政莫能錯刑」，並批評了「世人薄申韓之事實，嘉老莊之誕談」。其所謂「老莊之誕談」是指當時崇尚虛無，追求放達者。照葛洪看，老莊道家的言論，「高則高矣，用之則弊，遼落迂濶」，不能解決爲政的實際問題，故無益於「治國安民」。

4. 箴砭時俗

葛洪雖然以「道家爲本，儒家爲末」，但他對先秦道家老莊列從他的神仙方術的立場上也有所批評，他在《內篇·釋滯》中說：「五千文雖出老子，然皆泛論較略耳。」「至於文子莊子關令尹喜之徒，其屬文筆，雖祖述黃老，憲章玄虛，但演其大旨，永無至言。」因爲《老子》、《莊子》這類書，「其去神仙，已千億里矣」。特別是自魏晉以來，一些「貴門子孫」，「誣引老莊」，「傲俗自放」，「科頭袒體」，使社會風氣敗壞，葛洪在《刺驕》、《疾謬》等篇對當時崇尚「放達」的名士進行了批評，他說：

世人聞戴叔鸞、阮嗣宗傲俗自放，見謂大度；或濯脚於稠衆，或溲便於人前，或停客而獨食，或行酒而止所親，……今世人無戴阮之自然，而效其倨傲，亦是醜女暗於自量也。（《刺驕》）

葛洪於此處批評了戴叔鸞、阮嗣宗，但他仍認爲他們之所爲是出於「自然」，而後世的其他「名士」都是一些不自量力的俗士，就如東施效顰一樣，是「醜女暗於自量」。而葛洪批評這種「放達」作風所依據的道理，則爲儒家的禮法，所以在《疾謬篇》中他說：「輕薄之人，迹厠高深，交成財贍，名位粗會，便背禮判教。」照葛洪看，社會不能沒有禮法，無禮法的社會必衰敗而淪亡，在《譏惑篇》中，他說：

蓋人之有禮，猶魚之有水；魚之失水，雖暫假息，然枯糜可必待也。人之棄禮，雖猶靦然，而禍敗之階也。

因此，我們可以說葛洪的《抱朴子‧外篇》之主旨就在於依儒家思想爲「治國安民」提供一可行的「良方」。那麼我們要問《抱朴子‧外篇》這些思想和他的《內篇》有什麼關係，它又如何表現了道教的特點，卽表現着不同於一般儒家的「治國平天下」的思想呢？關於這一點，我們可以從《內篇》找到某些說明，葛洪在《地眞篇》中說：

道起於一，其貴無偶，各居一處，以象天地人，故曰爲三一。

按：早期道教嘗以「三一爲宗」，此處言「道起於一」、「象天地人」、「故曰爲三一」，也就是說「道」是統一天地人的，天地人三者合一卽爲「道」。可見，葛洪仍是從道教立場提出天地人三合一的思想。《明本篇》雖言「道本儒末」，然同時提出道教並非僅爲「養生」，文中問道：「夫所謂道，豈唯養生之事而已乎？」葛洪在回答時根據了《周易》的「三才」思想，用以闡明道教的「三一」的觀點，他引《周易》「立天之道，曰陰與陽；立地之道，曰柔與剛；立人之道，曰仁與義」，意在明道教並非僅爲養生，「天道者，內以治身，外以爲國」，故「道也者，所以陶冶百氏，範鑄二儀，胞胎萬類，醞釀彝倫者也」。道教之所以爲中華民族所特有之宗教，其特點或在於此。

四　在醫藥學和化學上的貢獻

中國的道教由於追求「長生不死」、「肉體成仙」，故多注重身體之修練和藥物之製作。在道教中，葛洪所提倡的爲「金丹派」，故對煉取「丹藥」十分重視。又葛洪爲修養身心，防病治病，健全身體，而著有醫藥書多種，而對醫藥學也頗多貢獻。因此，他在中國古代科技史上占有重要地位。

《古文龍虎經注疏》王道的序中說：「道家之學，有所謂內丹外丹者，實性命之所繫。得之者，少者駐景延年，大者登仙入妙。其徒以書傳，無慮千萬卷，內丹則莫不以神氣爲本，外丹則莫不以鉛汞爲宗。」葛洪屬於外丹派。在葛洪之前，漢末魏伯陽作《參同契》已於「外丹」有所論述，葛洪則更有所發展。他認爲，用其他方法來養生，雖然可以延長壽命，但卻不能作到「長生不死」。在其《金丹篇》中引《黃帝九鼎神丹經》說：

> 雖呼吸導引，及服草木之藥，可得引年，不免於死；服神丹令人壽無窮已，與天地相畢，乘雲駕龍，上下太清。

並於同篇敘述了「金丹」之術的密秘傳授之經過，先是由神人授與左元放（慈），左慈授與葛玄，葛玄授與鄭隱，葛洪得之於其師鄭隱。《金丹篇》中列了「九丹」和其他丹法，並詳細說明了製作的方法。以爲服食「金丹」可以「長生不死」，當然是虛妄之談，相反的，歷史上因服食所謂「丹藥」而身亡者所在多有。但是，爲製煉「金丹」而於藥物有所注意，對原始化學有所貢獻，則不乏其人。在《金丹篇》中就涉及的藥物有二十二種：青銅、丹砂、水銀、雄黃、矾石、戎鹽、牡蠣、赤石脂、滑石、胡粉、赤鹽、曾青、慈石、雌黃、石流黃、太乙餘糧、黃銅、珊瑚、雲母、鉛丹、丹陽銅、淳苦酒等（引自王明《抱朴子內篇校釋·序言》）。

在《金丹篇》中記載了硫化汞加熱後所發生的化學變化，文中說：「丹砂燒之成水銀，積變又成丹砂。」丹砂就是硫化汞，黃田安的《葛洪》篇（載《中國科學家》修訂本）談到葛洪這方面的貢獻略說：「將丹砂煅燒，其中所含的硫變成二氧化硫，而游離出金屬汞（水銀）。」再使水銀和硫黃化合，「便生成硫化汞，呈黑色；放在密閉器中調節溫度，便昇華爲晶體的硫化汞，呈赤紅色。它的反應是：

$$HgS + O_2 \longrightarrow Hg + SO_2$$

$$Hg + S \longrightarrow HgS\ (\text{黑色}) \longrightarrow HgS\ (\text{赤紅色})$$ 。」

可見葛洪對於還丹總括的話，是可以用化學實驗的反應公式表達出來的（引見王明《抱朴子內篇校釋·序言》）。

《黃白篇》中說：「鉛性白也，而赤之以爲丹；丹性赤也，而白之以爲鉛。」這是葛洪對於鉛的化學變化的認識。前面一「白」字指鉛能變作白色的糊粉而言，後一「白」字作漂白去色解釋（見張子高《中國化學史稿》）。「鉛性白也」，是說鉛經過化學變化所以變成鉛白，卽糊粉，也就是白色的碱性碳酸鹽。鉛白加熱後經過化學變化，可以變成丹鉛，卽赤色的四硫化三鉛，這就是所謂的「赤之以爲丹」。赤色的四硫化三鉛再加熱分解後，可以變成鉛白，這叫作「丹性赤也，而白之以爲鉛」。黃國安指出，《黃白篇》這兩句簡括的話，正是葛洪「對鉛的化學變化作了一系列研究之後所得的結論」（引自王明《抱朴子內篇校釋・序言》）。

王明先生在《序言》裏還提出，葛洪對於金屬取代作用的觀察也值得注意。他在《黃白篇》中說：「以曾青塗鐵，鐵赤色如銅。……外變而內不化也。」曾青就是硫酸銅，又名石膽或膽矾。用曾青塗鐵，就是使鐵和硫酸銅溶液起化學作用，鐵取代硫酸銅裏的銅，它表面附有一層紅色的銅，故說「鐵赤色如銅」。這個化學反應是：

$$Fe + CuSO_4 \longrightarrow FeSO_4 + Cu$$

因爲用的是塗抹的方法，硫酸銅溶液只在金屬鐵表面上發生作用，所以說它「外變而內不化」。這表明「葛洪已經實驗過鐵與銅鹽的取代作用」（以上均據王明《抱朴子內篇校釋・序言》第十三至十五頁）。葛洪的這些成就在中國化學史上占有重要地位，但他取得這些成就的目的是爲了煉出一種人吃了可以「長生不死」的「丹藥」，因此其中非科學甚至反科學的成分自然也很多，這就需要把他所取得的科學成果區別開來。

葛洪對於藥物的製作和研究很重視，他在《仙藥篇》中說：「《神農四經》曰：上藥令人身安命延，中藥養性，下藥除病。」因此，在這一篇中記載了許多作為藥用的礦物和植物，其中特別注意了靈芝的作用，說服食某種「芝」可以長生成仙、千歲等等，這當然是荒誕不可相信的。但「靈芝」確可治病、強身則是無可懷疑的。由於葛洪對藥物的注意，他嘗著有《玉函方》一百卷（見《抱朴子・雜應篇》），或即《晉書・葛洪傳》中所說的《金匱藥方》，可惜此書早已佚失。據《晉書》本傳謂，葛洪有《肘後要急方》四卷，《抱朴子・雜應篇》作《救卒方》三卷，《隋書・經籍志》作《肘後方》六卷，《舊唐書・藝文志》作《肘後救卒方》四卷，《四庫全書總目》作《肘後備急方》八卷，而今存於《正統道藏・正一部》書的《葛仙翁肘後備急方》八卷，顯係誤題為「葛仙翁」，因該書序中有「抱朴子丹陽葛稚川曰」云云。但今本已非葛洪原本，今本是由蕭梁陶弘景《補闕》及金楊用道的《附方》三部分組成，而且也並不是全本，已多所散失。但卷首有《葛仙翁肘後備急方序》（按：應為葛洪序），可根據這篇《序》大體上可以知道那些內容應是葛洪書原有的。

《肘後備急方》中有不少藥方對於治療疾病都是很有功效的，這些方面一些中醫學史和中藥學史的著作中多已說明，茲不詳述。可以注意的是葛洪著此《肘後備急方》的一些原則思想。他說作此《備急方》是為了便於貧窮的人可以利用，故是為了「備急」之用，「率多易得之藥，其

不獲已，須買之者，亦皆賤價草石，所在皆有」（《序》）；其次，葛洪注意了對病因的分析，

丁貽莊在《試論葛洪的醫學成就及其醫學思想》中說：「就今本《肘後》中與葛氏《肘後》有關各篇分析，涉及致病因素，約有以下幾種：

自然因素　引起中惡、尸蹷、客忤者；

生物因素　霍亂、傷寒、疫癘、瘧疾者；

物理因素　誤呑諸物、雜物鯁阻者；

化學因素　因食藥中毒、飲酒大醉者；

精神因素　驚邪恍惚、癲、癇、狂者。」

（《宗教學研究論集》，《四川大學學報叢刊》第二十五輯）

在《雜應篇》中，葛洪說明了他作道士爲什麼要兼修醫術的原因，他認爲「養生」的目的之一是要人們通過「服神藥」、「行氣」、「導引」等等方法，使自己不生病，同時爲別人治病，因此他說：「古之初爲道者，莫不兼修醫術，以救近禍焉。」他曾經看過戴霸、華他（卽華陀）所集的《金匱緣囊崔中書黃素方》和《百家雜方》等五百多卷；又看過甘胡、呂傅、周始、甘唐通、阮南河（按：王明《抱朴子內篇校釋》謂應作「河南」）等各撰集的《暴卒備急方》或一百一、或九十四、或八十五、或四十六卷，「世人皆爲精悉，不可加也」；但葛洪認爲，這些醫書「殊多不備，諸急病甚尙未盡，又渾漫雜錯，無其條貫，有所尋按，不卽可得。而治卒暴之候，皆用貴

藥，動數十種，自非富室而居京都者，不能索儲，不可卒辦也」（《雜應》）；所以他又作《玉函方》一百卷，「皆分別病名，以類相續，不相雜錯」；又撰《肘後救卒方》三卷，「皆單行徑易，約而易驗，籬陌之間，顧眄皆藥，衆急之病，無不畢備，家有此方，可不用醫」。就這一點說，葛洪是具有中國古代醫師的可貴品質的，他認爲行醫也應是道士的職責，而且應該爲一般貧苦患痛者著想。因此，他在《對俗篇》中說：「爲道者，以救人危，使免禍；護人疾病，令不枉死，爲上功也。」

從上述葛洪對中國古代化學、醫學、藥物學上的貢獻看，中國的道教與中國古代科學技術的發展有着極爲密切的關係。從這一方面看，道教作爲中華民族本民族的一種宗教也從一個側面反映着中華民族的民族文化的特點。

第八章　爲道教建立比較完備的教規教儀的思想家寇謙之

一　生平與著作考證

寇謙之（三六五—四四八）北魏道教領袖及思想家，《魏書・釋老志》和《北史・寇贊傳》中均載有其生平事迹。原名謙，字輔眞，祖籍爲上谷昌平（今屬北京），後徙居馮翊萬年（今陝西臨潼北），是當時北方的大族豪姓。「早好仙道，有絕俗之心，少修張魯之術，服食餌藥，歷年無效」（《釋老志》）。後來遇到自稱爲「仙人」的成興公，跟隨成興公到華山、嵩山修道，前後共七年。神瑞二年（四一五）得《雲中音誦新科之誡》二十卷；泰常八年（四二三）又得《錄圖眞經》六十卷。始光初（四二四）寇謙之帶着他的書獻給魏太武帝。時北方大族左光祿大夫崔浩以「辭旨深妙」，乃上疏盛贊，後爲太武帝所崇信。崔浩爲舊儒家的領袖，寇謙之爲新道教的教宗，互相利用，相得益彰。太延六年（四四〇）寇謙之聲稱太上老君降臨，授太武帝以太平眞君之號，帝信之，遂改元爲太平眞君。眞君三年（四四二）寇謙之上奏書說：「今陛下以眞君御世，建靜輪天宮之法，開古以來，未之有也。應登受符書，以彰聖德。」太武帝從之，於是親自赴道壇，受符籙，並封寇謙之爲國師。太平眞君九年（四四八）寇謙之卒，葬以道士之禮。

據《魏書・釋老志》謂，《雲中音誦新科之誡》二十卷，爲太上老君所授；《錄圖眞經》六十卷爲太上老君玄孫牧土上師李譜文授。《隋書・經籍志》亦謂：「嵩山道士寇謙之，自云嘗遇眞人成興公，後遇太上老君，授謙之爲天師，而又賜之《雲中音誦科誡》二十卷。……其後又遇神人李譜，云是老君玄孫，授其《錄圖眞經》，劾召百神，六十餘卷。」然今兩書均已佚失。今《道藏・洞神部・戒律類》「力」字帙中有《太上老君戒經》、《老君音誦誡經》、《太上老君經律》、《太上經戒》、《三洞法服科戒文》、《正一法文天師教戒科經》、《女青鬼律》等七種，白雲霽《道藏目錄詳注》作九卷，闕作者。《道藏》「敬」字帙中有《混元聖紀》（題爲「宋觀復大師高士謝守灝編」，然《猶龍傳》則題爲「宋崇德悟眞大師賈善翔編」）卷七中記謂：「時老君停駕雲中三日，賜謙之經戒凡九卷。」經近人考證其中《老君音誦誡經》當卽《雲中音誦新科之戒》的一部分。但上列「力」字帙或全係寇謙之所得之書，或大部與該書有關。今略考之如下：

1.白雲霽《道藏目錄詳注》謂上列七種為九卷。宋賈善翔《猶龍傳》謂太上老君所賜寇謙之書為九卷。又宋謝守灝《混元聖記》亦謂：「（老君）賜謙之經戒凡九卷。」而「力」帙中除《女青鬼律》分六卷外，其他各種均不注卷數，但按每種的分量看，原來每種戒經或均應分若干卷。《太上老君戒經》文至「夫為惡者始起」下有「原缺文」三字。已有二十九頁，且在標題下有「戒上」兩字，於文中不見「戒下」，故知原文當較現存者為多，所分卷數當亦有不同；白雲霽詳注言分三章。其餘各戒經原當亦較現存者為多，所分卷數當亦與現存者不同，如《正一法文天師教戒科經》與《大道家令戒》今同在一卷，原可能為兩卷，其他有些戒包括了若干種經戒，並有闕文。如《太上老君經律》為《道德尊經戒》、《老君百八十戒》。《太清陰戒》、《女青律戒》之總名。今《道藏》所存上述各戒經大體上是寇謙之的著作，其文在輾轉抄錄中必有錯落，或有為後人增改者，白雲霽詳注中於《三洞法服科戒文》下有「三洞弟子太清觀道士張萬福編錄」等字，可見該書是經過後人編修過的。張萬福是唐朝玄宗時人。

2.《魏書・釋老志》言：《雲中音誦新科之誡》的主要內容為「清整道教，除去三張偽法、租米錢稅、及男女合氣之術。」查今本《老君音誦誡經》、《正一法文天師教戒科經》之主旨即與之同。按「三張偽法」或有兩指，一指張陵、張衡和張魯三代天師，一指張角、張寶、張梁三位農民起義領袖。甄鸞《笑道論》云「汲世三張詭惑於西梁」，此處三張當是指張陵等三代天師。在當時佛教攻擊道教多是攻擊張陵等三代天師，特別是攻擊張魯，並於攻擊張魯的同時也攻擊張角。唐法琳《唐廢省佛教箴》引《魏志》云：

……魯遂據漢中，以鬼道化民，符書章禁為本。其來學者初名鬼卒，受道者用金帛之物，號為祭酒，各領部衆，衆多者名治頭。有病者令首過。大都與張角相似。

按在佛教看來，張魯行事大都與張角相似，故不加區別。但在道教中，則多見攻擊張角者。如葛洪《抱朴子·外篇》中說：

曩者有張角、柳根、王歆、李申之徒，或稱千歲，假托小術，坐在立亡，變形易貌，誑眩黎庶，糾合羣愚。進不以延年益壽為務，退不以消災除病為業，遂以招集奸黨，稱合逆亂，……

或認爲張魯與張角所行相同。《三國志·魏志·張魯傳》謂：

魯遂據漢中，以鬼道教民，自號師君。其來學道者，初皆名鬼卒，受本道已信，號祭酒，各領部衆，多者為治頭大祭酒，皆教以誠信不欺詐，有病自首其過，大都與黃巾相似。

據《魏書·釋老志》謂：寇謙之「少修張魯之術，服食餌藥，歷年不成」，故可知寇謙之所反對的「三張」或兼指兩者。而據《道藏》「力」帙各經，也往往把張魯和張角看成一類而加以攻擊，如《正一法文天師教戒經》中之《大道家令戒》說：

漢安元年五月一日蜀郡邛縣渠停赤石城造出正一威盟之道與天地券要，立二十四治，分布玄元始氣治民。汝曹輩後不知道之根本，真偽所出，但竟貪高世，更相貴賤，違道叛德，欲隨人意。人意樂亂，使張角黃巾作亂。汝曹知角何人？自是以來，死者為幾千萬人，邪道使末嗣分氣，治民漢中四十餘年。道禁真正之元，神仙之說，道所施行，何以想爾。

又其中之《陽平治》謂：

吾以漢安元年五月一日，以漢始皇帝王神氣受道，以五斗米為信，欲令可仙之士皆得升度。汝曹輩乃至爾難教，叵與共語，反是為非，以曲為直。千載之會，當奈汝何？吾從太上老君周行八極，按行民間，選索種民，了不可得，百姓汝曹無有應人種者也。但貪榮富，錢財穀帛，錦綺絲綿，以養妻子為務，掠取他民賦戶，斂索其財物，……房室不節，縱恣淫情，男女老壯，不相呵整，為爾憒憒，羣行混濁，委托師道。老君太上推論舊事，攝綱舉綱，前欲推治諸受任主者，職治祭酒，十人之中誅其三四名，還天曹考掠治罪，汝輩慎之。

以上兩段引文都把張魯的五斗米道和張角的太平道看成是同類的反叛者。

3.據《魏書・釋老志》言，《雲中音誦新科之誡》的主旨在「除去三張僞法」，文中說：

（太上老君）謂謙之曰：「賜汝《雲中音誦新科之誡》二十卷，號曰『並進』。」言：吾此經誡，自天地開闢以來，不傳於世，今運數應出。汝宣吾《新科》，清整道敎，除去三張僞法，租米錢稅，及男女合氣之術；大道清虛，豈有斯事。專以禮度為首，而加之以服食閉練。

查《老君音誦戒》與上引內容相同者有五點：

第一、「老君曰：吾得嵩岳鎭士之靈集仙官主表聞稱言：『地上生民曠官來久。世間修善之人，求生科福，尋緒詐僞經書，修行無效，思得眞賢，正法之數。宜立地上系天師之位爲範則。今有上谷寇謙之，隱學嵩岳少室，精煉教法，掬知人鬼之情，文身宜理，行合自然，未堪系天師之位。』吾是以東游臨觀子身，汝知之不乎？吾數未至，不應見身於世。謙之汝就系天師正位，並教生民，佐國扶命，勤理道法，斷髮黃赤。以諸官祭酒之官，校人治籙符契，取人金銀財帛，衆雜功跪願，盡皆斷禁，一從吾《樂章誦誡新法》。其僞詐經法科，勿復承用。」按：「系天師」即「繼天師」。

第二、「老君曰：吾以汝受天官內治，領中外官，臨統眞戒，可比系天師同位。吾今聽汝一讓之辭。吾此樂章之敎誡，從天地一正變易以來，不出於世。今運數應出。汝好宜敎誡科律，法人治民。」

第三、「太上老君《樂音誦誡令》文曰：我以今世人作惡者多，父不慈，子不孝，臣不忠。……今世惡人，但作死事，修善者少。世間詐僞，攻錯經道，惑亂愚民，但言老君當治，李弘應出。天下縱橫返逆者衆，稱名李弘歲歲有之。其中精感鬼神，白日人見，惑亂萬民，稱鬼神語。愚民信之，誑詐萬端，稱官設號，蟻聚人衆，壞亂土地。列劉擧者甚多，稱李弘者亦復不少。」

第四、「老君曰：男女道官，濁亂來久。……吾故出《音樂新正科律》，依其頭領，欲使信道，以通人情，清身潔己，與道同功。太上清氣，當來覆護。」

第五、「老君曰：男女道官，濁亂來久。有作祭酒之官，積勤累世，貪濁若身，化領求復，經數餘載。贓錢逋說（按：「說」當作「脫」），貪穢入己。此是前造，詐言經律。此等之人，盡在地獄。若有重罪者，轉生蟲畜，償罪難畢。吾故出《音樂新正科律》，依其頭領，欲使信道，以通人情。清身潔己，與道同功。太上清氣，當來覆護，與民更始，改往修來。一從新科爲正。明愼奉行如律令。」

以上五段引文就其內容看與上引《釋老志》中內容全同，有些地方連文字也一樣。這可說《老君音誦誡經》爲寇謙之著作之明證。又《誡經》中有反對佩帶黃赤，或與漢末黃巾起義以「蒼天已死，黃天當立」有關。《誡經》中又反對「操木束薪投石治病」，而五斗米道之張修嘗「使病者家出米五斗」，「修法略與角同」。可知寇謙之改革道教之措施都是針對漢末之太平道和五斗米道而發的。

其中說到「李弘」和「劉舉」，且言「稱名李弘者歲歲有之」，按：查《晉書》中載有五個「李弘」均爲起義農民的領袖，《宋書》中亦載有一「李弘」。《魏書》中載有兩「劉舉」。現條列於下：

(1)《晉書》卷五八《周禮傳》：「時有道士李脫者，妖術惑衆。弟子李弘養徒灊山，云應讖當王。」事並見《册府元龜》第十二册一〇八八六頁。此事當約在元帝永昌元年（三二二年）王敦舉兵之後。灊山爲今安徽霍山。

(2)《晉書》卷一〇六《載記》文稱：石虎時「貝丘人李弘，因衆心之怨，自言姓名應讖，連接奸黨，署置百僚，事發誅之，連坐者數千家。」事亦見《通鑑》卷九七，晉成帝咸康八年（三四二）。貝丘在今山東。

(3)《晉書》卷八：「廣漢妖賊李弘與益州妖賊李金根聚反，弘自稱聖王。」「聖王」亦作「聖道王」。時在海西公五年（三七〇年）。廣漢在今四川地區。

(4)《晉書》卷一一八《載記》：「姚興寢疾，妖賊李弘反於貳原。貳原氐倪常起兵應弘。」按其時約在姚興死（義熙十二年卽四一六年）前數年，地當在今川陝地區。

(5)《晉書》卷八《桓溫傳》：「又遣江夏相劉岵、義陽太守胡驥討妖賊李弘，皆破之，傳首京師。」按其事在永和十二年（三三六年），地在荊州，今屬湖北西部。

(6)《宋書》卷七《王玄謨傳》：「尋復爲豫州刺史。淮上亡命司馬里石推夏侯方進爲主，改姓李名弘以惑衆，玄謨討斬之。」按事當在孝建二年（四五五），時寇謙之已卒。豫州爲今安徽壽縣。

(7)《魏書》卷七上《高祖》紀：「妖人劉舉自稱天子，齊州刺史武昌王平原捕斬之。」《魏書》卷十六《河南王曜傳》：「有妖人劉舉，自稱天子，煽惑百姓，復討斬之。」事並見《北史》卷三、卷十六、《資治通鑑》卷一三三。按事在延興三年（四七三年）。齊州卽今山東歷城縣。

(8)《魏書》卷十《孝莊帝紀》：「光州人劉舉，聚衆數千，反於濮陽，自稱皇武大將軍。」事並見《北史》卷五《資治通鑑》卷一五二。按事在永熙二年（五三四年）。濮陽在今山東濮陽東。以上劉舉二事均發生在寇謙之之後，但亦可間接說明北魏時期用劉舉名義起義者亦頗有其人，玆姑不論。

據《晉書》所載五條「李弘」的材料，可以看出：⑴從公元三二二年到四一六年前數年，前後不到一百年，東起山東，西至四川、陝西，南到安徽等地，均有人以李弘名義組織農民起義，正如《老君音誦誡經》所言：「稱名李弘，歲歲有之。」⑵「李弘」一名當為其時利用道教組織農民起義的代名詞。按道教認為得道者可以分身（事見《三國志·孫策傳》，葛洪《抱朴子·祛惑篇》所言帛和亦類此），此處想必以「李弘」名義來號召羣衆，故兩處言「應讖當王」。而「李弘」又是老子之化名（見《三天內解經》及《老子變化無極經》等）。⑶《老君音誦誡經》攻擊「妖賊」李弘主要之點在其「事合佷庶」，「惑亂萬民」，然李弘的道教之所以能「合佷庶」，當因它破壞着農民所反對的封建土地所有制（「壞亂土地」），顛覆著農民所痛恨的政權而自立政權（「稱官設號」）。由此可見，其言「李弘」事，如非南北朝時之作品，當不可能說「稱名李弘，歲歲有之」。進而若非寇謙之的作品，當不可能一攻擊李弘「壞亂土地」、「稱官設號」與《釋老志》記載的寇謙之改革道教之主旨相合也。⑷《正一法文天師教誡經》中說：

> 昔漢嗣末世，豪傑縱横，强弱相陵，人民詭黠，男女輕淫。政不能濟，家不相禁。抄盜城市，怨枉小人，更相僕役，蠶食萬民。民怨思亂，逆氣干天。故令五星失度，彗孛上掃，火星失輔，强臣分爭，羣奸相將，百有餘年，魏氏承天驅除，歷使其然。載在河雒，懸象垂天。見吾順天奉時，以國師命武帝行天下，死者填坑。既得吾國之光，赤子

不傷。身重金累紫，得壽遐亡。七子五侯，為國之光。……從今吾避世，以汝付魏，清政道治，千里獨行，虎狼伏匿，臥不閉戶，……。

按文中所言「魏」當是「北魏」，從漢末到北魏（公元二二〇—三八五年）實只有一百六十餘年（魏太武帝即位則在公元四二四年），故所言「……百有餘年，魏氏承天驅除，歷使其然」，年代大體相近。我們知道，這些戒經一方面斥起義者及李弘等爲「惡人」、「愚民」、「詐僞」、「人人欲作不臣」等等。如上文所誣蔑漢末人曰：「人民詭黠，男女輕淫，政不能濟，家不相禁。」但另一方面，文中又歌頌北魏政權，認爲魏得政權是上合天意，「載在河雒，懸象垂天」，下應民心，「虎狼伏匿，臥不閉戶。」寇謙之「順天奉時」，出爲魏太武帝之國師，在魏建立政教合一的政權。這點和《魏書・釋老志》所言寇謙之的行事大體相合。⑸《魏書・釋老志》云：

寇謙之……少修張魯之術，服食餌藥，歷年無效，……（老君）使王九疑人長客之等十二人授謙之服氣導引口訣之法，遂得辟穀，氣盛體輕，顏色殊麗……。

按《老君音誦誡經》第二十七段亦謂靠服食餌藥不得長生成仙，而「能登太清之階」者是因有仙人玉童玉女從天降迎也。故其文曰：

> 素藥服之，正可得除病壽終，攘却毒氣，瘟疫所不能中傷，畢一世之年。可兼谷養性，建功齋請，解過除罪。諸欲修學長生之人，好共尋諸《誦誡》，建功香火，齋練功成，感徹之後，長生可克。……欲求生道，為可讀五千文，最是要者。

《誡經》所言與《釋老志》相同，寇謙之反對「藥石」，一則因服食不但不能長生，如不得其正，反有喪生的危險。兩晉以來，因服藥而喪身者爲數不少。又道敎長生之術分若干派，「服食餌藥」爲其一也。寇謙之「淸整道敎」，於長生修練之術，亦有修正。「服食餌藥」本爲「養生」之術，合於早期道敎「養身」之主張，然南北朝時佛敎大行於中國，道敎在養生術方面也頗受佛敎之影響，寇謙之的新道敎當爲例證。寇謙之除主張「服氣導引」，「辟穀」（「兼穀養性」）外，又把若干佛敎修養的方法引入道敎，如認爲「持戒修行」、「誦誡」、「造經」可得「成仙」。又《混元聖記》卷三載《老子》書的各種記載，中說：「魏太和中道士寇謙之得河上公本。」元玄巢子《谷神篇》（收在《道藏》「光」帙下）亦謂「北魏寇謙之嘗集道經」云云。這點也或與《老君音誦誡經》所說「欲求生道，爲可先讀五千文」不無關係。(6)《女青鬼律》卷六引天師曰：

> 自傾年以來，陰陽不調，水旱不適，災變屢見，皆由人事失理使然也。……末世廢道，急競為身，不順天地，伐逆師尊。尊卑不別，上下乖離。善惡不分，賢者隱匿。國無忠

臣，亡義違仁。法令不行，更相欺詐，致使寇賊充斥，洿辱中華，萬民流散，荼毒饑寒，被死者半，十有九傷，豈不痛哉！亂不可久，狼子宜除，道運應興，太平期近，今當驅除，留善人種。……

從這一段話看來，這位天師意在「專以禮法爲度」來「清整道教」。他反對「尊卑不別」、「上下乖離」，詛咒「寇賊」，旨在「破除三張僞法」。漢末魏晉以來，頻多戰亂，中原人口大減，故「天師」曰：「萬民流離，荼毒饑寒，被死者半，十有九傷。」

按今《道藏》力上力下諸誡經，當即爲寇氏之著作，而《雲中音誦新科之誡》當原爲這些誡經之總名。然從現存《道藏》力上力下各卷中之戒經殘缺不全的情況看，當僅爲寇謙之原書的一部分，有的僅存篇目，有的一篇散失大半，文字錯落亦復不少，或有後世纂入者，但大體上都保存了原書面目。《雲中音誦新科之誡》的成書，當是寇謙之假借「老君」之名傳授給他的，所謂「人神接時，手筆粲然」。因爲這些東西不一定是一次寫成，因此有先有後，文體不一。由於每次要解決的問題不同，因此其「戒經」的形式與具體內容亦不盡相同。這些就是他和「天神交接」、「天神」借助他的手筆寫下來的東西了。

又，《道藏》老帙下有《谷神篇》，元玄巢子林轅神風述，文中批評了三種混入道教的思想，以爲違道甚遠，其二謂：「北魏寇謙之嘗集道經，爲其書少，遂將方技、符水、醫藥、卜筮、讖緯之書混而爲一。」按道教經書自張道陵、于吉以降，孳乳增益，層疊積累。兩晉後，歷經道士搜錄編纂，卷帙浩繁，內容日趨龐雜，或寇謙之欲張大道教，轉亦嘗搜集道教，並將「方技、符水、醫藥、卜筮、讖緯」等混入道經。按南北朝時道教徒爲與佛教抗衡編纂書目，《玄都經目》謂「道經傳記符圖論六千三百六十三卷」云云。北周甄鸞《笑道論》批評說：「道士所上經目，陸修靜目中見有經書藥方符圖止有一千二百二十八卷，本無雜書，諸子之名，而道士今列二千餘卷者，乃取《漢書・藝文志》目八百八十四卷，爲道書之經論，據此狀，理有可疑。」可見一斑。而寇謙之編纂書目或與《魏書・釋老志》所載，盡與寇謙之重視「服食、閉練」、「服氣導引口訣之法」有關。更可注意者，寇謙之於《老子》之注解或頗爲留意。宋彭邦《道德經集注雜說》謂：「安丘望之本（《老子》），魏太和中道士寇謙之得之。」又《混元聖記》卷三：「魏太和中道士寇謙之得河上丈人本（《老子》）」。按，安丘望之本卽河上公本。故可證《老子》之注本《老子想爾戒》之入於其《老君音誦新科之戒》中，亦非偶然。

二　對道教的改革

寇謙之建立新道教、改革舊道教，事見《魏書・釋老志》，他書如《混元聖記》、《猶龍傳》等亦多言及，但大多出於《釋老志》。據《釋老志》並參照他書，可知寇謙之對道教所進行的改革及其新道教的基本內容，大體可分以下數點：

第一、寇謙之建立新道教的目的在於「清整道教，除去三張僞法，租米錢稅，及男女合氣之術」，「專以禮度爲首，而加以服氣閉練」。

東漢末年以來，農民起義多以道教作爲組織羣衆參加反對官府和地主階級鬪爭的形式。據劉勰的《滅惑論》說：道教「事合氓廢，比屋歸宗。是以張角李弘毒流漢季；盧悚孫恩，亂盈晉末。……爵非通侯，而輕立民戶；瑞元竹虎，而濫求租稅」。可見漢末以來，農民起義多以道教爲組織形式，反抗地主階級的統治，自立政權，自收租稅。釋玄光《辯惑論》把「制民課稅」列爲六種極惡之一。釋道安《二教論》亦以「制民課輸」爲張氏妄說。統治階級對農民的自收租稅當然要極力反對，因此一些佛教徒也就抓住這一點對道教進行攻擊。寇謙之之所以要改革道教，使其更加符合地主階級的需要，自要「除去三張僞法」的「租米錢稅」了。

《二教論》又說：「自於上代爰至符姚，皆呼衆僧以爲道士，至寇謙之始竊道士之號，私易祭酒之名。」（法琳《辯證論》亦引姚書，文略同）「祭酒」本漢末農民起義張角和張魯政權所立之各級領導之號，《三國志》注引《典略》謂：「（張）修法略與角同，……使人爲姦令祭酒。」《三國志．張魯傳》說：「魯遂據漢中，以鬼道教民，自號師君，其來學道者，初皆名鬼卒；受本道已信，號祭酒，各領部衆多者爲治頭大祭酒。」漢末張角起義、張魯政權，以祭酒代州官，自立政權，「不置長吏，皆以祭酒治」，故「民夷便樂之」。寇謙之廢除「祭酒」之名；主要目的當不在竊取「道士」之名號，而在於「破除三張僞法」的「自立政權」。按寇謙之行事「專以禮度爲首」，而視三張所立的政權，使禮法受到破壞，故必除去之。葛洪反對原始道教亦以其不合禮法，引《禮記》：「安上治民莫善於禮。」（《抱朴子・省煩》）又說：「夫君，天也，父也。君而可廢，則天亦可改，父亦可易也。」（《抱朴子・良規》）君臣上下之禮如可廢去，那豈不等於說「天」可改變，「父」可換易嗎？寇謙之所言之「禮法」不詳於《釋老志》，而頗載於《老君音誦誡經》中，如其文說道：「謙之汝就系天師正位，並教生民，佐國扶命」，使道教徒「不得叛逆君王，謀害國家」，說張角李弘等人「違道叛德」，「攻錯經法」，「濁亂淸眞」，「惑亂愚民」。因此，寇謙之把農民起義描寫爲：「愚人誑詐無端，人人欲作不臣，聚集逋逃罪逆之人，及以奴僕隸皁之間，詐稱李弘，我身寧可入此下俗臭肉奴狗魍魎之中，作此惡逆者哉！」據此，可知其新法的另一目的則在鞏固地主階級的政權，反對三張僞法的自立政權。

寇謙之又反對原始道教的「男女合氣之術」。如果說寇謙之反對「三張僞法」的自收租稅和自立政權是爲維護封建地主階級的政治統治，那麼他反對「三張僞法」的「男女合氣之術」則是爲了維護封建地主階級的倫理道德。按有關「男女合氣之術」的記載在早期道教史材料中很難找到。《後漢書・劉焉傳》中說：「（張）魯母有姿色，每挾鬼道，往來焉家。」故可知當時道教中女子亦可傳道，因此原始道教男女界限不甚嚴格，或亦有之。且道教中三張一派可以在寺院中與其眷屬同居，《燕翼貽謀錄》中說：「黃冠之教，始於漢張道陵，故皆有妻子。雖屬宮觀而嫁娶生子，與俗人不異。」早期道教並不要求「出家」，而且批評佛教的「去父母，捐家室」，「不好生，無世俗。」按早期道教有「房中術」一派，《抱朴子・微旨篇》中說：

凡養生者，欲令多聞而體要，博見而善擇，偏修一事，不足必賴也。又患好事之徒，各仗其所長，知玄素之術者，則曰唯房中之術，可以度世矣；明吐納之道者，則曰唯行氣可以延年矣；知屈伸之法者，則曰唯導引可以難老矣；知草木之方者，則曰唯藥餌可以無窮矣，學道之不成就，由於偏枯之若此也。

可見早期道教或有此「房中術」一派，因此葛洪在《釋滯篇》中也說：「一塗之道士，或欲專守交接之術，而不作金丹之大藥，此愚之甚矣。」據《弘明集》卷八玄光《辯惑論》「合氣釋罪三逆」一條注謂：

至甲子詔冥醮錄，男女媟合，尊卑無別，吳陸修靜復勤勤行此。

這就說明，所謂「男女合氣之術」並非爲「三張僞法」之特有，而與早期道教均有關係。查今《道藏》中有關「房中術」之撰述有許多種，這是因爲道教重「養生」，而視「房中術」有益於養生也。但道教「男女合氣之術」或與「留善人種」有關。按在早期道教中有所謂「種民」，「種民」或即爲「男女合氣」所產生者，如《上清黃書過度儀》中說：

謹按師德與甲共奉行道德三五七九之化，陰陽之施，男女更相過度。……願令臣等長生久視，過度災厄，削除死籍，更著生名玉歷，為後世種民輩中，以為效信。

據此推想，「種民」則是「天生的道教徒」。所以在《老君音誦誡經》中也說：「其有祭酒道民，奉法有功，然後於中方有當簡擇種民，錄名文昌宮中。」由於早期道教有這種「男女合氣之術」，在實行中就會發生種種問題，以至於破壞倫常關係，所以北周和尚甄鸞在《笑道論》中有如下之記載：

又道律云：「行氣以次，不得任意排醜近好，抄截越次。」又玄子曰「不鬲戾，得度世；不嫉妒，世可度；陰陽合，乘龍去」云云。臣笑曰：「臣年二十時，好道術，就觀學。先教臣黃書合氣三五七九男女交接之道。四目兩舌，正對行道，在於丹田。有行者度厄延年。教夫易婦，唯色為務。父兄立前，不知羞耻，自稱中氣真術，今道士常行此法，以之求道，有所未淨。」

甄鸞的這段話不見得都合乎事實，但總也多少反映早期道教的某些實際情況。（按：早期道教男女往來較自由，《後漢書・劉焉傳》謂：「（張）魯母有姿色，每挾鬼道，來往焉家。」《三國志・魏志・張魯傳》注引《王恭傳》謂：「虞挑子妻裴氏有服食之術，常衣黃衣，狀如天師，王甚悅之。」）從這方面看，寇謙之反對「男女合氣之術」，應是針對「三張僞法」違背倫常關係而發的，故當在「清除」之列。

總之，以上所言可以看出寇謙之的新道教以反對農民起義利用道教爲目的，他所攻擊的主要之點卽在「三張」之「租米錢稅」和「男女合氣之術」，這是爲了鞏固地主階級的政治統治、經濟利益和維護封建的倫理道德。道教自葛洪到寇謙之、陶弘景等，逐漸完成了它的「改革」任務，使原來在一定程度上能爲農民起義所利用的原始道教變成爲封建統治者服務的工具。

第二、寇謙之的新道教企圖把北魏政權建成一政教合一的機構，以鞏固封建統治。《釋老志》中說：

> 謙之守志嵩岳，精專不懈，以神瑞二年（四一五）十月乙卯，忽遇大神，乘雲駕龍，導從百靈，仙人玉女，左右侍衞，集止山頂，稱太上老君，謂謙之曰：「往辛亥年，嵩岳鎭靈集仙宮主，表天曹，稱自天師張道陵去世以來，地上曠誠，修善之人，無所師授。嵩岳道士上谷寇謙之，立身直理，行合自然，才任軌範，首處師位，吾故來觀汝，授汝天師之位，賜汝《雲中音誦新科之誡》二十卷，號曰並進。」言：「吾此經誡，自天地開闢已來，不傳於世，今運數應出。汝宣吾《新科》，清整道教，除去三張偽法，租米錢稅，及男女合氣之術；大道清虛，豈有斯事。專以禮度為首，而加之以服食閉練。」

寇謙之所創造的新道教，事非偶然，按上引文所言，自張道陵以後，從封建統治者的觀點看來，信道教的多非「修善之人」，常爲農民起義所利用。漢末以來，不少統治者已經看到道教這種爲農民起義所利用的可能，因此他們一方面對道教採用限制和控制的辦法，另一方面他們也意識到僅僅用限制和控制的方法是不行的，因此還對原始道教採取改造的辦法，以改變其某些內容，適應統治者的需要。漢桓帝時，襄楷上《太平經》，其目的就是要求當權的統治者來利用道教。但由於當權的統治者一方面還沒有認識道教作爲宗教的作用，另一方面也因《太平經》內容龐雜，不完全適合當時統治者的需要，因此未被採用。在三國西晉時，當權的統治者雖然用了多種方法限制道教，使道教勢力有很大削弱，但是一種宗教產生了並爲時代所需要，用政權限制的辦法是不能解決問題的。道教仍然在民間流行，而爲農民革命所利用。因此，從東晉以後，當權的統治者開始採取利用道教的辦法，從原始道教中清除其不利於維護封建統治部分，所以據史書記載上說：漢末以來「從受道者，類皆兵民，脅從無名之士，至晉則及士大夫矣。」（《三國志·魏志·張魯傳》注引）而且由於宗教本身的消極作用，它總會被統治階級所利用。到南北朝時，爲統治階級服務的道教形成的客觀形勢已經存在，孫恩盧循所領導的農民起義已經失敗，統治者深懼農民一而再，再而三的利用道教，因此「清整道教」已是刻不容緩的事了，故《釋老志》說，寇謙之的新道教是「運數應出」。

寇謙之時，北朝社會較爲安定，崔浩當時頗有改革政治的野心，《魏書·盧玄傳》說：

（崔）浩大欲齊整人倫，分明姓族。

寇謙之爲崔浩所信任，推薦給魏太武帝，據《魏書．釋老志》說：

> 世祖卽位，富於春秋，旣而銳志武功，每以平定禍亂為先，雖歸宗佛法，敬信沙門，而未存覽經教，深求緣極之意。及得寇謙之，道帝以清淨無為有仙化之證，遂信行其術。時司徒崔浩，博學多聞，帝每訪以大事。浩奉謙之道，尤不信佛，與帝言，數加非毀，常謂虛誕，為世費害。帝以其辯博，頗信之。

寇謙之與崔浩之間雖有宗教上的關係，但他們之間主要是政治上的關係。他們都想利用宗教來實現其政治理想，卽利用「禮法」來「齊整人倫，分明姓族」。故《魏書．崔浩傳》說：

> 天師寇謙之每與浩言，聞其論古治亂之迹，常自夜達旦，竦意斂容，無有懈倦。旣而嘆美之曰：「斯言也惠，皆可底行，亦當今之皐繇也。但世人貴遠賤近，不能深察之耳。」因謂浩曰：「吾行道隱居，不營世務，忽受神中之訣，當兼修儒教，輔助泰平真君，繼千載之絕統。而學不稽古，臨事闇昧。卿為吾撰列王者治典，並論其大要。」浩乃著書二十餘篇，上推太初，下盡秦漢變弊之迹，大旨先以復五等為本。

寇謙之和崔浩都是有抱負有野心的政治家，他們實際上都是想用儒家的「禮法」思想來治理天下，使皐繇治世的絕統得以繼承。因此寇謙之讓崔浩研究總結自古以來的統治經驗，他提出「學不稽古」則「臨事暗昧」。但是採取什麼形式來實現其治世的理想呢？寇謙之企圖把道教定爲國教，建立一政教合一的國家，所以他是以「輔助泰平眞君，繼千載之絕統」爲己任的。（按：魏太武帝之所以稱「泰平眞君」，其原因之一爲因太武帝繼位前封爲「泰平王」）《釋老志》謂：

真君三年，謙之奏曰：「今陛下以真君御世，建靜輪天宮之法，開古以來，未之有也。應登受符書，以彰聖德。」世祖從之。於是親至道壇，受符籙。備法駕，旗幟盡青，以從道家之色也。

按寇謙之的道教之得以推行，全賴當權統治者的信奉。魏太武帝雖明知道教的某些行事具有欺騙性，但他仍然要利用道教，當非偶然，故《釋老志》載曰：

恭宗見謙之造靜輪宮，必令其高不聞鷄鳴狗吠之聲，欲上與天神交接，功役萬計，經年不成。乃言於世祖曰：「人天殊道，卑高定分。今謙之欲要以無成之期，說以不然之事，財力費損，百姓疲勞，無乃不可乎？必如其言，未若因東山萬仞之上，為功差易。」世祖深然恭宗之言，但以崔浩贊成，難違其意，沉吟者久之，乃曰：「吾亦知其無成，事卽爾，何惜五三而功。」

魏太武帝雖知所建之靜輪宮「與神交接」未必可信，但利用道教則是必要的，可見寇謙之所創立的新道教已完全符合當權的統治者的要求了。

寇謙之利用政治力量統一道教，宣揚新科，以儒家禮法充實道教之內容，以佛戒律爲其形式，把宗教戒律宣布爲法律的信條，故其《雲中音誦新科之誡》實可成爲道教國家之法典也。按佛教戒律至南北朝已大行於中國，《十誦律》已傳入，並盛行於關中。任何戒律對於信其教的人，都是帶有強制性的，因此寇謙之用宗教戒律來補充和加強國家法令，這樣的戒律就可以起雙重作用，卽強制的作用與信仰的作用，並可把強制的作用建立在信仰的作用基礎上，以便人們不易察覺強制作用的強制性。按上文所言，今本《道藏》中的《老君音誦戒經》等，當卽《釋老志》中所言之《雲中音誦新科之誡》雜以道教修身成仙之術，並吸收若干佛教戒律之條文也。

總而言之，魏太武帝身爲國君又披上道教領袖的外衣「泰平眞君」，寇謙之是道教教主又充當北魏朝廷的「國師」，且太武帝登壇受符籙，以彰聖德，所用全係道教儀式；謙之造戒律，用宗教信條補充國家法律，以鞏固封建王朝，又前引《女青鬼律》更可證寇謙之這位天師意欲利用道教「拯救」天下。故可知寇謙之企圖建立一政教合一的政權，當可信也。

第三、寇謙之與佛教的關係

據各種史料看，寇謙之並不反對佛教，且頗欲借助於佛教，至於他之所以與佛教對立，純係因當時統治階級內部種種矛盾關係所致，因之使他始終未能制止排佛活動。

魏太武帝毀佛法之事，多係出於崔浩之意，寇謙之並不贊同。據《釋老志》所載，關於太武帝毀法事如下：

……會蓋吳反杏城，關中騷動，帝乃西伐，至於長安。先是長安沙門種麥寺內，御騶牧馬於麥中，帝入觀馬。沙門飲從官酒，從官入便室，見有弓矢矛盾，出以奏聞，帝怒曰：「此非沙門所用，當與蓋吳通謀，規害人耳！」命有司案誅一寺，閱其財產，大得釀酒具及州郡牧守富人所寄藏之物，蓋以萬計。及為屈室，與貴室女私行淫亂。帝既忿沙門非法，浩時從行，因進其說。詔誅長安沙門，焚破佛像，敕留臺下四方，令一依長安行事。……始謙之與浩同從車駕，苦與浩諍，浩不肯，謂浩曰：「卿今促年受戮滅門戶矣」。

法琳《破邪論》及道宣《古今佛道論衡》所載此事。後二者當均根據《釋老志》，都是從佛教的立場敍述了這一事實，當可證明事不會假。

寇謙之不反對佛教，不僅因其所創立的新道教在理論上和形式上頗受佛教的影響（陳寅恪《崔浩與寇謙之》一文謂，寇謙之所遇之仙人成興公「與當時佛教徒有密切之關係也」），更重要的還是因爲他是從政治上來考慮這一問題。他深知統治階級內部的鬭爭，不僅不利於統治階級政權的鞏固，而且往往會對被統治者有利。所以寇謙之建立新道敎的目的很明確，不是在排佛，而是在「淸整道敎，除去三張僞法」，他和崔浩的結合雖與宗敎有關，但主要都在於他們主張「齊整人倫」，「以禮度爲首」。據《釋老志》記載，寇謙之曾向牧士上師問及「幽冥之事」，牧士「一一告焉。《經》云：『佛者，昔於西胡得道，在三十二天，爲延眞宮主。勇猛苦敎，故其弟子皆髡形染衣，斷絕人道，諸天衣服悉然』。」可見並無詆誹佛敎之意。寇謙之從統治階級立場出發，深知當時的社會矛盾主要是地主階級和廣大農民之間的矛盾，因此主張與統治階級中其他集團妥協，沒有必要排斥佛敎，然崔浩不聽，終遭殺身之禍。

崔浩排佛，純係統治階級內部的不同集團之間的鬭爭，自不待言。然而爲什麼寇謙之身爲道敎之領袖反而不排佛，崔浩爲當時儒家思想的提倡者反要排佛呢？我們必須懂得，寇謙之與崔浩雖然都想利用宗敎來實現他們政治改革的目的，其目標在主要方面也是一致的，「齊整人倫」。但是崔浩較之寇謙之更多地注重了民族問題，他的改革目的之一也企圖通過排佛的活動來鞏固漢族豪門大族的政治和社會地位，因此形成了與鮮卑族大族長孫嵩之間的尖銳矛盾，然而寇謙之的重點是放在改革道敎本身，建立一個完全可以爲統治階級服務的宗敎團體，因此沒有更多地去注意民族之間的矛盾（參見陳寅恪《崔浩與寇謙之》一文）。查《道藏》中《老君音誦誡經》等亦未見對佛敎詆毀的言論。相反，從《老君音誦誡經》等著作內容看，寇謙之所受佛敎影響至爲明顯，其戒律之形式當取自佛教之戒律；上述各種戒經中多有取佛教之意者，如「十善十惡」、「六塵六識」、「因緣輪轉」、「生死輪轉」、「讀經齋戒」、「道士世尊」等等，這些內容在南北朝以前的道教經典中較爲少見，當然這些內容或有爲後世輾轉傳抄中纂入者，但從寇謙之的整個思想看，受佛教影響最主要之點當在「生死輪迴」的問題上。

道教本來主要講「長生不死」、「肉體飛昇」，不講「靈魂不死」，更無「輪迴」的思想。然而寇謙之卻把與道教養生成仙的理論相對立的「輪迴」思想引入了道教，原來道教和佛教在生死和神形問題上的看法是有着根本不同的，（參見本人論文《略論早期道教關於生死、神形問題的理論》，《哲學研究》一九八一年第一期）。在神形問題上，佛教提倡「靈魂不死」；而道教提倡「肉體飛昇」，故佛教主養神，道教主練形。在生死問題上，佛教主張涅槃寂靜，故求永滅，超脫輪迴；道教主張無死入聖，故求永生，長生不死。佛教養神，入於涅槃境界，當依覺悟；道教養形，入於仙境，當靠積功。寇謙之在這些問題上雖然還沒有離開道教的基本立場，但由於實際上道教求「長生不死」、「肉體飛昇」之不可得。因此他根據了佛教若干理論，特別是有關輪迴的思想爲他的新道教增添了一些新的內容：(1)道教主張養形，本注重今世之修練，但寇謙之把輪迴觀念引入道教，認爲前世對今生的修練頗有影響，《太上老君戒經》中說：「本得無失，謂前身過去已得此戒，故於今身而無失也。」又如《老君音誦戒經》中說：「死入地獄，若轉輪精魂蟲畜猪羊，而生償罪難畢。」這顯然是受佛教的「六道輪迴」的思想影響而有。(2)寇謙之認爲，只靠練形養生不一定就能成仙，成仙之首要在於積有善功。⑶養生之術雖在「服食閉練」，但靠「誦經萬遍」亦得「白日登晨」（見《太上老君戒經》）。⑷寇謙之認爲成仙不待外求，主要靠自己，證得大智慧，持上品大戒，也可以成仙，所以《太上戒經》中說：「故有道士，取諸我身，無求乎人；道言修身，其德乃眞，斯之謂也。夫學道不受大智慧，道行本願，上品大戒，無緣上仙也。」這些思想本與道教的思想不相合，但寇謙之爲了建立他的新道教，補充道教作爲一種宗教在思想理論上的不足，就把它們生硬的拉扯在一起，這只能說明他在理論上尚未能解決佛教和道教在生死神形問題上的根本不同。稍後，南朝的陶弘景也想在這個問題上結合佛道，同樣沒有成功，直到他臨死前所作的《傷逝》一詩仍然反映出這一矛盾。可見佛教和道教雖然都主張「出世解脫」，但是由於立足點不同，因此在這個問題上確實難以調和。

崔浩與寇謙之不同，他本身並非道教的宗教領袖，他並不關心道教本身的理論和教規教儀，而是作爲一政治家來利用宗教，使之爲他的政治目的服務，因此崔浩和寇謙之的關係有似一階級的政治家與思想家的關係。崔浩的主張往往更多地受到現實的政治鬪爭的影響，與其自身的政治上的利害關係至爲密切，在北魏太武帝在位時不是崔浩成爲政治上的領袖，就是長孫嵩成爲當時的政治領袖。《魏書・穆崇傳》中說：「高祖曰：世祖時，崔浩爲冀州中正，長孫嵩爲司州中正，可謂得人。」在封建社會的統治集團中，兩雄並立，必傷其一。故崔浩推尊道教，反對佛教，是和他反對長孫嵩相聯繫，是勢在必行，不得不然。據《魏書・長孫嵩傳》記載：

世祖卽位，……詔問公卿，赫連、蠕蠕征討何先。……尚書劉潔、武京侯安原請先平馮跋。帝默然，遂西巡狩。後聞屈丐死，關中大亂，議欲征之。(長孫)嵩等曰：「彼若守城，以逸待勞，大檀聞之，乘虛而寇，危道也。」帝乃問幽微於天師寇謙之，謙之勸行，杜超之贊成之，崔浩又言西伐利。嵩等固諫不可。帝大怒，責嵩在官貪污，使武士頓辱。

又《魏書．崔浩傳》記載崔浩對長孫嵩的評論說：

長孫嵩有治國之用，無進取之能，非劉裕敵也。

可見崔浩和長孫嵩之間確存在勢不兩立之矛盾也。寇謙之雖與崔浩一起進行政治改革，但他作爲統治階級的思想家，就可以更多地考慮他的階級的根本利益和長遠利益，並企圖用宗教的力量把他的那個階級的根本利益鞏固下來。因此，他反對把統治階級內部的鬪爭放在第一位，而主張應集中力量改革道教，實現其政教合一的理想，使農民不能再利用道教來危害封建統治，因此在《老君音誦誡經》有下列一段：

今世人惡，但作死事，修善者少，世間詐僞，功錯經道，惑亂愚民。但言老君當治，李弘應出。天下縱橫返逆者衆，稱名李弘者歲歲有之。其中精感鬼神，白日人見，惑亂萬民，稱鬼神語，愚民信之。誑詐萬端，稱官設號，蟻聚人衆，壞亂土地，稱劉舉者甚多，稱李弘者亦復不少。吾大嗔怒，念此惡人，以我作亂者乃爾多乎？

可見寇謙之的思想感情完全集中在對付「叛逆之人」上，而且企圖借教主身分，呵斥那些「不肖之徒」。他看到這些「叛逆者」利用道教破壞了封建制度，自己建立了政權，「稱官設號」；剝奪了地主階級的土地，「壞亂土地」；搞亂了倫常關係，行男女合氣之術，因此，寇謙之把改革道教爲己任，這說明他更能從封建地主階級的根本利益方面來考慮問題。道教經東晉以來葛洪、陸修靜、寇謙之、陶弘景等人的改革，致使與原始道教相比已有很大不同，而更加適應封建統治階級的要求了。

綜觀上述各點，當可明寇謙之的新道教的目的和基本內容。向來治史者多注意寇謙之與當時佛教的鬪爭，認爲魏太武帝滅佛法之因在於寇謙之要興盛道教，殊不知寇謙之並不怎麼反對佛教，其建立新道教的目的是在於爲鞏固封建統治，使之更加適合統治階級的要求，實現他所企圖建立的政教合一的封建王朝。

第四、寇謙之與儒家思想的關係

寇謙之爲北方之豪宗大族，其兄寇贊「少以清潔知名」，重儒術，《北史・本傳》謂其「姿容嚴嶷，非禮勿動」。《魏書・崔浩傳》記載，寇謙之常與崔浩論古治亂之道，《北史・崔浩傳》略同：謂：

天師寇謙之每與浩言，聞其論古興亡之迹，常自夜達旦，竦意斂容，深美之，曰：「斯人言也惠，皆可底行，亦當今之皐陶也。但人貴遠賤近，不能深察耳。」因謂浩曰：「吾當兼修儒教，輔助太平真君，而學不稽古。為吾撰列王政典，並論其大要」云云。

可見寇謙之對儒家思想頗爲重視，而且他認爲應把儒家的理想實現於現實社會之中。

寇謙之的新道教實爲儒、釋、道三家思想的產物，其形式雖爲道教的形式，但其內容多爲儒家的禮法、佛教的戒律，並且吸收了某些當時流行的以老莊思想爲中心的玄學思想。

自葛洪以來，封建統治階級的思想就企圖系統地以儒家禮法改革道教，充實道教的內容，寇謙之在這方面則更有所發展。他企圖使封建主義的禮法宗教化，成爲宗教信條。根據《道藏》「力」字帙各種經誡所包含的內容看，多爲封建主義的禮法，歸納起來大體有以下幾個方面：

1.鞏固封建地主階級的土地占有制，論證「公侯卿相伯子男」的「封土」的合理性，攻擊農民起義「壞亂土地」、自收「租米錢稅」，在《老君音誦誡經》中說：「從（張）陵升度以來，曠官寘職未久，不立系天師之位……惑亂百姓，授人職契籙，取人金銀財帛，而治民產，恐動威逼，教人傾頤，匹帛牛犢奴婢衣裳，或有歲輸全絹一匹，功薄輸絲一兩。衆雜病說，不可稱數。」

2.鞏固封建統治階級的政權機構，「不得叛逆君王，謀害國家」、「於君不可不忠」。被統治者不得使用暴力造反，攻擊領導起義、推翻封建統治政權、「稱官設號」是大逆不道的行爲，並辱罵這些造反者爲「臭肉奴狗魍魎」。

3.鞏固貧富貴賤的封建等級制度，提出「戒勿以貧賤求富貴」，而要求種民「勿怨貧苦，貪富樂尊貴」。

4.鞏固封建的倫常關係，如言「不得違戾父母師長」，處處皆是。《正一法文天師教戒科經》中所載奉道不可行之事二十五條，其中有十六條是爲鞏固封建倫常關係所設，如說「諸欲奉道不可不勤，事師不可不敬，事親不可不孝，事君不可不忠」等等。故寇謙之以其道教嚴戒「敗亂五常」之事，並曰：「臣忠子孝夫信婦貞兄敬弟順，內無二心，便可爲善得種民矣。」

5.把人們的思想束縛在封建統治階級的禮法範圍之內，因此寇謙之認爲那些反對封建統治思想的言論是「惑亂愚民」的「詐僞邪說」，那些書籍是「僞書」，是「切壞經典」，「攻錯經道」，而他提出的戒經則是「敎生民佐國扶命」的「大道」，故其科律能使「諸男女……心身開悟」。

從以上五點看，寇謙之的思想是很明顯地吸收了儒家的某些思想內容。不僅如此，他還把道教的「中和」思想和儒家的「中和」（「中庸」）思想結合起來，作爲他上述鞏固封建統治的理論基礎。按「中和」思想要求統治者對老百姓採用「威猛」和「寬惠」的兩手，因而老百姓則應安分守己，不逾禮法，不能對統治者採取「過激」的行動。爲此，寇謙之提出「主人」對其奴婢不得任意「縱橫撲打」；但是奴婢有「過」，主人要告訴他們，做此事應受罰，然後要奴婢「自願」受杖，而且不得「有怨恨之心」（按：《笑道論》中亦言及道教主張奴婢受杖「不得懷惡心」）。《正一法文天師教戒經》中說：

> 道以中和爲德，以不和相剋。是以天地合和，萬物萌生，華英成熟；國家合和，天下太平，萬姓安寧；家室合和，父慈子孝，天垂福慶。賢者深思念焉，豈可不和！天地不和，陰陽失度，冬雷夏霜，水旱不調，萬物乾陸，華葉焦枯。國家不和，君臣相詐，强弱相陵，夷狄侵境，兵鋒交錯，天下擾攘，民不安居。室家不和，父不慈愛，子無孝心，大小忿錯，更相怨望，積怨含毒，鬼亂神錯，家致敗傷。此三事之怨，皆由不和……善積合道，神定體安。

在《太平經》中也多言「中和」思想，如說：「中和者，主調和萬物者也。」（《太平經鈔》乙部）然寇謙之則把「中和」思想更緊密的和維護封建統治聯繫起來。他認爲，破壞封建統治的根本原因在於上下「不和」，這些「不和」之產生是由於在下者不安於位，因此才有「壞亂土地」、「稱官設號」、貧者欲富、顚倒倫常、詐僞亂眞等等思想和行爲。而寇謙之認爲他的任務就是要利用宗教的力量來調和階級矛盾，以達到鞏固封建統治的目的。

寇謙之的理論也受到當時流行的玄學的影響，魏晉以來所討論的「名教」與「自然」的關係問題，對寇謙之說當然也是一個重要問題。因為道教要求「出世」，當主「自然」，而寇謙之卻要建立一政教合一的政權，必依「名教」。因而他在解決「名教」和「自然」的關係問題上和郭象的觀點大體相近。在《太上老君戒經》中說：

> 夫上士學道在市朝，下士遠處山林。山林者，垢穢尚多，未能卽喧為靜，故遠避人也，以自調伏耳。若卽世而調伏者，則無待於山林者也。

又《太上戒經》中說：

> 十善遍行謂之道士，不修善功徒勞山林。……

寇謙之對山林與朝市的看法和郭象對「名教」與「自然」的看法一樣，郭象說：

> 夫聖人雖在廟堂之上，然其心無異於山林之中。（《莊子·逍遙遊論》）

與郭象約同時的辛謐在《遺冉閔書》中也說：

> 昔許由辭堯以天下讓之，全其清高之節。伯夷去國，子推逃賞，皆顯史牒，傳之無窮，

此往而不返者也。然賢人君子，雖居廟堂之上，無異於山林之中，斯窮理盡性之妙，豈有識之者也。

正是這樣，寇謙之建立政教合一的政權機構的構想才有了理論根據，身爲道士的寇謙之雖身在「朝市」，爲魏太武帝的國師，亦能調心制性，爲道教教主，以求長生不死，因而宗教的王國也就可以在現實的王國中實現了。

三　爲道教建立教規教儀

宗教雖然不就是一套儀禮，但儀禮卻可以表示一部分宗教觀念。如基督教有所謂「洗禮」、「聖餐」等儀式。接受了洗禮的人才可以算是基督教徒。佛教也有許多教儀，入教當和尚要舉行受戒的儀式，叫受俱足戒，還有誦經的儀式，坐禪的儀式和法會的儀式等等。道教原來也有一些簡單的且不大固定的儀式，如有所謂「請禱之法」，人有病或有過錯，就由祭酒（道教組織的神職人員）把這個人的名字寫在紙上，並說明他的病狀或說明他認錯了，然後把寫好的一份送到天上（即高山上），一份埋入地下，一份沉入水中，以求免禍得福。但那時這種儀式不僅簡單，而且對神秘主義的宗教說顯然也很不完備。佛教到東晉後，不僅翻譯了大量的「經」，而且把佛教的「戒律」也翻譯過來了。東晉以來，《十誦律》、《四分律》、《僧祇律》都有了譯本，這就說明佛教的戒律大部分都被譯出來，而廣為流傳了。因此，到寇謙之時在佛教的影響下，他為了「清整道教」，為道教建立了一套較完備的教儀，現分別敍述於下：

1.奉道受戒的儀式

據《老君音誦誡經》謂：

老君曰：煩道不至，至道不煩，按如修行。諸男女官見吾誦誡科律，心自開悟，可請會民同友，以吾誡律著授上，作單章表奏受誡。明慎奉行如律令。

老君曰：道官籙生初受誡律之時，向經八拜，正立經前。若師若友，執經作八胤樂音誦。受者伏誦經意，後訖後（按：吳世昌謂「後」當作「復」）八拜止。若不解音誦者，但直誦而已。其誡律以兩若（按：楊聯升謂：「若」疑當作「函若」）相成（按：「成」當作「戚」）之。常當恭謹。若展轉授同友及弟子，按法傳之。明慎奉行如律令。

這兩段的意思是說：無論男女如果看到了《音誦誡經》，使他覺悟到應該信奉道教，就可以向已入道的人請他們向道官（即祭酒之類）說明願意按照「誡律」的要求受戒奉道。在舉行受戒的儀式時，開始向《誡經》行八拜之禮，然後正立《經》前。接着由參加儀式的師友，捧着《誡經》

用「八胤樂》朗誦（按「八胤樂」未詳，或即「八音樂」，阮籍《樂海》：「昔聖人之作樂也……定天地八方之音，以迎陰陽八風之聲。」中國古代樂器有金、石、土、革、絲、木、匏、竹八類。「作八胤樂音誦」或是由樂器伴奏朗誦）。然後由受道者伏地用一種特殊的腔調朗誦《誡經》的內容，完畢之後再行八拜之禮，就算完成了入道儀式，如果不會「音誦」的，也可以「直誦」（即讀出經文）也可以。《誡經》用兩個相套着的盒子盛着，要對它十分恭敬謹慎。

2. 求願時所行的儀式

「求願」有兩種，一為厨會求願，一為燒香求願。

厨會求願：就是舉行一種齋會（施捨之會）來祈求消災降福。而厨會又有三種，上齋行會七日，中齋行會三日，下齋行會一夜一日。齋會的方法是，素飯菜，一日食米三升，斷房室、五辛、生菜、諸肉盡斷，勤修善行，就會時向香火行八拜之禮（按：《陶隱居內傳》謂：「佛堂有像，道堂無像。」或因其時道教尚無懸像事，故向香火行禮拜），並說明求願的人所請求的內容（如免除病痛、原諒過錯）以及舉行這次厨會的要求等等。然後請「大德精進之人（道教中德高望重的人）坐在首座上，把作好的飯盤送上，一般共有三道菜飯：第一道是小食（小菜，為喝酒用），中間一道為酒，最後上飯。這種求願的齋會一般在求願者的家裏進行。

燒香求願：求願者要在自己家中設一靖舍（深閑的館舍）。燒香求願者先到靖舍，站在東面向上懇切地上三柱香，然後行八拜禮，脫帽九叩頭，三搏頰（按：據湯用彤先生《讀太平經書所見》注㉗謂：「搏頰不知卽《太平經》所言之叩頭自搏否？《弘明集》七宋釋僧愍《華戎論》斥道教云：「搏頰叩齒者，倒惑之至也。」是搏頰之事南北朝道士猶行之」。《辨正論》卷二引《自然懺謝儀》云：「下謝東卿無極世界五岳四瀆神仙正眞九叩頭九搏頰也。」故叩頭、搏頰似爲二事。又陸修靜《洞玄靈寶齋說光燭戒罰燈祝願儀》中有：「禮拜叩搏，每事盡節。」陸修靜《太上洞玄靈寶授度儀》中有：「各叩頭搏頰」，「長跪大謝，弟子叩頭，搏頰無數」。可見「搏頰」是早期道教謝罪懺悔的一種形式），在行了這種禮節之後，就把自己祈求的事加以闡說，請求「過罪得除，長生延年」。然後再上香求願說自己的三宗五祖七世父母以前死去的那些人，使他們免離苦難，得在安樂之處。再上香求願現在活着的家中大小平安和富足。甚至還要上香求願「仕官高遷」、「縣官口舌疾病除愈」等等。一願一上香。在這個齋日要於六個不同的時辰上香。

「靖舍」又稱「靖室」，《老君音誦誡經》謂：「靖舍外隨地寬窄，別作一重籬障，壁東向門，靖主人入靖處，人及弟子盡在靖外。香火時法，靖主不得靖舍中飲食，及著鞋襪，入靖坐起言語，最是求福大禁。」陸修靜的《道門科略》也對「靖舍」作了詳細說明：「奉道之家，靖室是至誠之所。其外別絕，不連他屋。其中清虛，不雜外物。開閉門戶，不妄觸突。洒掃清肅，常若神居。唯置香爐、香燈、章案、書刀四物而已。」

3. 爲死亡人請祈的儀式

道官道民有死亡，在七天內辦完喪事。家中要爲死亡的人散其生時的財物而舉行齋會。參加人可多可少，非道民也可以參加。在爲死亡的人設齋會燒香時，道官一人在靖壇中正東向，籙生（司儀者）和主人也東向，各行八拜九叩頭九搏頰，共三遍而止。如果參加的人很多也可以坐着，行禮時再起而叩頭。主人口稱官號姓字，並向無極大道稟啓，要多次上香，爲亡者解罪過。當一切儀式行完之後，靖主要爲主人求願收福。客人離開時要向靖舍八拜等等。

4. 爲消除疾病祈請的儀式

道民家中有人得病，可以把道官（師君）請到家裏來，師君先讓道民在靖舍中點燃香火，道民在靖舍外面西向散髮叩頭，把病狀寫在紙上，請求寬恕，使所患疾病痊癒，然後再按照規定行禮。

5. 爲有過的祈請儀式

道民因不愼而犯法或其他過錯，先要計算應罰多少錢，並讓其歸還受害者，然後用舉行廚會的辦法來請求免除過錯。作會時，先由主人向香火八拜九叩頭，三十六搏頰，共三次；然後再拜，並用手捻香放入香爐中，同時說明自己因無知而犯過錯，請求寬有，並願出錢作廚會，請參加者證明，以後不敢再犯。

6. 三會儀式

按道教有所謂「三元會」，南朝以正月七日、七月七日、十月五日爲三會日（見陸修靜《陸先生道門科略》），唐朝以正月、七月、十月十五日爲三元日，這三天道民要舉行齋會。在上述三元日時，道民要到他們所屬的「治」（道教的一級教區）舉行集體的齋會。開始在靖舍前面送上章籍（道民的祈禱詞），正立在南面，面向北面，並且各就各位，排列好隊伍，八拜九叩頭九搏頰，然後再拜伏地，這樣送章籍的儀式就算完成了，於是大家互相祝賀。

還有其他一些教儀，就不一一列舉了。舉行這樣一些儀式的意義對於宗教來說，一方面是增加宗教的神秘性和莊嚴性；另一方面也是要求教民對教會的服從，所以在每種教儀規定的最後都有一句「明愼奉行如律令」，要求道民非常謹愼小心地奉行這些教儀應如奉行法律和法令一樣。

寇謙之除制定了若干道教的儀式之外，還爲道教制定了一套教規。從他所制定的教規看，既有大量儒家所要求維護封建統治的禮教，如三綱五常之類，又有不少從佛教戒律中吸取的東西，如五戒（不殺生、不偸盜、不邪淫、不妄語、不飲酒）等，但也有一些是應屬於道教作爲一種特殊宗教所有的教規。下面舉兩種戒律來說明這個問題。

在《道藏●洞神部●戒律類》中有《道德尊經想爾戒》和《道德尊經戒》兩種，這兩種戒律是否是寇謙之的作品很難確定，但它們是早期道教的戒律當無疑問，故很可能爲寇謙之吸收到他的《雲中音誦新科之戒》中。《道德尊經想爾戒》當和《想爾注》有關，其全文如下：

行無為、行柔弱、行守雌勿先動，此上最三行；

行無名、行清靜、行諸善，此中最三行；
行無欲、行知止足、行推讓，此下最三行。
此九行二篇八十一章，集會為道舍，尊卑同科，備上行者神仙，六行者倍壽，三行者增年不橫夭。

這裏無非是把老子《道德經》中的「無爲」、「無名」、「無欲」、「柔弱」、「守雌」、「清靜」、「知止足」等等內容抽出作爲戒律，並認爲能行上行者可以成神仙；能行中行以下者可以使壽命延長一倍；行下三行者可以增加壽命而不夭折。這些戒律內容都比較多地表現了道教的特點，一是取自《道德經》，一是可以長生或增壽。而且從戒律的內容看，它應是道教較早的作品，因爲從內容上看它還沒有受到佛教的影響，也還沒有雜入儒家思想。《道德尊經戒》共二十七條，分上、中、下，各九戒，其中大部分屬「少思寡欲」之類的道家的要求，但已吸取了若干儒家思想內容，如「勿以貧賤強求富貴」等，不過也還看不出佛教戒律的明顯影響，而其中有幾條戒律作爲道教的戒律則是有代表性的：

戒勿費精氣；
戒勿為偽彼（按：當作「技」字。）；
戒勿忘道法。

這三條是在最上九戒之中。列於二十七條之後也有如下一段：

> 此二十七戒，上篇共合為道淵、尊卑通行，上備者神仙，持十八戒倍壽，九戒者增年不横夭。

看來《道德尊經戒》當爲《想爾戒》變化而成，故和《想爾注》有密切關係。按：《想爾注》中有多處批評「僞伎」，如說：

> 人等當欲事師，當求善能知真道者，不當事邪偽伎巧，邪知驕奢者。

按：「僞伎」當爲「邪僞伎巧」之省文。又如：對「載營魄抱一能無離」的注說：

> 魄，白也，故精白，與无同色，身為精車，精落故當營載之。神成氣來，載營人身，欲全此功無離一。一者道也，今在人身何許？守之云何？一不在人身也，諸附身者悉世間常偽伎，非真道也；一在天外，入在天地間，但往來人身中耳，都皮裏悉是。……世間常偽伎指五臟以名一，瞑目思想，欲從求福，非也，去生遂遠矣。

又有如：

> 道至尊，微而隱，無狀貌形象也。但可從其誡，不可見知免。今世間偽伎指形名道，令有服色名字、狀貌、長短，非也，悉邪偽也。
>
> 世間偽伎，不知常意，妄有指書，故悉凶。
>
> 真道藏，邪文出，世間常偽伎稱道教，皆為大偽不可用。

《想爾戒》之「勿爲僞伎」當來自《想爾注》。蓋《想爾注》中雖已把「道」人格化，但反對把人格化之「道」視爲有形象可見、有尺寸可量、以及有名號可呼（陳世驤《《想爾》老子道德經敦煌殘卷論證》已論及）。但以爲「道」有「姓字服色」以及長短等等見於葛洪之《抱朴子・地眞篇》，而葛洪這一思想又是來源於《太平經》，如有說「神長二尺五寸，隨五行五臟服飾」。此恰爲《想爾》所批評之觀點。這正說明，由於道教中之不同派別由於對「道」的性質的不同了解，而有不同之戒律也。至於「勿費精氣」實亦見於《想爾注》中，如說「寶精勿費」，「人之精氣滿臟中，苦無愛守之者，不肯自然閉心而揣挩之，即大迷矣」等等。

寇謙之不僅制定了道教的教規，而且還說明了爲什麼一種宗教需要戒律的原因。他認爲，第一、宗教有了戒律才可以使奉道的人成爲有「道德之人」，他假借老君的話說：「老君曰：人生雖有壽萬年者，若不持戒律，與老樹朽石何異？寧一日持戒爲道德之人而死補天官，屍解升仙。世人死有重罪，無益鬼神，神鬼受罪耳。」（《老君音誦戒經》）第二，因爲「道」的性質是「無爲」，人應效法「道」，用戒律約束自己，不作「有爲」的貪利之事，如他說：「諸賢者欲除害止惡，當勤奉教戒，戒不可爲，道以無爲爲上。人過積（按，意謂「人的過錯積累起來」），但坐有爲，貪利百端。道然無爲，故能長存；天地法道無爲，與道相混；眞人法天無爲，故致神仙。」（《老君音誦戒經》）

寇謙之爲道教建立比較完整的教規教儀，並不是說在他以前道教就沒有教規教儀，而是說在這以前道教的教規教儀不如寇謙之所建立的那麼完整。當然寇謙之之所以能建立比較完整的道教的教規教儀也正是他吸取了前此已有的不大完整的規儀而加以完備化的。寇謙之建立了比較完整的道教的規儀，也說明這時道教不僅有可能來建立一套教規教儀，而且也有必要了。從必要方面說，寇謙之看到了宗教的作用的一個很重要的方面，即宗教可以起道德教化的作用。道德問題是古代人們精神上最容易困惑的問題之一，所以宗教必須同時作爲一種倫理學說，才能發揮它從精神上給人們一種慰藉的作用，正如普列哈諾夫所說：「廣義的而且當然在確切得多的意義上的宗教，實際上只有當社會人爲了自己的道德或一般地爲了自己的行動和設施開始向神或諸神尋求恩准的時候才產生的。」（《評弗・呂根納的一本書》，見於《普列哈諾夫哲學著作選集》第三卷三四三頁）道教要成爲一種完備意義的有影響的宗教團體，在它有了一定的教會組織和較完備的教義理論之後，就不能不爲它建立起維護其教會組織和約束其教徒行爲的教規教儀。這些教規教儀對教徒說不僅有強制作用，而且有勸善止惡的道德教化作用。

第九章 為道教首創經典目錄的思想家陸修靜

陸修靜生於東晉義熙二年（四〇六年），卒於劉宋升明元年（四七七年），字元德，吳興東遷（今浙江吳興東）人，三國時東吳丞相陸凱的後代，年少時學過儒家的經典和三墳八索讖緯等學說。後來學道教，曾歷遊名山，南至九嶷、羅浮，西至巫峽、峨嵋，訪仙問道，搜求道書，宋文帝元嘉末（四五三年），嘗去京師建康（今江蘇南京）賣藥，文帝令左僕射徐湛之請陸修靜留在京師，「時王太后雅信黃老，降母后之尊，執門徒之禮」（《太平御覽》卷六七九引《三洞珠囊》），對陸修靜十分禮遇。同年，因避太初之難，於是南遊。孝武帝大明五年（四六一年），陸修靜在廬山東南瀑布岩下建立道觀，名叫簡寂觀，隱居修道於其中，故又稱簡寂先生。

明帝即位，意欲弘揚道教，曾派江州刺史王景宗禮聘陸修靜到京師。陸修靜沒有應聘。太始三年（四六八年）又派王景宗再三延請，始至京師。這時陸修靜已有很高的名望，他把自己的應聘和老子作周守藏史相比，他說：「主上聰明，遠覽至不肖，猥見採拾，仰惟洪眷，俯深慚惕。

老子尚委王官以輔周室，仙公替金錫佐吳朝。得道高眞，猶且屈己，余亦何人，寧可獨善乎？」（《三洞珠囊》卷二引《道學傳》）明帝於華林館躬自問道，禮遇甚厚，於京師北郊構築崇虛館，請陸修靜居住。陸修靜「乃大敞法門，深弘典奧。朝野注意，道俗歸心。道教之興，於斯爲盛。」（馬樞《道學傳》）南朝自陸修靜後，道教確實興盛一時。陸修靜和北朝的寇謙之一樣，他們都抱着「清整道教」的目的，爲把道教建成一完備意義上的宗教團體出了不少力。陸修靜傳孫游岳，孫游岳傳陶弘景，故陶弘景是陸修靜的再傳弟子，他在道教中的重要地位可想而知。

關於陸修靜的生平事跡，除馬樞的《道學傳》的《陸修靜傳》和《宋書》、《南史》的傳外，尚有唐吳筠的《簡寂先生陸君碑》（收在《全唐文》卷九二六中），梁沈璇《簡寂觀碑》（收在雍正《江西通志》卷一二〇中），後來的其他道教傳記亦多有陸修靜的傳，如元趙道一《歷世眞仙體道通鑒》及張雨的《玄品錄》等均有。

陸修靜的著作很多，據元劉大彬《茅山志》說：陸修靜爲道教「著齋戒儀範百餘卷」，現存於《正統道藏》中的有：《太上洞玄靈寶衆簡文》、《洞玄靈寶五感文》、《陸先生道門科略》、《太上洞玄靈寶授度儀》、《洞玄靈寶齋說光燭戒罰燈祝願儀》各一卷，均收在《洞玄部》中，爲靈寶一系之道教經典。另外還有《靈寶經序》收在張君房《雲笈七籤》卷四中，《古法宿啓建齋儀》收在《無上黃籙大齋成立儀》中，其他尚著有《道德經雜說》（《宋志・道家類》及《神仙家類》），《三洞經書目錄》（《道教義樞》卷二），《陸先生問答道義》、《陸先生黃順之問答》

（《道教闕經目錄》），《靈寶道士自修盟眞立成儀》、《三元齋儀》、《燃燈禮祝威儀》、《金籙齋儀》、《玉籙齋儀》、《九函齋儀》、《解考齋儀》、《塗炭齋儀》等散見於《無上黃籙大齋成立儀》中，但均非全書。又《通志·諸子類·道家略》中著錄有《服御五芽道引元精經》、《升元步虛章》、《靈寶步虛詞》、《步虛洞章》等。在佛教著作中載有陸修靜著作書名者尚有《必然論》、《榮隱論》、《遂通論》、《歸根論》、《明法論》、《自然因緣論》、《五符論》以及《三門論》等均見於唐法琳《辯正論》中，《對沙門記》見於《破邪論》中。

陸修靜為使道教成為一完備意義上的宗教團體，他主要作了三件事：⑴對道教的經典進行分類、整理，編出《三洞經書目錄》；⑵為整頓道教建立教規教儀；⑶提出道教建立獨立的教會組織形式。

一　對道教的經典進行分類、整理編出《三洞經書目錄》

在中國歷史上非常注意書籍的滙集，在一部二十四史中許多史都有《藝文志》或《經籍志》。這些書籍目錄就是對當時存書滙集的記錄。在佛教傳入後，隨後道教也建立了，因而滙集佛道二教的書籍也就成為佛教徒和道教徒（或非教徒）的一項重要工作。從佛教方面說，在東晉初已有道安的《綜理衆經目錄》，該書雖已失散，但大部保存在梁僧祐的《出三藏記集》中。現在最早的佛經目錄就是《出三藏記集》，這已是蕭梁時的事了。

關於道經的目錄可以說是在葛洪的《抱朴子·遐覽篇》中已經有了，內載道經六百七十卷和附五百餘卷的書名，合計一千二百餘卷，說是他的老師鄭隱所藏的書，其中有二百多卷是葛洪看過的。但《遐覽篇》僅列書名及卷數，而沒有分類的系統，而且當時是否眞有一千二百餘卷也很可疑（按：葛洪《神仙傳》謂有道經一千卷）。葛洪（二八三—三四三年）與道安（三一二—三八五年）同時略早。自葛洪以後，道教徒確實大量編纂道教經典。葛洪的從孫葛巢甫編纂靈寶類經典，許黃民、王靈期編纂了上清類經典，鮑靚則編纂了三皇經類，於是編纂道經之風氣大行。然道教徒編纂道經多謂爲神仙傳授，故往往既不說明作者，又不注明時代，眞僞混雜，顚倒舛錯，多無次序，對道教的理論的完善和發展頗爲不利。根據這一情況，對道教經典加以整理，辨其眞僞，分別系統，就成爲十分必要的事。

先是陸修靜於元嘉十四年（四三七年）對《靈寶經》系統進行了一些整理，據其《靈寶經目序》說：

> 頃者以來，經文紛互，似（按：陳國符《道藏源流考》謂當作「是」）非相亂。或是舊目所載，或自篇章所見，新舊五十五卷，學士宗竟，鮮有甄別。余先未悉，亦是求者一人。既加尋覽，甫悟參差。或刪破《上清》，或採搏餘經，或造立序說，或回換篇目。

> 禆益章句，作其符圖。或以充舊典，或別置盟戒，文字僻左，音韻不屬，辭趣煩猥，義味淺鄙，顛倒舛錯，事無次序。

這部《靈寶經》的卷數據陸修靜整理後謂可信者爲三十五卷，在他的《上太上洞玄靈寶授度儀表》中說：

> 然卽今見出元始舊經，並仙公所禀，臣據信者，三十五卷。

從上引兩段材料看，到宋劉之初《靈寶經》已有混雜，《上清經》旣已雜入其中，但陸修靜自己也構造了不少道教經典，他特別注意編纂道教的「齋戒儀範」，今可考者在《正統道藏》中就有《太上洞玄靈寶授度儀》等多種。《無上黃籙大齋成立儀》卷十七中說：「陸天師因《太極敷齋戒儀經》，撰《靈寶道士自修盟眞齋立成儀》。」卷三十五又引陸天師《燃燈禮祝威儀》，卷十七又云：「陸天師《三元齋（儀）》」，卷十六云：「太極眞人演經文而著《齋威儀之訣》，陸天師摭經訣，而撰齋謝戒罰之儀。三籙（按：指《金籙》、《玉籙》、《黃籙》）九函，解考《塗炭》，三日七時，一日九時，品目雖繁，而儀軌則一，沿流窮源，捨太極眞人及陸天師果何適矣！」又卷十六中有《古法宿啓建齋儀》乃陸修靜所撰，而爲後人所改訂者（以上材料均據陳國符的《道藏源流考》中之《陸修靜總括三洞》條）。陸修靜所撰齋儀之類都在「靈寶」系統之中，故陶弘景《眞誥·敍錄》謂：陸修靜「既敷述《眞文赤書》、《人鳥五符》，教授施行已廣。」《眞文赤書》、《人鳥五符》當屬《靈寶經》系，即《正統道藏》中所收的《太上洞玄靈寶赤書玉訣妙經》和《元始五老赤書玉篇眞文經》，此皆在《洞玄經》。可見陸修靜對《靈寶經》系統十分重視（詳見陳國符《道藏源流考》中之《靈寶經考證》）。又據《眞誥·敍錄》謂，陸修靜南下，立崇虛館，取楊羲和許謐、許劌所寫《豁落符》及眞啰二十許小篇並何道敬所摹二錄（按：「二錄」之義未詳）入館，故知陸修靜也得到《上清經》系統之道經。《道教義樞》卷三《三洞義》謂，陸修靜亦得《三皇經》文。由於陸修靜對當時流行的道經三個系統：《靈寶經》系、《上清經》系和《三皇經》系都有所接觸，所以他有條件編纂道經目錄。且陸修靜於《上太上洞玄靈寶授度儀表》中已提出「三洞」和「洞玄」這樣的名稱，並視爲道教經典之總滙，文中說：

> 自《靈寶》導世以來，相傳授者，或總名三洞，同壇共盟，精粗糅雜，小大混行，有時單授「洞玄」，而施用「上清」，告召錯濫，不相主伍。

又《五感文》亦謂：

> 此五感之文，乃是道士修六齋之法，皆出三洞大經。

劉宋太始七年（四七一年），陸修靜因敎上《上三洞經書目錄》說：

道家經書，並藥方、符圖等，總一千二百二十八卷。其一千九十卷行於世，一百三十八卷猶在天官。

今存滙集道教經典的最早者爲明《正統道藏》。《正統道藏》即按三洞四輔分類，其所謂「三洞」之名，首見於陸修靜的《三洞經書目錄》。所謂「三洞」，即指「洞眞」，《上清經》系屬之；「洞玄」，《靈寶經》系屬之；「洞神」，《三皇經》系屬之。故自陸修靜創「三洞」之名，並確立了上述三類經典在道教中的正統、核心地位之後，歷代相沿不改。據《道教義樞》謂，或在劉宋陸修靜與蕭梁陶弘景之間有孟法師（智周）編撰《玉緯七部經書目錄》，「七部」之名始見。「七部」者，即「三洞四輔」之謂。所謂「四輔」，即「太清」、「太平」、「太玄」和「正一」等四部。「三洞」每部又分十二類（又稱十二部），即第一本文，第二神符，第三玉訣，第四靈圖，第五譜錄，第六戒律，第七威儀，第八方法，第九衆術，第十記傳，第十一贊頌，第十二章表。道經目錄的編撰始自劉宋陸修靜，這時佛經已廣泛流傳，佛教經典到劉宋時已經很多，據《衆經別錄》（未詳作者，據《開元釋教錄》言，當成於劉宋之時）說，這時已譯出的佛教典籍有一千八百九十部，總二千五百九十六卷，大小乘經、律、論皆有。佛教經典又有十二部之分，即第一經，第二重頌，第三諷頌，第四因緣，第五本事，第六本生，第七阿毗達摩（論，對法），第八譬喻，第九論議，第十自說，第十一方廣，第十二授記。道教經典的編撰分為「三洞四輔」「十二部」當是受到佛教經典目錄編纂的影響，同時也表現了道教徒意欲與佛教抗衡之意圖。但從道教本身說，把他們的經典按「三洞四輔」編纂起來，也還有其特殊的意義，《雲笈七籤》卷六中說：

> 《道門大略》云：三洞者，洞言通也，通玄達妙，其統有三，故曰三洞。第一洞真，第二洞玄，第三洞神。

又引《本際經》謂：

> 洞真以不雜為義，洞玄以不滯為名，洞神以不測為用。故洞言通也。三洞上下，玄義相通。洞真者，靈秘不雜，故得名真。洞玄者，生天立地，功用不滯，故得名玄。洞神者，召制鬼神，其功不測，故得名神。此三法皆能通凡入聖，同契大乘，故得名洞也。

蓋「洞」是「通」的意思，就是說通達到神仙的根本道路。「洞」作「通」解早見於《淮南子．詮言訓》：

> 洞同天地，渾沌為樸，未造而成物，謂之太一。

而用「三洞」這一名稱更可能與東漢的《太平經》有密切關係。按：《太平經》或又名《太平洞極經》(見前)，《太平經》卷四十一中說：

> 洞者，其道德善惡，洞洽陰陽，表裏六方，莫不響應也。

《太平經》又名《太平洞極經》的原因就在於這部書是「洞於六合，洽於八極」，意謂「無所不包，無所不通」也，故《玉經隱注》謂：「三洞經符，道之綱紀。」「三洞經符」是道教的最根本的無所不包的經典。至於以「三洞」來編纂也與道教注重「三」這一數字有關。按，道教奉《老子道德經》為最重要之經典，而《道德經》對「三」就十分重視，如第十四章謂「道」的性質為「夷」、「希」、「微」，並說「此三者不可致詰，故混而為一」，又第四十二章說「三生萬物」等等。《太平經》以「三一為宗」，修身以精、氣、神三者渾一；治國以天、地、人三者合一，故曰「以三一為宗」。《抱朴子·地眞篇》也說：「道起於一，其貴無偶，各居一處，以象天、地、人，故曰三一也。」「四輔」，為取「四方」之義，「太清」輔「洞神」，「太平」輔「洞玄」，「太玄」輔「洞眞」，「正一」則貫通總成。《正一經圖科戒品》謂：

> 《太清經》輔「洞神部」，金丹以下仙品；《太平經》輔「洞玄部」，甲乙十部以下真業；《太玄經》輔「洞真部」，五千文以下聖業。《正一法文》，宗道德，崇三洞，遍陳三乘。《太平經》云：「輔者，父也。」今言「三太」輔「三洞」者，取其事同相

資，成生觀解，若父之能生也。衆生鈍劣，聞深教不解，更須開說翼成，方能顯悟，卽是扶贊之義也。（《道教義樞・七部義》引）

所謂「三太」卽除一「正一」之外的「太清」、「太玄」、「太平」也。又《玉緯經》則說：「洞神、洞玄、洞眞是三清境。」而道教有所謂「一氣化三清」之說，《道教義樞》卷七引《太眞科》：

大羅生玄元始三氣，化為三清天：一曰清微天玉清境，始氣所成；二曰禹余天上清境，元氣所成；三曰大赤天太清境，玄氣所成。

「三清」卽指「玉清」、「上清」、「太清」，爲「一氣」所化。或謂「一氣化三清」爲太上老君化爲元始天尊、靈寶天尊和道德天尊。故有說，天寶君卽元始天尊，所說經爲「洞眞」，是大乘；靈寶君卽太上道君，所說經爲「洞玄」，是中乘；神寶君卽金闕玉帝，所說經爲「洞神」，是小乘。這樣一些說法當然都是有其宗教上的意義，由其宗教信仰上的原因而編造出來的。

陸修靜編撰的《三洞經書目錄》雖已散失，但其分類系統卻一直影響着以後《道藏》的編纂，南宋金允中《上清靈寶大法總序》說：「宋簡寂先生陸修靜分三洞之源，立四輔之目，述科定制，漸見端緒。」雖「四輔之目」非陸修靜所創，但道經分爲「三洞」則始於陸修靜，其「述科定制」之功不可沒也。

二 爲整頓道教組織建立教規教儀

齋戒規儀是構成宗教的基本要素之一，陸修靜爲要整頓道教，使之成爲一種更加完備意義上的宗教，因此在道教已經有了基本教義之後，建立起一套適應其基本教義要求並能鞏固教會組織的教規教儀，就成爲道教的一項重要任務。

在東晉時孫恩等利用道教所發動的農民起義失敗之後，爲此當權的統治者更加重視禮法的作用。劉宋時，歷代皇帝對文治頗爲留心，劉裕初卽位就讓何承天、傅亮等共撰朝儀，後何承天又把八百卷的《禮論》刪減合併，以類相從，成三百卷的《禮論》。宋文帝又立儒學、玄學、文學、史學等「四學」，對禮法的重視有了明顯的增長。與此同時，佛教也有很大發展，前此道安和尚已自制「僧尼軌範，佛法憲章，條爲之例」（《高僧傳·道安傳》）；鳩摩羅什等佛教大師又譯出《十誦律》、《四分律》和《僧祇律》等七部戒律。道教要鞏固其教會組織，適應統治者對道教進行改革的需要，並和佛教相對抗，建立一套教規教儀是十分重要的。前此在北朝寇謙之已經注意到這個問題，正是由於陸修靜而使南朝道教的教規教儀得以系統的建立起來。

1. 對建立齋戒規儀必要性的論證

陸修靜在他的一些著作中論證了建立道教教規教儀的必要性，他認爲齋戒規儀應以「勸善戒惡」爲宗旨。在中國傳統中有所謂「三不朽」的觀點，其中以「立德」爲上，陸修靜在「五感文》中說：

> 道以齋戒為立德之根本，尋真之門戶，學道求仙之人，祈福希慶祚之家，無不由之。

因此，《五感文》提出行齋戒要建立在道德教化的基礎上，他說：

> 若塗炭齋者，無五感之心，不得勸吾之意，一則費香徒勞，二則成於虛誑，三則輕慢法禁，四則毀辱師教，五則更招罪罰。

於是陸修靜提出「五感」，不僅要感謝父母養育之恩，而且要感謝太上衆尊大聖眞人開道教教化和師長開度之恩。這說明行齋持戒在於教人以實現宗教「行善止惡」的目的。《陸先生道門科略》中也說：

> 夫受道之人，內執戒律，外持威儀，依科避禁，遵承教令，故經云：道士不受《老君百八十戒》，其身無德，則非道士。

《老君百八十戒》見於《正統道藏》「力」字帙中，其中多爲尊長孝父，安民治國，恪守禮法之類。故陸修靜在《說光燭戒罰祝願儀》中說：

> 聖人以百姓奔競，五欲不能自定，故立齋法。因事息事，禁戒以閉內寇，威儀以防外賊。禮誦役身口，乘動以反靜；思神役心念，御有以歸虛也。能靜能虛，則與道合。

此可注意者，陸修靜清楚明白地提出了立齋戒規儀的目的，它是要使奉道之人身從合於「道德」、「禮法」，心無雜念，身無妄行，而與「道」合。爲此，《五感文》之末列舉了九等齋法共十二種。

2.齋戒規儀是成仙得道必由之路

道教的齋戒規儀必須是爲道教徒達到其嚮往的神仙世界開闢道路，因而陸修靜在《說光燭戒罰燈祝願儀》中說：

> 夫齋直是求道之本，莫不由斯成矣。此功德巍巍，無能比者，上可升仙得道，中可安國寧家，延年益壽，保於福祿，得無為之道，下除宿愆，赦見世過，救厄拔難，消滅災病，解脫死人憂苦，度一切物，莫不有宜矣。

陸修靜認爲，齋戒規儀的功用對道教說是很根本的，它不僅可以消災去病，可以安國寧家，延年益壽，而且是成仙得道的必由之路。這樣，他不僅使齋戒規儀成爲整頓道教使之合於「道德禮法」，而且成為「成仙」的根本方法了。這種「治身」與「治國」相統一的觀點，正是道教的特點之一。

從陸修靜為道教制定的齋戒規儀中，我們還可以進一步看到它的反映了道教這一特點。在陸修靜看來，齋戒規儀既是道教「勸善戒惡」的教條，同時又是修煉身心使之得道成仙的方法。所以他說：

> 夫齋當拱默幽室，制伏性情，使外累不入；守持十戒，令俗想不起。建勇猛心，修十道行，堅植志念，不可移拔，注玄味真，念念皆淨，如此謂之齋。（《說光燭戒罰燈祝願儀》）

接着陸修靜列舉出所謂「十戒」：

> 一、香湯沐浴，以精、神、氣使五體清潔，九孔鮮明，衣服悉淨，內外芳馨，延降高真，視接虛靈故也；
> 二、廢棄世務，斷俗因緣，屏隔內外，蕭然無為，形心閑靜，注念專精；
> 三、中食絕味，挫割嗜欲，使盈虛得節，臟腑調和，神氣清夷，含養元泉；
> 四、謹身正服，齋整嚴肅，舍離驕慢，無有怠替，禮拜叩搏，每事盡節；
> 五、閉口息語，不得妄言，調聲正氣，誦咏經文，開悟人鬼，會感仙聖；

六、滌除心意，不得邪想，調伏六根，蕩滅三毒，存神思真，通洞幽微；
七、煙香奏煙，鳴鼓召神，上聞三清，普宣十方；
八、懺謝罪咎，請乞求願，心丹至誠，謙苦懇惻；
九、發大慈悲，愍念一切，災厄惱難，咸願度脫，生死休泰，無復憂苦；
十、進止俯仰，每盡閑雅，更相開導，言止於道，不得離法，覺有跌誤，便卽逾失，稽顙懺悔。

從陸修靜所列「十戒」，我們可以看出，他把個人修煉（養生）和道德修養結合起來，把道敎的養「精、氣、神」的「長生不死」和佛敎的「斷俗因緣」、「調伏六根」的「生死解脫」結合起來，使道敎的身心修煉和佛敎的慈悲懺悔結合起來，這樣就使道敎的「養生成神」的學說更加進一步道德倫理化了。同時又把道敎的「精、氣、神」相結合的思想納入齋儀之中。因而陸修靜在列舉「十戒」之後，又對「靈寶自然無上齋」法作了說明，謂此齋法是有「微妙之功」的，通於天地人三才的，「無能使之然，亦無能使之不然」的、「超度一切，絕滅生死」的方法，他接着說：

是故太上天尊，開玄都上宮紫微玉笈，出靈寶妙齋，以人三關躁擾，不能閑停，身為殺盜淫動，故役之以禮拜；口有惡言綺妄兩舌，故課之以誦經；心有貪欲嗔恚之念，故使之以思神。用此三法，洗心淨行，心行靜至，齋之義也。

這裏陸修靜把「禮拜」、「誦經」、「神思」三法作爲齋戒的基本內容，而這三方面正是從佛教所提出的「身」、「口」、「意」三業變化而來。佛教對「業報」的解釋帶有神秘主義色彩，與「養生成仙」本不相關，而道教的「靈寶妙齋」竟以此爲「得道成仙」的基本內容，可見陸修靜時道教已受到佛教的若干影響。從這點看，這時南朝道教較之北朝寇謙之時的道教受佛教影響更多了。消除「身」、「口」、「意」三業雖爲「得道成仙」創造了條件，但從道教的立場上看，光靠這方面是不夠的，因爲「成仙」的最上者爲「肉體飛昇」、「長生不死」。因此，陸修靜制定的齋儀也還沒有離開早期道教主張「精」、「氣」、「神」三者結合而「成仙」的理論，所以他在《說光燭戒罰燈祝願儀》中「齋儀」和「氣」的關係，他說：

夫萬物以人為貴，人以生為寶，生之所賴，唯神與氣。神氣在人身，為四體之命，人不可須臾無氣，不可俯仰失神。失神則五臟潰壞，失氣則顛蹶而亡。氣之與神，常相輔而行；神之與氣，常相宗為強。神去則氣亡，氣絕則身喪。一切皆知畏死而樂生，不知生活之功在於神氣。而數凶其心，而犯其氣，屢淫其神，而調其命。不愛其靜，存守其真，故致於枉殘也。人何以不惜精守氣，以要久延視，和愛育物，為枝葉之福。聖人以百姓奔競，五欲不能自定，故立齋法，因事息事。禁戒以閑內寇，威儀以防外賊。禮誦

> 役身口，乘動以反靜也；思神役心念，御有以歸虛也。能靜能虛，則與道合。譬回逸驥之足，以整歸真之駕。嚴遵云：虛心以原道德，靜氣以期神靈。此之謂也。而末世學者，貴華賤實，禍在於靜，而以動求之；命在於我，而捨己就物。若斯之徒，雖欣修齋，而不解齋法；或解齋法，而不識齋體；或識齋體，而不達齋義；或達齋義，而不得齋意。紛紜錯亂，靡所不為；流宕失宗，永不自覺。譬背驚風，而順迅流，不知許迴，遂長淪於苦海，可不悲哉！

從上面引的陸修靜這段話，我們可以看到：第一、陸修靜認爲，人是「畏死樂生」的，而人的生命現象有賴於「神」與「氣」的結合。因此，人要求「長生不死」就得使「神」與「氣」常相輔而行，要「惜精守氣」。這裏陸修靜所說的「神」似仍指「五臟神」。「五臟神」早見於《素問・宣明・五氣篇》，文中說：「五臟所藏，心藏神、肺藏魄、肝藏魂、脾藏意、腎藏志，是謂五臟所藏也。」《老子河上公注》根據這種觀點而演爲「養神不死」的學說，謂：「人能養神不死，神謂五臟神也。……五臟盡傷，則五神去。」（《成象》）看來，陸修靜仍以「神」爲一種「精神現象」，而這種精神現象是和生理器官相聯繫的，或者說這種精神現象是由生理器官所發生的，如果「五藏」敗壞了，「五神」也就會離開人的肉身而去。這就是說，「神」也是一種「氣」，它才可以離身而去。「精」也是一種「氣」（精氣），它是指在體內循環流通的「氣」，所以在陸修靜的《太上靈寶授度儀》中常說「行氣」，此所謂「行氣」就是使人體內容的「精氣」得以循環流通，這和道教的所謂「內丹」有關。而人的身體也是由「氣」構成，它必須好好保養，使不敗壞。因此，如果身體保養得很好，「五神」不離去，「精氣」在體內依一定的路線流通循環，這樣人就可以「長生不死」了。而齋戒規儀就是要「惜精守氣」，使「神」與「氣」合，以達到「長生不死」的目的。第二，如何使「神」與「氣」相合，照陸修靜看，不僅要練養行氣（詳後），而且要能不受外物的引誘和自身欲望蠢動的影響，這樣就要用齋戒規儀來控制人的「欲望」，使身、口、意不妄動，而能虛能靜。「能虛能靜」不僅要練養身心，而且更要靠道德修養。陸修靜引用了嚴遵的兩句話，前一句說明齋法是要用道德規模使心無雜念，「虛心以原道德」；後一句是說齋法可以使「氣」不躁動於外物內欲，而得神存長生，「靜氣以期神靈」。第三，在上引的話中，陸修靜用了「苦海」一詞，這顯然是受佛教的影響。但道教主張「長生不死」，並不認爲現世界爲一「苦海」，怎麼又說要脫離「苦海」呢？細細玩味陸文之意，他並不是認爲「有生」就是在「苦海」之中，而是認爲追求外物，沉於內欲，貴華賤實，追求這樣的生活猶如在「苦海」之中，但如「能虛能靜」而與道合，則雖「有生」（生活在現世界中），也是超脫了「苦海」。所以陸修靜認爲，齋法之所以重要就在於它使人們能生活在現世界中，而得以「得道成仙」。爲此，道教徒不僅應了解齋法（齋戒的方法），而且應了解齋體（齋戒的內容），齋義（齋戒的社會道德意義）、齋意（齋戒的本質，按當由「得意忘言」來了解「意」）。

陸修靜把「養生成仙」、「長生不死」這種關於身心修練的問題和心理信念的道德修養結合起來，使之成爲道教的齋戒規儀的兩個組成部分，而且他特別強調行齋持戒的重要內容之一就是要作「功德」行「善事」，這樣就把內心的道德修養和實踐生活中的力行結合起來，這又是從一個方面表現了中國傳統「知行合一」的要求。這個觀點也可以從陸修靜對《道德經》的解釋得到證明，他在《說光燭戒罰燈祝願儀》中說：

> 夫道者，至理之目；德者，順理而行；經者，由通之徑也。道猶道路也，德謂善德也，經猶經度也，行猶行步也，法猶法戒也。夫人學道要當依法尋經，行善成德，以至於道。若不作功德，但守一不移，終不成道。譬如人坐在家中，而不行步，豈得見道理也？夫道三合成德，自不滿三，諸事不成。三者謂道、德、仁也。仁一也，行功德二也，德足成道三也，三事合仍得道也。若人但作功德，而不曉道，亦不得道。若但曉道，而無功德，亦不得道。若但有道德而無仁，則至理翳沒，歸於無有，譬如種穀，投種土中，而無水潤，何能生乎？有君有臣而無民，何宰牧乎？有天有地而無人物，何成養乎？故五千文曰，三生萬物。

在《太平經》和《抱朴子》中都提出「守一」爲「長生」之道，同時也提到「得道」必經「積善功」，如《太平經》中說：「唯積善者免之，長爲種民。」「守一」之法，外則行仁施惠爲功，不望其故，忠孝亦同。」（《太平經．聖君秘旨》）《抱朴子》中也說：「欲求仙者，要當以忠孝和順仁信爲本。若德行不修，而但務方術，皆不得長生。……積善事未滿，雖服仙藥，亦無益也。」這裏陸修靜爲「得道成仙」必須「積善行德」作了進一步的論證，他提出：若不作「功德」，「但守一不夠，終不成道，譬如人坐家中，而不行步，豈得見道理也」。「道」必須是「道」、「德」、「仁」三方面結合才可以得到。就「仁」這方面說，就是要「行功德」。如果不行「功德」，就好像雖然能懂得「至理」（根本道理），但這個「至理」的作用也發揮不出來，就像有好的種子種在土中，但無水，仍然不能生長一樣。陸修靜認爲，這就是《道德經》五千文所說的「三生萬物」的道理。

關於「三合」應如何了解，饒宗頤在《想爾幾戒與三合義》（刊登於臺灣《清華學報》中）作了詳細的考證。饒先生提出：「三合」二字，首見於《楚辭．天問》的：「陰陽三合，何本何化？」並見於《穀梁傳．莊公三年》：「獨陽不生，三合然後生。」而道教的「三合」自是出自《老子》的「萬物負陰而抱陽，沖氣以爲和」一說，而加以引申。爲了進一步弄清道教的「三合」涵義，饒先生還引用了倫敦所藏敦煌卷S，四二二六號卷前的一段文字：

……順帝之時，弟子宮崇，詣闕上書，言：師于吉所得神經於曲陽泉上，朱界青首，百有餘焉。謂為妖訛，遂不信用。帝君不修太平，其自下潛習，以待後會。賢才君子，密以相傳，而世僞人耶（邪），多生因假，矯詭肆愚，疵妨正典。《想爾》云：世多耶（邪）巧，托稱道云，千端萬伎，朱紫磐礐。故記三合以別真，上下三篇法陰陽。復出《青領太平文》，雜說衆要，歸童蒙心。復出五斗米道，備三合，道成契畢，數備三道。雖萬惡猶紛猗公行，私竊號之正目，事乖真實，師之所除。《玄妙內篇》云……。

據饒先生考證，文中「復出五斗米道，備三合」云云，與《太平經》卷四十八《三合相通訣》有關。《太平經鈔》丙部之十四中說：

氣者，乃言天地悅喜下生，地氣順喜上養。氣之法，行於天下地上，陰陽相得，交而為合，與中和氣三合，共養凡物，三氣相愛相通，無復有害者。太者，大也；平者，正也；氣者，主養以通和也。得此以治，太平而和，且大正也，故言太平氣至也。

《太平經》同卷又說：

共生和，三事常相通，並力同心，共治一職，共成一事，如不足一事便凶。故有陽無陰不獨生，治亦絕滅；有陰無陽，亦不能獨生，治亦絕滅。有陰有陽而無合不能傳其類，亦絕滅。

從《太平經》看，所謂「三合義」當是指「陰」、「陽」、「中和」三氣相結合；而「陰」、「陽」、「中和」三氣既是「天」、「地」、「人」，也是「精」、「氣」、「神」。《太平經》是以「三一爲宗」，正是指的「天」、「地」、「人」三者合一而致太平；「精」、「氣」、「神」三者合一而得長生。但陸修靜所謂的「三合義」則不相同，它是指的「道」、「德」、「仁」的三合。陸修靜所講的「三合」是從人的道德修養方面說的，這和他提倡齋戒規儀相聯繫。「仁」是指一種道德品質或一種行爲軌範；「德」是指依此行爲軌範而行的「功德」，「功德」行得圓滿才可以成「道」，卽可「得道成仙」。陸修靜的「三合義」雖不如《太平經》的「三合義」是講「精」、「氣」、「神」三者合一，但兩者都注重「三合」，則是表現了道教的一特點。

3. 齋戒的儀式

陸修靜和寇謙之一樣，爲道教建立了各種齋戒的儀式，而且他建立的齋戒儀式較之寇謙之的更爲繁瑣。

在《洞玄靈寶說光燭戒罰燈祝願儀》中，載有《授上品十戒選署禁罰》的儀式，其程序大體如下：首先參加齋戒的人於治（道教舉行儀式的地點，也是道教的教會組織所在地）中東向平立，誦《智慧頌》。誦畢，「北向首體投地，回心禮十方，還向東而伏」。然後法師東面向西說戒威儀，先說一段戒威儀的目的是爲「諸男女解災卻患，請福度命」云云，後說「十戒」，卽前文所引者。然後又說一套齋戒的重要意義和行齋戒的方法等等。法師講說完畢後，「依舊選署衆官，衆官長跪受簡禮」。選出的道官有「法師」、「都講」、「監察」、「侍經」、「侍香」、「侍燈」等。選舉完畢後，由新選出的道官由左面上香，並東向誦祝辭，再上香，後由衆道官引出，接着要依次列坐，由法師「宣科說禁，告示威儀」，告訴與會者那些道規應遵守，違背道規者要受到處罰，與會者靜聽，爾後還要上香、禮拜，才算齋儀完成。

在《太上洞玄靈寶衆簡文》中也記載了各種道教儀式。有《元始靈寶告水帝削除罪簡上法》，這是向水行的一種齋儀，以求除罪得以長生。先是把「告文」寫在木簡上，然後把木簡投入某「清冷之水」，先東向叩齒三通，捻香發爐，再轉向北，又叩齒三通，讀木簡文，又念一段咒語，再作捻香復爐，則儀式完成。其他還有《元始靈寶告五嶽靈山除罪求仙法》、《元始靈寶告九地土皇滅罪求仙法》等等，儀式大體相同。又有《太上洞玄靈寶授度儀》是專門記載受度入道的儀式的，十分繁瑣，於此不詳述。

特別値得注意的是，陸修靜在《洞玄靈寶五感文》中論述了道教齋法的特殊意義。他認爲，道教應「以齋戒爲立德之根本，尋眞之門戶。學道求神仙之人，祈福希慶之家，萬（按當作『莫』）不由之」。這是因爲「聖道清虛，法典簡素，恬寂無爲，此其本也」。然而，「世物浮僞，鮮能體行。競高流淫，信用妖妄。倚附邪魅，假托眞正。君子小人，相與逐往。昏迷長寢，曾莫甄悟，致上危神器，下傾百姓，滅身破國，猶不以戒。至乃濁亂正氣，點染清眞，毀辱大道，可為痛酷」。對如何治這種「教法網頽」之世，照陸修靜看要用道德教化的辦法，使人們具備「五感之心」。人有了「五感之心」，才可以「修功德」，才可以進入「得道成仙」的門徑。而在「五感之心」中，不僅有儒家禮法「感父母養育之恩」的要求，而且有道教特殊的要求，即要感謝道教諸神和道教的領袖的恩惠。沒有這種由倫理道德出發的「五感之心」，行齋戒不僅無用，反而有害。有「五感之心」，再行齋戒才有大功效。而齋戒之法有兩大類：一為「無為」齋法，是出世的，這要求絕羣離俗，「孤影夷豁」，遺形忘得，使與道合；二為「有為」齋法，是入世的，則要求使國泰、家安以及祖宗之魂得以超渡。從這兩類齋法上看，它又表現了中國本民族的宗教——道教的特點，它總是要求把「養生」和「治國」聯合起來，企圖統一「出世」和「入世」。就這點說，道教無疑深深打上了中華民族傳統文化的烙印。

三　提出建立獨立的道教組織形式

原始道教的教會組織大都和政權組織（如張魯的五斗米道）或農民起義的組織（如張角的太平道）分不開，到東晉以後由於杜子恭等道教領袖的努力才逐漸有道教的教會組織和政權組織分開的趨勢。在北朝雖有寇謙之企圖把最高層的政權機構建成政教合一的形式，但他仍要求道教的基層組織獨立於政權組織之外。而且他改革了道教各級教會組織的機構，廢除了「父死子繼」的領導體制，採取了「選賢舉能」的辦法來建立各級教會組織。寇謙之的這套辦法當然和他要「廢除三張僞法」有關係，因爲張道陵一系五斗米道採取的是「父死子繼」的制度。在南朝，從杜子恭到陸修靜建立獨立的較爲完備的道教教會組織的條件大體具備了，特別是東晉孫恩起義失敗後，從統治階級方面說，如何能使道教教會組織更適合鞏固封建統治的要求，已是當務之急了。爲此，陸修靜提出了一套建立較爲完備的教會組織的方案，這主要表現在他的《道門科略》一文中。

東晉時孫恩等曾利用道教組織農民起義，這次起義雖然失敗，但對統治者的震動很大。因此，一些道教領袖對如何整頓和建全道教組織十分注意，企圖使道教組織更有利於鞏固封建統治。陸修靜的《道門科略》一開頭就對利用道教進行「叛亂」作了譴責，並提出了整頓道教的方案，他說：

> 夫大道虛寂，絕乎狀貌，至聖體行，寄之言教。太上老君以下古委懟，淳澆樸散，三五失統，人鬼錯亂，久天故氣，稱官上號，構合百精及五傷之鬼，敗軍死將，亂軍死兵，男稱將軍，女稱夫人，導從鬼兵，軍行師止，游放天地，擅行威福，責人廟舍，求人饗祠，擾亂人民，宰殺三牲，費用萬計，傾財竭產，不蒙其祐，反受其患，枉死橫夭，不可稱數。太上患其若此，故授天師正一盟威之道，禁戒科律，檢視萬民逆順、禍福、功

過，令知好惡，置二十四治，三十六靖廬，內外道士二千四百人、下千二百官。……使民內修慈孝，外行敬讓，佐時理化，助國扶命。

陸修靜認爲，利用道教來「稱官上號」、「擅行威福」、「男稱將軍，女稱夫人」，致使「三五失統，人鬼錯亂」。這樣人們不僅不能從道教得到福祐，反而要受到災難，所以太上老君授天師「正一盟威之道」，除制定「禁戒科律」令道民知道「逆順」等外，還要求「置二十四治」和「三十六靖廬」，以便把道教徒組織起來，使之有所歸屬。爲要把道教徒組織起來，陸修靜提出首先應整頓道教徒的「錄籍」。照陸修靜的觀點看，天師立治置職，統領道民，就像政府要設立郡縣城府以統治民衆一樣，他要求把信奉道教的人都「編戶著籍」，使各有所屬，並要求每年正月七日、七月七日、十月五日三元日各道民都到自己所屬的「治」去報告，說明自己家裏人口變化的情況，「落生下死」；所在「治」的道官根據變化的情況，造新的「錄籍」。據《道門科略》看，信奉道教者並不需要出家，這點和佛教不一樣，因爲其「錄籍」是以一家一戶爲單位，所以叫「編戶著籍」。這種「道科宅錄」是用以把道民編在一起，信奉道教者要按戶把男女都登記上，人口若有增減都要報告，並且規定了生男生女入籍的儀式。「生男滿月，賫紙一百，筆一雙，設上厨十人，生女滿月，賫掃帚糞箕各一枚，席一領，設中厨五人」。對婚娶的入籍儀式也有所規定。這些都和當時我國民間的風俗習慣大體相同。如果「增口不上」，則將「天曹無名」，

「滅口不除」則將使「名簿不實」，這樣的結果是「司命無名，徒碎首於地」，「道氣不復覆蓋，鬼賊所傷害，致喪疾夭橫」。陸修靜的這一「編戶著籍」的作法，其目的在於「令民知法」，以便使道教的組織得以鞏固，而有利於封建統治，「使民內修慈孝，外行敬讓，佐時理化，助國扶命」。為鞏固道教內部的等級制度，陸修靜還用衣服式樣和顏色的不同，把封建等級制的一套推廣到道教內部，他說：

> 道家法服猶世朝服，公侯士庶各有品秩，五等之制以別貴賤。夫巾褐裙帔製作長短，條縫多少，各有準式，故謂之法服，皆有威神侍衛。（《道門科略》）

照道教的等級制度看，它以要求信奉道教的人如果有三次「勤」（為道教作的好事）就可以記一「功」，三「功」為一「德」，三「德」之後就可「署籙」，這就算進入道教的門了。入道後，如再有「功」則可升遷為「十將軍籙」，再遷則為「散氣道士」、「游治」、「下治」、「配治」等職，再往上遷則可保舉由天師子孫封「下、中、上八」之職，得到了「上八」之職後，如果能「明煉道氣，救濟一切，消滅鬼氣，使萬姓歸伏」，這樣就可以拜受道教最高的職位：陽平、鹿堂、鶴鳴三治之職。陸修靜要求建立這樣一套教會組織，並以是否有功於道教，是否能遵守道規，是否勤習道教的各種儀式為升遷的條件，這樣可以使全部奉道教的人都有所歸屬，而道教的教會組織就可以自上而下的對道民進行控制，使其不得「犯上作亂」了。

為使每戶道民能在平時修持敬奉，陸修靜還對「靖室」（又名「靜室」）的制度作了規定，他說：「奉道之家，靖室是至誠之所。」它要和其他的房屋隔開，不相連屬，其中應是「清虛不雜他物」，開關門戶要輕，平日要掃洒得乾乾淨淨，就像常常有神居位一樣，其中只擺放香爐、香燈、供桌（章案）、道書等四樣東西，並不懸掛神像，而且反對「床座形象，幡蓋衆飾」。這和後來的道教很不一樣。到唐宋以後，道教的廟堂裝飾越來越複雜華麗，懸掛着各種旗幟和神像。

從南朝的道教發展看，到陸修靜時可以說已經大體成為一較為完備的宗教團體。陸修靜雖不能說是南朝道教的集大成者，但他確對道教教會組織的建設有着極為重要的貢獻。在建立齋戒規儀方面，他可以和北朝的寇謙之相當，在整頓和建立教會組織方面，可以說他使杜子恭以來道教領袖的種種努力得以系統化和落實。而尤為突出的是他編出了第一部道經的目錄，為編纂道教經典創立了體例和原則，這對以後整理和保存道教經典起了重要的作用。如果說陸修靜有不足的話，可能是他對道教的宗教理論建樹較少，這也許是因為他的有些著作散失了，使我們無法了解到他的宗教理論。例如他曾著有《道德經雜說》，或者他對《道德經》有些研究，在上引《說光燭戒罰燈祝願儀》中，他對《道德經》有一種解釋可以證明。不過我們可以注意的是，陸修靜在宗教理論上受到了較多佛教的影響，如上述關於「苦海」、「身、口、意」等等的思想，顯然來自佛教。另外他還著有《自然因緣論》、《必然論》等，大概都是取自佛教的思想內容。

第十章　爲道教創立神仙譜系和傳授歷史的思想家陶弘景

一　生平與著作

陶弘景生於宋孝武帝孝建三年（四五六年）、死於梁武帝大同二年（五三六年），年八十一，歷經宋、齊、梁三朝。陶弘景是陸修靜的再傳弟子，他宏揚道教的時候已是在道教經過東晉至齊、梁約二百年的發展，由於信奉道教的世家大族的提倡，使道教逐步完善化、系統化、社會化，而成爲一與佛教相抗衡的宗教團體。道教由原始道教發展成有了系統的教義理論體系，有了爲闡明其教義的衆多經典，有了較爲嚴密相對於政權組織的獨立的教會組織，有了一套獨特的教規教儀，因此有可能出現總其成的道教大師。這個總其成的道教大師就是陶弘景。自陶弘景以後，道教的發展進入了一個新階段；他是早期道教的集大成者，也是早期道教的終始者。自此以後，道教更爲大量地吸收了佛教的思想，多少模糊了道教某些原有的特性。陶弘景對道教的主要貢獻有以下兩個方面：1.對早期道教的神仙學說作了總結和改造；2.爲道教建立了一套神仙世界的譜系和構成了道教傳授的歷史，建立了中國道教的主要宗派茅山宗。

陶弘景，字通明，謚貞白，因隱居華陽（句容之句曲山，即茅山），又稱華陽隱居先生，丹陽秣陵人（在今南京市境內），出身於當時南朝的大族。據陶翊《華陽隱居先生本起錄》說，陶弘景的祖父隆「好學讀書善寫兼解藥性」；其父貞寶「善稿隸書」，「深解藥術」，「博深子史」，其母「精心佛法」。《南史・本傳》謂：陶弘景「讀書萬餘卷，一事不知，以爲深耻」，「善琴棋，工草隸」。齊高帝時引爲王子侍讀，但陶弘景早傾慕隱逸生活，年十五曾作《尋山志》，文中說「倦世情之易撓，乃杖筆而尋山」。永明初拜東陽道士孫游嶽（陸修靜的弟子）爲師，受道教符圖經法。永明六年得晉楊羲（三三〇—？）、許謐（三〇三—三七三）和許翽（三四一—三七〇）手書眞迹，後又遍訪名山道士，又得楊羲等手迹十餘卷。永明十年（四九二年），陶弘景三十六歲時辭官歸隱，自此再未出仕。楊羲等所受爲上清經錄，故陶弘景也就傳上清派而立茅山宗。梁武帝即位，多次召請不出，嘗作詩答梁武帝問：「山中何所有，嶺山多白雲，只可自怡悅，不堪持寄君。」（《詔問山中何所有賦詩以答》，見《華陽陶隱君集》），陶弘景潛心於山中煉製丹藥，以求長生。但梁武帝每有大事常派人到山中諮詢，時稱「山中宰相」。陶弘景雖身爲道士，卻善於融合儒、佛思想。據宋賈嵩撰《華陽陶隱居內傳》謂：陶弘景未歸隱前曾注儒家經典《孝經》、《論語》、《三禮》、《尚書》、《毛詩》等。又「敬重佛法」、「恒讀佛經」（見法琳《辯正論》卷十三《異方同制》），「在茅山中立佛道二堂，隔日朝拜。佛堂有像，道堂無像」。《梁書·本傳》謂：「曾夢佛授其菩提論，多爲勝力菩薩，並於鄮縣阿育王塔受佛戒。」其著作《眞誥》竊取佛說《四十二章經》之意（見胡適撰《陶弘景的眞誥考》）。《周氏冥通記》又引進佛教的「緣業」觀念。陶弘景臨終有《遺令》謂：「因所著舊衣，上加生裓裙及臂衣袜冠巾法服，左肘錄鈴，右肘藥鈴，佩符絡左肘下。繞腰穿環結於前，釵符於髻上。通以大袈裟蒙首足，明器有車馬，道人道士並在門中，道人左、道士右。」（《南史·本傳》）由此可見，陶弘景對儒、釋、道採取兼容的態度，但其主要精力是致力於道教的活動。

陶弘景的著作在八十餘種，涉及儒家經典、天文、曆算、地理、醫學、藥學、兵學、史學、方術等等方面，而對醫學和藥物學貢獻最大，這方面的著作有：

《本草經注》七卷，《雲笈七籤》卷一百零七著錄；

《肘後百一方》三卷，同上；

《效驗施用藥方》五卷，同上；

《服草木雜藥法》一卷，同上；

《藥總訣》二卷，《華陽陶隱居集》有《序》。

《陶隱居本草》十卷，《隋志》著錄。

《名醫別錄》三卷，《隋志》著錄爲「陶氏撰」，不知是否爲陶弘景。

與醫學、藥物學同時又與道教養生有關的著作還有：

《養生延命錄》二卷，今存《正統道藏》「臨」字帙中。

《服氣導引法》一卷，《雲笈七籤》卷一百零七著錄；

《服氣養生圖》，宋晁公武《郡齋讀書後志》著錄，謂圖分三十元勢，與上《服氣導引法》是否一書，不可詳考。

陶弘景的道教著作有：

《登眞隱訣》，今存《正統道藏》「遜」字帙中，作於四九三年前後，這部書是陶弘景收錄眞人傳記中實用的養生法和楊羲告許謐、許翽的口訣，大部分散失，今僅有三卷，在《太平御覽》卷六七一中引用該書中陶弘景對九轉還丹法的記述；

《眞誥》二十卷，今存《正統道藏》「安」「定」字帙中，完成於四九九年；

《洞玄靈寶眞靈位業圖》一卷，今存《正統道藏》「騰」字帙中；

《周氏冥通記》，今存《正統道藏》「翔」字帙中；

《太上赤文洞神三籙》一卷，今存《正統道藏》「五」字帙中；

《華陽陶隱居集》二卷，今存《正統道藏》「尊」字帙中，集中收有陶弘景關於道教理論的重要著作《答朝士訪仙佛兩法體相書》以及與道教有關的碑文等。

《合丹藥諸法式節度》一卷，《雲笈七籤》卷一百零七著錄，《隋志》作「《合丹節度》四卷」；

《集金丹藥白要方》一卷，《雲笈七籤》卷一百零七著錄，《隋志》有《太淸諸丹集要》四卷，是否同一書，不可詳考；

《服雲母諸石藥消化三十六水法》一卷，《雲笈七籤》卷一百零七著錄，《陶內傳》作「《服雲母諸石方》」；

《斷穀秘方》一卷，《雲笈七籤》卷一百零七著錄；

《靈方秘奥》一卷，同上，《陶內傳》作《靈奇秘奥》；

《消除三尸諸要法》，《雲笈七籤》卷一百零七著錄；

《練化雜術》一卷，《隋志》著錄；

《玉匱記》三卷，《雲笈七籤》著錄，注說「說名山福地事」；

《服餌方》三卷，《隋志》著錄，想當爲《服雲丹諸石方》、《服草木雜藥法》、《斷穀秘方》三書之合；

《老子內外集注》四卷，《雲笈七籤》卷一百零七著錄，注說：「並自立意」，宋李霖《道教眞經取善集》中引有陶注，如「大器晚成」注中有「陶弘景曰：積德道成，謂之大器，非日可就，故曰晚成。」

《抱朴子注》二十卷，《雲笈七籤》卷一百零七著錄。

此外，陶氏尚有方術之書多種，如《占筮略要》、《人間諸卻災患法》、《夢記》、《風雨水旱飢疫占要》（均著錄在《雲笈七籤》卷一百零七中）、《劍經》（《說部》作《刀劍家》），講劍解之術，《太平御覽》卷六六五存有部分）。此雖非純粹道教之著作，但亦多與道教之方術有關。至於陶弘景所著的史書、地理、天文、曆算雜著等就不一一列舉了。總之，從陶弘景的著作看，他既是一道教大師，又是一博學的學者。

二 對早期道教神仙學說的總結和改造

早期道教的信徒都認爲，人可以通過各種各樣的修練而達到長生不死，成爲神仙。要達到長生不死、成爲神仙的根本問題是如何使得神形不離而永存。對這個問題陶弘景在《答朝士訪仙佛兩法體相書》中，他通過佛道兩家在神形問題上的不同對這道教神仙學說有一簡單明確的說明，他說：

> 凡質像所結，不過形神，形神合時，是人是物；形神若離，則是靈是鬼。其非離非合，佛法所攝；亦離亦合，仙道所依。今問以何能而致此仙？是鑄鍊之事極，感變之理通

也。當埏埴以為器之時，是土而異於土，雖燥未燒，遇濕猶壞；燒而未熟，不久而毀；火力既足，表裏堅固，河山可盡，此形無滅。假令為仙者，以藥石煉其形，以精靈瑩其神，以和氣濯其質，以善德解其纏，衆法共通，無碍無滯，欲合則乘雲駕龍；欲解則尸解化質：不離不合，則或存或亡，於是各隨所然，修道進學，漸階無窮，教功令滿，亦畢竟寂滅矣。

這裏陶弘景對佛教和早期道教在形神問題上的不同觀念概括得比較清楚明白，而且也比較恰當。佛教本來主張「無我」，不僅認為形體是不實在的、虛幻的假象，而且精神（神）也並非實有，都是因緣所生，都是非有非無的「幻化」。「神」最後必須歸於寂死，才可以超脫輪迴，達到涅槃境界。陶弘景說，佛教對形神關係的看法是「非離非合」，這一「非離非合」是從當時佛教「非有非無」的思想脫胎而來的，「非離」則是「非無」，「非合」則是「非有」。看來，陶弘景對佛教的了解還是有一定根據的，也許比當時有些佛教信徒大講「神不滅」還高明一點。其實主張「神不滅」和佛教的「無我」並不相合。「神」如果永遠存在如何得以超脫輪迴達到涅槃呢？從佛教的涅槃學說看，應該是神形俱滅的。

道教所追求的是長生不死，也就是說要求形神不離。照陶弘景看，形神如果永遠結合在一起就可以成為「乘雲駕龍」的「上仙」，如果形神要離開也可以成為「尸解化質」的「下仙」。所謂「乘雲駕龍」的「上仙」，就是《神仙傳》所說的「登眞仙去」，如馬鳴生之「白日昇天」，淮南王劉安之舉家昇天等等。這當然都是道教徒的幻想和揑造。陶弘景說「欲離則尸解化質」，是不是認爲「下仙」是形神相離的呢？看來不能這樣簡單地理解。很可能應解釋爲：如果要使形神相離，必須是「尸解化質」。所謂「尸解化質」應解釋爲「尸解」只是「形質」的變化。因此，「欲離須尸解化質」的意思應是：神與原來的舊質相離而化爲新質仙去。如《抱朴子》中說：「下士先死後蛻，謂之尸解」。人死如蟬蛻，故《寶劍上經》說：「尸解爲本眞之練蛻也。」我們在道教的著作中看到有各種各樣的「尸解」，有所謂「劍解」和「杖解」，卽以劍或杖暫時化爲自己的身體，眞身隱化，登仙而去。所以《洞玄靈寶無量度人經訣音義》說：

> 尸解，音賈，托形隱身成仙也。

在陶弘景的《眞誥》中也記載了一些「尸解」的情形，如說：

> 太極眞人遺帶散白粉服一刀圭，當暴心痛如刺。三日欲飲，飲卽足一斛，氣乃絕。絕卽是死也。旣殮，失尸所在，但餘衣在耳，是爲白日解帶之仙。

又《眞誥》卷四引《劍經》說：

> 其用他藥得屍解，非是用靈丸之化者，皆不得反故鄉，三官執之也。有死而更生者，有頭斷已死乃從一旁出者，有未殮而失屍骸者，有人形猶在而無覆骨者，有衣在形去者，有髮脫而失形者。白日去謂之上屍解，夜半去謂之下屍解，向曉向暮之際而謂之地下主也。

陶弘景對「屍解」的如此種種說法，其要點就在於說明並非有單獨的「神」（靈魂）成仙而去，而「神」總是以種種形式依附在「形」上而仙去的。

怎樣才能做到形神相結永不離而成神仙呢？陶弘景舉例說，道士的練養形神就像用泥土作器皿一樣。器皿是由土作成的，但由泥土作成的器皿已不是泥土了，如果把它燒煉得非常好，表面堅固，那麼山河大地可以毀壞，而此器皿也不會毀滅的。人如果能以各種各樣的方法來練養自己的身體和精神，也將會長久存在。如何練養形神，陶弘景也提出了一套辦法。他認為光靠某一方面的練養是不行的，得多方面配合起來才能實現其長生成仙的目標。「以藥石煉其形」，這是指要煉出金丹來服食，這屬於外丹，陶弘景和葛洪一樣是最注重外丹的，他在山中多次煉丹而未成（詳見《華陽陶隱居內傳》）；「以精靈熒其神」，按道教以為人之精神是由某種神氣作為承擔者，所以，「精靈」之氣（神氣）的練養可以使其精神清徹，在《眞誥》中有所謂「存思」，即「靜心存行道」，這是一種心理活動，大概就是後來的內丹的一種；「以和氣濯其質」，在《太平經》中「和氣」有時指「精氣」，而「精氣」是一種中和性質的氣，它可以洗滌形神的不調和而使之調和；「以善德解其纏」，指用道德修養來解除人們內心（思想上）的困惑。在《眞誥》中，陶弘景把積善修德也看成是成仙的重要條件之一，如卷十六中說：

其中宿運先世有陰德惠救者，乃時有徑補仙宮或入南宮受化，不拘職位也。在世之罪福多少，乃為稱量處分耳。大都行陰德，多恤窮厄例，皆速詣南宮為仙。

陶弘景的注說：

在世行陰功密德，好道信仙者，既有淺深輕重，故其受報亦不得皆同：有卽身地仙不死者；有托形屍解去者；有既終得入洞宮受學者；有先詣朱火宮煉形者；有先為地下主者，乃進品者；有先經鬼宮，乃仙化者；有身不得去，功及子孫，令學道，乃拔度者。諸如此例，高下數十品，不可一概求之。

這就是說，或先人有陰功密德，或本人在世修善積德，視其深淺可以成爲不同等級的神仙。這裏既可看到中國傳統「承負說」之影響，也反映着當時社會所存在的等級觀念。（詳後）

由於養生成仙要同時用各種方法，這樣一來在實踐上就有很大困難，因爲要求長生成仙的人很難各方面都作到。看來陶弘景指出這一套養生術來，無非是讓人們把長生成仙看得很高、很難，不去懷疑它的虛妄性，相反去責備是由於自己在養生術上沒有能在各方面都作到，從而增加人們對道敎的秘密性和超越性的信仰。

養生成仙雖然是虛妄的，但陶弘景提出來要從各方面來修煉形神，卻對我國醫學和藥物學的發展有很大影響。由於要「以藥石煉其形」，陶弘景對於中藥學、中醫學作了大量的研究，注解了《本草經》，撰寫了《藥總訣》，又把葛洪的《肘後要急方》增補為《肘後百一方》，所以道敎的「外丹」與中國的藥物學有着密切的聯繫。「以精靈熒其神」是要求通過某種鍛鍊內在神氣的功夫，而使神靜心寧，以求長生，從而發展了「氣功術」，這也對養生是有益的。如在陶弘景的《養生延命錄》中就有《服氣療病篇》。在《養生延命錄》中，陶弘景搜集了他以前的人講養生的各種方法，其中特別注重「養氣」，如引《神農經》說：

> 食元氣者，地不能埋，天不能殺。

引《服氣經》說：

> 道者，氣也。得氣則得道，得道則長存。

在這部書中雖有大量荒誕無稽之談，但其中也有一些有關養生療病的經驗之談。

道敎從漢末到蕭梁已有三百多年的歷史，從葛洪到陶弘景也近二百年。道敎徒用各種說法來論證長生不死的神仙是可能達到的，並且提出了種種養生成仙的方法。但是實踐的結果沒有一個人能作到肉體成仙，這樣就不能不危及道教的那套長生不死的教義。對這一點道教徒也用了種種辦法來掩蓋他們的困境，例如寇謙之也講什麼「銷煉含丹」，陸修靜則講「惜精愛氣」，但他們認爲成仙除了自己修練外，還得有神仙接引。他們這樣固然可以避開驗證，但這又和早期道教講的「天下悠悠，皆可長生」的宗旨相違背，而有損於道教的基本教義。因此，陶弘景把各種成仙的修練方法結合起來，企圖解決成仙理論和實踐的脫節。然而陶弘景本人在實踐中也無法達到其長生不死的目標。陶弘景開始在茅山煉丹不成，認爲卽是由於所處「不絕聲迹」，是「丹家所忌」，於是他「改服易氏」，找新的煉丹地址，後在瞿溪石室夢人告云「欲求還丹，三永之間。」，他就到浙江的永康、永嘉、永寧一帶去找煉丹地點，但也沒找到合適的地點。後來梁武帝派人把他接回到茅山，讓他在那裏繼續煉丹。陶弘景在天監年間（自五〇二至五一九年）多次煉丹，獻丹於梁武帝（見《南史》卷七十六），到天監十八年（五一九年）據說他煉得上好金丹，「飛華無雜色」、「光彩特異」，但他自己都不敢服用，又想煉黃白，「以驗成否」，據記載就在此時他忽然得到靈感，文說：

（陶弘景）是夕攝心氣感，忽見有人來，朦朧煙雲中，語曰：「不須試，試亦不得，今人多貪忽，聞金玉可作，便求竟毀天禁，正此是成，但未都具足」，仍復作嘆聲云：「

世中豈復有白日升天，漸服自可知。」言訖颯然來去。於是乃不試。（引自《華陽陶隱居內傳》）

由此可見，陶弘景對於服食丹藥可以長生成仙並沒有多大信心。陶弘景多次煉丹得不到長生成仙的結果，自然精神上很痛苦。恰好梁武帝此時大力提倡佛教，這對陶弘景有很大啓發。天監三年（五〇四年），梁武帝曾召集佛道議論於朝廷，陶弘景作《難鎮軍沈約均聖論》，雖仍未接受佛教的因果報應學說，但到他晚年作了一本《周氏冥通記》，就可以看出他在不少方面接受了佛教的理論。

天監十六年（五一七年），陶弘景撰《周氏冥通記》。周子良是陶弘景在天監七年（五〇八年）至天監十一年（五一二年）東游海岳時收的弟子，其中卷一記述了他怎樣遇到周子良並收爲弟子的情況。周子良於天監十五年（五一六年）服丹致死。在周子良死後，陶弘景把其遺留下來的部分冥通記錄收集起來加以整理成書，並把此書獻給了梁武帝。所謂「冥通」就是說在冥冥中與神相通。在《周氏冥通記》中記述了周子良受到冥召的情況，天監十四年夏至，茅山仙府冥召周子良。在他應召期間，有一次在恍恍惚惚中茅山府君對他說：「府中缺一任，欲以卿補之，事日將定，莫復多言，來年十月當相召。」次年周子良服金丹應召而去。所謂「金丹」，自然是一種毒丹，《周氏冥通記》卷四記載了這種丹叫「玉瀝丹」，它是一種植物芝菌和礦物鉛汞合制的毒丹。又，在《周氏冥通記》中記載了神靈反覆告誡周子良說：

得道悉在方寸之裏耳，不必須形勞神損也，世人唯知服食吞符，苟非其分，亦為德勤，更不及專營功德，善積功滿，道亦可議，但於後身得之，不施於今生矣。

這就是說，「得道」從根本上就是靠心神的覺悟，陶弘景名之為「有思」，特別是要靠前生修功德、行善事，而不是光靠「服食吞符」可以達到的。我們可以注意到，陶弘景已把來生受報和靈魂（神）不死的觀念引入了道教，使佛教的因果報應觀念與道教的養生成仙的理論結合起來了。他主張要「得道成仙」必須長期修練形神，但修練的效果主要不取決於練養功夫，而是取決於前生修功積德的「緣業」。在《周氏冥通記》中有如下一段記載：

問曰：陶氏才識如何？答曰：德操淵深，世無其比。又曰：然恐緣業不及，如何！

陶弘景長期修身煉丹，其不能成仙之故，在於「緣業不及」，所以在他將死之時，寫了一首叫《告逝》的詩，開頭幾句是：

性靈者既肇，緣業久相因，即化非冥滅，在理澹悲欣，冠劍空衣影，鑣轡乃仙身。

這裏的意思是說：人是否有成仙的性靈（本質）是在前世就注定了的，因此有沒有緣分是由過去繼承下來的，雖然可以化逝，但並不是就不存在了，因此沒有必要對生死看得那麼重，人經過修練可以得到屍解，也可以乘雲駕龍而肉體飛升。這裏陶弘景顯然是企圖把道教與佛教思想結合起來。這樣一來道教的神仙理論看起來就似乎更「完善」了，不過早期道教養生成仙的理論和科學（醫藥學）有聯繫的方面就大大削弱了。隋唐以後的道教雖然還有像孫思邈那樣對醫藥學很有貢獻的大師，但總的說來也不像早期道教的大師那樣多為科學家了。李唐一朝，帝王提倡道教，但是道教在理論上和實踐上並沒有多大成就，與佛教相比又是遠不及了。這是後話，茲不贅述。

三　為道教建立神仙譜系和傳授歷史

道教為自己的宗教建立神仙譜系的要求，無疑是受到佛教的影響。並非佛教的所有學說和措施道教都加以吸收和接受，例如在兩晉南北朝時期道教對佛的沙門不敬王者和不拜父母不僅沒有接受，而且進行了批評。南朝道士顧歡著《夷夏論》分別華夷，批評佛教「下棄妻子，上廢宗祀」，「悖禮犯順」，「去孝敬之典」；齊道士作《三破論》也批評佛教「遺棄二親，孝道頓絕」。道教的這些觀念反映着我國民族心理的特色，它正是我國周秦以來傳統思想的內核。在這種問題上道教堅持本民族思想文化的傳統，而佛教作為一種宗教以後反而不得不接受這種觀念。在兩晉南北朝時，佛教徒常和儒道在「忠君」、「孝父母」問題上有所辯論，但到唐以後就接受了中國傳統思想。至於道教建立神仙譜系雖受佛教影響，但也並非是唯一的原因，而更爲重要的或者仍是中國社會自身的原因所使之然的。

兩晉南北朝的社會是門閥世族占統治地位的社會，在這個社會裏等級觀念極強，「上品無寒門，下品無士族」。原來道教並沒有等級森嚴的神仙譜系，《太平經》中有「道人」、「仙人」、「眞人」、「神人」之分，但主要是指修養的等級，而且是一般的、抽象的分別，甚至在葛洪的《抱朴子》中把「仙」分爲三等，其意義也和後來陶弘景所構造的神仙譜系的等級大不相同，例如在《抱朴子》的《論仙》、《金丹》和《神仙傳》中韓衆告劉根之言，都是說的所備功力不同而有成仙的品級不同。陶弘景作《眞靈位業圖》就大不相同了，他在該書的《序》裏說：

夫養鏡玄精，睹景耀之鉅細，俯眄平區，見岩海之崇深；搜訪人綱，究朝班之品序；研綜天經，測真靈之階業。但名爵隱顯，學號進退，四宮之內，疑似相參，今正當比類正經，仇校儀服，埒其高卑，區其宮域。……今所詮貫者，實稟注之奧旨，存向之要趣。祈祝跪請，宜委位序之尊卑；對真接異，必究所愚之輕重。……雖同號真人，真品乃有數；俱目仙人，仙亦有等級千億。若不精委條領，略識宗源者，猶如野夫出朝廷，見朱衣必令史；句驪入中國，呼一切為參軍，崇解士庶之貴賤，辯爵號之貫同乎。

所謂「位業」，《道教義樞》卷一中說：

> 位業者，登仙學道，階業不同，證果成眞，高卑有制。

並有《注》說：

> 位是階序之務，業是德行之目。

照陶弘景看，正因爲在人間有綱紀（三綱六紀），所以要排列「朝班之品序」，那麼在天上也應有「天經」（天地之經緯），所以也要排列「眞靈之階業」，而這種排列的目的是要把尊卑和貴賤區別開來，劃成若干等級的不同。由此可見，陶弘景劃分神仙等級不僅是看修養的高低，而更重要的是爲了分別權力的大小。陶弘景就是照這樣的指導思想來構造他的神仙譜系。從《眞靈位業圖》看，其中包括的「神仙」既有道教所虛構的，也有他們所虛構的，由歷史人物而修練所成的，還有由元氣化成的所謂「神仙」和人死後的靈魂所構成的「神仙」等等。陶弘景把「眞靈」分爲七個等級，每個等級中又有居中的「中位」神仙和「左位」、「右位」的相侍者。

第一級居中位的爲「元始天尊」，其左爲首的是「高上道君」，其右爲首的是「元皇道君」，此後道敎的三清殿大都供奉這三位尊神。

第二級居中位的是「玄元大道君」，此爲「萬道之主」，其左右除有道敎虛構的「天帝道君」、「玄元道君」之類，還有魏存華、楊羲、許穆、許翽等上清派大師。因陶弘景推崇《上清經》，且茅山派造其世系、陶弘景爲第九代天師，因此陶弘景把魏存華、楊羲等放在較高的等級中，自不爲怪。

第三級居中的爲「太極金闕帝君姓李」，下注說：「壬辰下教太平主」，其左右有古代傳說中的帝王黃帝、帝堯、帝舜和儒家的孔丘、顏回、道家的老聃、莊周，還有所謂「靈寶派」的大師葛玄等等。

第四級居中位的是「太淸大上老君」，注說：「爲太淸主，下臨萬民。」與之並列居中位的還有「上皇大上無上大道君」。爲何第四等級居中位有兩位尊神不得而知。但似第三級以上說「天上」，第四級與其後第五級有說「人間者」，如其左右有天師道（五斗米道）的開山祖張道陵、金丹道的葛洪和傳《太平經》的帛和等，這些都是道教史中的重要人物。此等級中又包括「自然」之神和玉女、眞人等天神。

第五級居中位的爲「九宮尙書」，下注說：「姓張名奉，字公先，河內人，先爲河北司命、禁保侯；今爲太極仙侯，公領北（按：應作「此」）職，位在太極矣。」其左右多爲歷史人物，但多並非有名望者。

第六級居中爲「定錄眞君中茅君」，下注謂「治華陽洞天」。按道教的所謂「三十六洞天」，陶弘景常居茅山華陽洞天，故推崇茅君，其左右有小茅君等，其中還有所謂「地仙散位」，此等級或屬「地仙」一類。這一級中又出現了「葛玄」，下注說：「字孝先，丹陽句曲人，稚川之從祖也。初在長山，𩰚虎使鬼，無處不在，位在太極宮。」在第三級的「太極左仙公葛玄」下注說：「吳時下演靈寶，下爲地仙。」可見葛玄在第三級中爲「天仙」，在第六級中爲「地仙」。

第七級居中位者爲「酆都北陽大帝」，注說：「炎帝大庭氏諱慶甲，天下鬼神之宗，治羅酆山，三千年而一替。」這是陶弘景的「地獄世界」，鬼生活的世界，其左右大都是一些鬼官，而這些鬼官又大多是歷史上的帝王將相之類，如秦始皇、漢高祖、李廣、何晏等等。

陶弘景所構造的神仙譜系的等級不過是人間等級制度的投影，它又反過來給人間現存的制度加上神聖的靈光，以便論證其「合理性」。馬克思的《關於費爾巴哈的提綱》第四條說：

> 費爾巴哈是從宗教上的自我異化，從世界被二重化為宗教的、想像的世界和現實世界這一事實出發的。他致力於把宗教世界歸結於它的世俗基礎。他沒有注意到，在做完這一工作之後，主要的事情還沒有做到。因為，世俗的基礎使自己和他自己本身分離，並使自己跳入雲霄，成為一個獨立王國，這一事實只能用這個世俗基礎的自我分裂和自我矛盾來說明。

道教把他們神仙譜系分爲三六九等，這正是反映着兩晉南北朝社會的等級制度，陶弘景在《眞誥》中也說：

夫天地間事理乃不可限，以胸臆而尋之，此幽顯中都有三部，皆相關類也。上則仙，中則人，下則鬼，人善者得為仙，仙謫之者更為人，人惡者更為鬼，鬼福者更為人。鬼法人，人法仙，循環往來，觸類相通，正是隱顯小小之隔也。

這就是說：第一、神仙世界、人類社會還有鬼的世界是相類似的。從這點看，既然人類社會有等級，神仙世界和鬼的世界也應有等級，否則無法相通。第二，這三個世界既然是相通的，故在其中可升可降，而升降的原因就在於爲善爲惡之分。第三，這三個世界不僅是相通的，而且其由現實世界（顯）到超現實的神仙世界和鬼的世界（隱）之間的距離並不遙遠，僅僅是「小小之隔」。爲什麼陶弘景會提出這一套思想來呢？這不是偶然的，顯然是受了當時佛教的影響。看來，陶弘景實際上已經接受了佛教關於「神不滅」和「六道輪迴」的思想。例如他有詩說：「形非神常宅，神非形常載，徘徊生死輪，但苦心猶豫。」（《眞誥》卷三）我們知道，通過修善積德達到「神不滅」，這是無法在經驗中檢驗的；而原來道教通過大量的內外丹的練養，雖然化了很多功夫，但在經驗中就經不起驗證，所以從宗教的意義上說，「神不滅」比「肉體成仙」當然大大地縮短了「顯隱」之間的距離。而且我們還可以看到，陶弘景這一思想也不能不說是受到當時佛教中的「頓悟」說的影響。所謂「頓悟成佛」就是說只要有了符合佛教要求的覺悟，卽可不必經過若干的修行階段（佛教認爲要經過十個修行階段才可以成佛，有所謂「徑登十地」）可以直接成佛。

所以陶弘景也說：「得道悉在方寸之裏耳，不必須形勞神損也。」

陶弘景不僅建立了神仙世界的譜系，而且還通過《眞誥》一書對道教的傳授歷史作了整理，這點前面已經談到，玆不贅述。因此，道教到南北朝末期更加成爲一獨立的宗教組織。本來，道教對政治有着濃厚的興趣，有強烈的干預政治的願望，致使政教不分，這樣實際上影響着道教發揮作爲宗教的作用。到南朝以後，道教逐漸有從政治上分離出來的傾向，因而其「出世」的方向也有所加強。陸修靜曾說：「我本委絕妻子，記身玄極，今之過家，事同逆旅，豈復有愛著之心。」（《三洞珠囊》引《道孝傳》）陶弘景則終身不娶，雖然他隱居後仍與梁武帝來往很多，參與了某些政治活動，但他口頭上卻說道士要「超世」，以「期此太虛無爲之風」（《雲上之仙風賦》），「心如岱嶺」（《答虞中書》），「仰慕淸塵」（《葛仙公碑》）等等。陶弘景作爲道教徒雖還重視煉丹，但已並不十分堅信可通過服食成仙，到後來茅山宗甚至也不重視煉丹，而更多注重內心修養，以期通過心神的覺悟達到彼岸世界。陶弘景爲道教所完成的，是使道教作爲一種宗教團體更加完備了，所以他可以說是早期道教的集大成者。但是由於陶弘景對道教的改造，也使早期道教的某些特色消失了，而可以更多地接受佛教的某些觀念，因此他又是早期道教的終結者。

第十一章 佛道之爭(一)——關於老子化胡問題的爭論

任何宗教都有排他性，在世界歷史上因不同宗教信仰而引起的矛盾和衝突，甚至發生宗教戰爭是屢見不鮮的。佛教傳入中國後，開始時雖然依附於中國的傳統思想文化，但隨着佛教經典的翻譯漸多，信徒日衆，它和中國傳統思想文化的衝突日益明顯。在魏晉南北朝時期佛教和中國傳統思想文化的矛盾和衝突除了表現爲儒佛的鬭爭外，也表現在它和中國本民族的宗教道教的矛盾和衝突。

佛教和道教的矛盾和衝突在東漢時已經存在，例如《太平經》中就包含着排佛的思想。我們知道，《太平經》無疑是受到佛教的某些思想影響，這既表現爲它對佛教思想的吸收，也表現爲它對佛教的排斥上。在《太平經》中特別提出「守一」的觀念，所謂「守一」實際上就是「守氣」，這種思想在中國傳統思想中是原來就有的，但爲什麼《太平經》中特別突出這一思想呢？這顯然和當時在中國流行的佛教小乘禪法有關。當時小乘禪法講「安般守意」，他們認爲由於人的心神的活動而引起意念的產生，於是就有種種煩惱。如何清除這種種煩惱，就要注意修養心神。而修養心神要在「守意」，即專注一心，使意念不生。「守意」的方法叫「安般」，「安」指入息(吸)，「般」指出息(呼)。《太平經》中所提倡的「守一」，顯然是吸收了佛教的「守意」思想。同時《太平經》中也有明顯地批評佛教的地方，如在《天咎四人辱道誡》中所批評的「四毀之行」，文中說：

今學為道者，皆為四毀之行，共汚辱皇天之神道，並亂地之紀，訖不可以為化首，不可以為師法，不可以為父母。

所謂「四毀之行」是指⑴不孝，棄其親；⑵捐妻子，不好生，無後世；⑶食糞，飲小便；⑷行丐。此雖未明言所指爲何種教派，但顯係是批評佛教的。蓋於其佛教雖已傳入，但流傳未廣，故《太平經》尚未直指其教派而批評之。至於《太平經》的批評是否恰當，此又當別論。

魏晉南北朝時期道教和佛教之間矛盾和衝突的問題很多，但從宗教史的角度看有兩個問題更爲突出，一是佛道先後問題，即關於「老子化胡」問題的爭論；二是生死問題，即佛教的「涅槃」和道教的「成仙」的不同。本章將討論前一問題，下章討論後一問題。

恩格斯在《布魯諾·鮑威爾和原始基督教》一文中說：

民族神是能够容忍別的一些民族神同他們在一起的——而且在古代也是一般的規律——但決不能讓他們高居在自己之上。

捷萬斯(E. B. Jevens)的《比較宗教學》中說，在巴比倫暴風雨神被貶爲惡鬼的地位，爲什麼會如此得不到解釋。但用比較宗教學的方法則可以得到解釋。因爲在不少宗教史上，我們常常可以遇到這樣的事實，就是一種舊宗教裏的神，當這個舊宗教被一派新興宗教戰勝了的時候，這個舊宗教裏的神便要被新興宗教貶爲惡鬼的地位。因此用比較宗教學的方法，巴比倫暴風雨神成了惡鬼的原因可以得到合理的解釋。像在巴比倫把暴風雨神貶爲惡鬼的地位，這或者是一種民族神可以容忍別的民族神但決不能讓它高居於自己之上的形式，但也還可以有其他的形式存在。中國的道教對待印度的佛教可能是另外一種民族神容忍別的民族神但決不能讓他們高居在自己之上的形式。在印度佛教傳入後不久，中國本民族的宗教道教就建立了。道教的建立雖說是受到了佛教傳入的影響，但它卻是由我國這個民族自身文化傳統中產生的一種宗教。道教的建立和發展，必然會和佛教發生矛盾和衝突。矛盾和衝突當然是多方面的，但首先就表現爲「佛道先後問題」。這個問題之所以發生，是由於道教提出了「老子化胡說」的故事引起的。所謂「老子化胡說」是說，道教的祖師爺老子曾到西方天竺國進行教化，而後天竺才有佛教產生。這個「老子化胡」的故事開始比較簡單，目前可以看到的最早記載老子至西方教化而浮屠之教的材料是《後漢書・襄楷傳》：

延熹九年（一六六年）楷自家詣闕上疏曰：……臣前上瑯琊宮崇受於吉神書，不合明聽。……聞宮中立黃老浮屠之祠……或言老子入夷狄為浮屠。

這段記載只是說明當時有「老子入夷狄爲浮屠」的傳說，這種傳說的引起很可能是由於當時把老子和浮屠作爲神加以禮拜之故。在佛敎傳入中國之後，道教尚未建立之前，已經有把老子和浮屠並列者，如《後漢書·楚王英傳》中說：

楚王英……晚節更喜黃老學，為浮屠齋戒祭祀。（永平）八年（六五）……詔報曰：楚王英誦黃老之微言，尚浮屠之仁祠，潔齋三月，與神為誓。

看來在東漢時帝王常把老子和佛看成同類的神，而後道教又把老子神化作爲他們的祖師爺。據《史記》上說，老子生活在春秋晚期，他看到了周朝的衰微，於是西出關（據說是函谷關），這時函谷關的長官尹喜請老子爲他著書，於是老子就作了道德上下篇五千言，而後西去，莫知其所終。由於原來就有老子西去的傳說，於是道教徒們就附會說老子西去入夷狄爲浮屠。道教是中國所自出，佛敎乃外來文化，中國素來持「華」、「夷」之見，把自己看成是華夏的文明地區，而把其他民族都看成是沒有開化的夷狄之邦，尊華夏而賤夷狄。從道敎的觀點看，它自己是華夏民族的宗教，而佛教是外來的夷狄宗教，這兩種宗教怎麼能並列呢？於是創造了「老子化胡說」，把道教擡高到佛教之上。但《襄楷傳》所載，僅僅說「老子入夷狄爲浮屠」，並沒有明確講到老子到天竺教化胡人，雖然我們可以分析說襄楷所說的話包含「老子化胡」的意思。到三國時，不僅出現了老子到西方教化胡人的說法，甚至有了老子是佛的老師的說法。據《三國志·魏志》裴注引魚豢《魏略·西戎傳》中說：

> 《浮屠》所載，與中國《老子》經相出入。蓋以老子西出關，過西域，之天竺教胡。浮屠屬老子弟子，別號合二十九，不能詳載，故略之如此。

按：魚豢魏明帝（二二七—二三九）時爲郎中，卒於晉武帝太康（二八〇—二八九）之後。《魏略》大概作於曹魏之末。《浮屠》指佛教的經典（當爲當時的某一經典），此處所說的《老子》經，很可能就是指《老子化胡經》之類的「經」，當然不是指的《老子道德經》，因唐道宣《歸正篇·佛爲老師章》的注說「出《老子》、《符子》」，或此處《老子》指《老子西升經》❺。

與魚豢大約同時有杜摯作《笳賦》，在其序中說：

---

❺ 日本學者洼德忠《老子化胡說是誰提出的？》一文謂：造作化胡說是佛教方面提出的。他所據即上引《魏略》的一段話，只就這段話看或其說可成立，但前此有《襄楷傳》的話和馬融的《樗蒲賦》等材料，都可證明在《魏略》以前已有「老子入夷狄」之說。

昔李伯陽避亂西入戎。戎越之思，有懷土風，遂造斯樂。美其出入戎貉之思，有大韶夏音。

《後漢書・竇章傳贊》章懷太子注說：

笳，胡樂也，老子作之。

《魏略》述老子化胡之說，杜摯《笳賦序》說老子入西戎作笳樂，可見三國時老子教化胡人的故事甚爲流行。在漢末至曹魏這一時期，雖已有「老子化胡」之說，但目前我們還沒有看到佛教徒方面對這種說法提出的反駁。推究其因，或因爲佛教這種外來宗教在當時仍依附於中國原有的道術，而老子不僅是兩漢以來黃老之學推崇的對象，而且也是魏晉玄學所推崇者，其在人們心目中之地位當在佛之上，所以還沒有對「老子化胡」這一說法提出異議。

至西晉初年，「老子化胡說」仍很流行，如作《高士傳》的皇甫謐嘗說：

老子出關，入天竺國，教胡王為浮屠。

皇甫謐大約生於漢末建安年間（二一五前後），死在晉武帝太康三年（二八二），《晉書》有傳。皇甫謐的這段話較之襄楷的話就明確多了。更爲重要的是，在西晉時出現了一本據說是由道士王浮所造的《老子化胡經》。《老子化胡經》早已散失，後於敦煌石室得《老子化胡經》殘卷，據大忍淵爾《敦煌道經目錄》所載，有《老子化胡經》序、第一卷、第二卷、第八卷、第十卷等殘卷。但敦煌之《老子化胡經》殘卷據考證已不是西晉時的原本，而是經過後人加工擴大而成的。

關於記載王浮造《化胡經》以及他和僧人法祖關於佛道二教正邪的爭論的材料，在此一時期有東晉末竺道祖撰的《晉世雜錄》、劉宋時劉義慶的《幽明錄》、梁裴子野的《衆僧傳》等。記載「老子化胡」故事的書也不少，如葛洪的《神仙傳》、東晉孫盛的《老聃非大賢論》、《老子疑問反訊》等。但最重要的材料應是梁僧祐《出三藏記集》卷十五《法祖法師傳》中的記載，其文說：

> 有一人姓李名通，死後更蘇，云見祖法師在閻羅王處為王講《首楞嚴經》。……又見祭酒王浮，一云道士基公，次被鎖械，求祖懺悔。昔祖平素之日，與浮爭正邪。浮屢屈，卽意不自忍，乃作《老子化胡經》，以誣謗佛法。殃有所歸，故死方思悔。

慧皎《高僧傳・帛遠傳》也有同樣的記載。帛遠字祖法，是晉惠帝時（二九〇—三〇六）的人，這時已是西晉中期了。從上面所引的材料可以看到兩個問題：一是，在西晉時道教不僅有「老子化胡之說」，而且創造出了《老子化胡經》這樣的書，用以證明佛教是出於道教；第二是，西晉中葉後，佛教勢力漸盛，不再能容忍道教關於「老子化胡」的說法，因而與之爭辯。但是王浮與祖法爭論的內容不得其詳，大體上是爭論那一種宗教是「正道」，那一種宗教是「邪道」，似乎也還不是直接爭論佛道先後問題。

《弘明集》卷一有未詳作者的一篇《正誣論》，在這篇文章一開頭就提出了佛道先後的問題，其文說：

夫尹文子卽老子弟子也，老子卽佛弟子也。故其經云：聞道竺乾，有古先生，善入泥洹，不始不終，永存綿綿。竺乾者天竺也，泥洹者梵語，晉言無為也。若佛不先老子，何得稱先生？老子不先尹文，何故講道德之經邪？以此推之，佛故文子之祖宗，衆聖之元始也。

這裏所說的「經」是《老子西升經》，在《廣弘明集》卷一中也引有這句話，卽說出自《老子西升經》。《正誣論》這篇文章雖作者不可考，但文中說「晉言無爲」云云，大體可斷定爲西晉或東晉的作品。由此可知，在晉時佛敎徒已可以把佛提高到老子之上，來爲佛教爭取地位。但是這裏發生了一個問題，難道道教的著作《老子西升經》會自己說他們的祖師爺老子是佛的弟子？顯然是不可能的。其實我們仔細讀所引《西升經》的文字根本得不出老子是佛的弟子這樣的結論來。因爲書中「古先生」是指誰並未明言，何以見得是指佛呢？據史料內容看，《老子西升經》大概也是西晉時的作品，而今存《西升經》有多種版本，據《道藏》中所收宋徽宗注本《西升經・西升章第一》說：

老子西升，開道竺乾，號古先生，善入無為，不終不始，永存綿綿。

同本末章《戒文章》第二十九說：

> 老君曰：吾重告爾，古先生者，吾之身也。今將返神，還乎無名，絕身滅有，綿綿常存。吾今逝矣……忽然不見……喜出庭中……卽仰睹懸身坐空中，其狀如金人。

這段文字大概也不會是晉時原本的文字，但《西升經》既爲道家著作，決無以「古先生」爲佛是老子之師的道理，因此大義應是不差的。前面引的一段《西升經》所說的「古先生」自然只能是指老子，並說他去天竺開導其地。後一段更說明老子懸身空中，狀如金人，卽變化爲佛。晉時的佛敎徒改《西升經》只改了個別字，加了一句「善爲泥洹」，使文意不清，而解釋說「古先生」是佛，是老子之師。到唐初道宣的《歸正篇·佛爲老師章》就改爲「老君曰：吾師化游天竺，善入泥洹」云云，成爲老子自己說他的老師佛「化游天竺」了。

原來道敎徒僞造「老子化胡說」，作《老子化胡經》，後來佛敎徒又篡改道敎經典，把本來是「老子化胡」的意思改爲佛是老子師「化游天竺」。從這點我們可以看出，宗敎爲了信仰的目的，要把自己的宗敎派別擡高到其他宗敎派別之上，不惜造假，用以騙人，也騙自己，這種事在宗敎史上是屢見不鮮的。

這一「老子化胡」問題的爭論越演越烈，佛道二敎雙方都大量僞造歷史，把自己祖師爺的生年越提越早，越來越神化。東晉著名的和尚支遁作《釋迦文佛像贊》其《序》中說：

昔周姬之末，有大聖號佛……呈百使以為粹，導庶物以歸宗，撥堯孔之外犍，……絡聃周以曾玄……

這樣一來，佛不僅是老子的老師，而且是他的祖師，老子和莊周只是佛的曾孫和玄孫輩了，連作佛的弟子的資格也沒有了。還是這個支遁又作《月光童子贊》，文中說：

靈童綏神理，恬和自交忘。英姿秀乾竺，各播赤縣鄉。

月光童子是佛弟子，支遁說是月光童子來中國教化了中國，而不是佛自己來教化。不僅中國僧人的作品中說「月光童子教化中國」，而且這時翻譯的經典中也出現了所謂「月光童子教化中國」的說法，如《佛說申日經》中說：

申日有子，名旃羅法（原注云：漢言光明童子）……佛告阿難：我般涅槃千歲以後，經法且欲斷絕。月光童子當出秦國，作聖君，受我經法，興隆道化。

這部經收在日本《大正大藏》中，題爲西晉竺法獲譯，但據唐智升《開元錄》卷二，在法獲譯《月光童子經》下注說：「初出，名《月光童子經》，或名《申日經》。」然查今存法獲的《月光童子經》，其中根本沒有上面引的一段，因此上引今本《申日經》中的一段顯然是後來的人加進去的。還有一種《灌頂經》也說佛派遣了所謂「三聖化導中華」，文說：

> 佛語阿難：……閻浮界內有震旦國，我遣三聖在中化導，人民慈哀，禮義具足。

所謂「震旦」，是當時印度人稱中國之名，或譯爲「眞丹」。「三聖化導」指佛派遣三個弟子化導中國。上引文顯然也不會是原來經文所有的，而爲翻譯的人對抗「老子化胡說」而增加的。

佛教在南北朝有很大發展，帝王、大族信奉者日衆，此時道教雖同樣也有很大發展，但畢竟趕不上佛教的發展。因此，到劉宋以後道教本身也逐漸受到佛教的影響。如前所言劉宋道士陸修靜已在一些問題上接受了佛教的影響，於是在道教中開始出現了一種向佛教讓步，調和佛道的趨勢。宋齊之際有道士顧歡作《夷夏論》，仍持中國傳統的「華夷之分」的觀點，以華夏爲禮義之邦，而佛教爲外族之教，「下棄妻子，上廢宗祀」，是夷狄之法。但在《夷夏論》中有下面一段反映了道教一定程度上向佛教的讓步，文中說：

> 夫辯是與非，宜據聖典。尋二教之源，故標二經句。《道經》云：「老子入關，之天竺維衛國。國王夫人名曰淨妙，老子因其晝寢，乘日精入淨妙口中，後年四月八日夜半時，剖左腋而生。墜地卽行七步，於是佛興焉。」此出《玄妙內篇》。《佛經》云：「釋迦成佛，有塵劫之數。」出《法華・無量壽》。「或爲國師道士、儒林之宗。」出《瑞應本起》。歡論之曰：五帝三皇，莫不有師。國師道士，無過老莊，儒林之宗，孰出周孔？若孔老非佛，誰則當之？然二經所說，如合符契。道則佛也，佛則道也。其聖則

符，其迹則反。或和光以明近，或曜靈以示遠。道濟天下，無方不入；智周萬物，故無物而不為。

這段話中所引用的道經《玄妙內篇》仍持老子入夷狄爲浮屠的傳說，但所引佛經又似言佛爲「國師道士、儒林之宗。」不過這些並不重要，而重要的是顧歡自己對這個問題的看法。照他看，從國師道士方面說，最高莫過於老莊；從儒林之宗方面說，最高莫過於周公、孔子，所以老、莊、周、孔的地位就相當於佛的地位。上述二部經典的說法無非是說：老子可以是佛，佛也可以是老子。意思是一樣的。所以顧歡得出一個折衷的結論「道則佛也，佛則道也」。佛和道在本質上是一樣的，只是表現的形式不同，或者是和光同塵以明近，或者是靈光照耀以示遠。佛道的眞理都是爲的拯救天下，所以在任何地方都應適用。佛道的大聖人的智慧普及萬物，對任何事物都是一視同仁的。可見顧歡所強調的是佛道二教同有教化濟世的功用，老子和佛對世人說有同樣高的地位，他不再強調老子是佛的老師了。但是，此時佛教方面並不因爲顧歡的讓步而妥協，他們還繼續堅持要在佛道中分一高下，有和尚慧通者作《駁夷夏論》，其文說：

論云：「老孔非佛，誰則當之？」「道則佛也，佛則道也。」以斯言之，殆迷厥津。故經云：「摩訶迦葉，彼稱老子，光淨童子，彼名仲尼。」將知老氏非佛，其亦明矣。

此外駁顧歡之《夷夏論》者尚有謝鎮之、朱昭之、朱廣之、袁粲、僧愍、明僧紹等。其中除袁粲托爲道士通公作駁之文見《南齊書》者外，他文均見《弘明集》中。如宋釋僧愍作《戎華論》以折顧歡《夷夏論》，其文說：

> ……是以如來使普賢行西路，三賢並導東都。故經云：大士迦葉者，老子其人也。故以詭教五千，翼匠周世，化緣旣盡，回歸天竺。故有背關西引之邈，華人因之作《化胡經》也。

這裏僧愍不僅肯定地說老子是釋迦的弟子，而且說明爲什麼會有老子西出關之說。他說，先是佛派老子教化中華；在老子對中華進行了一番教化作了《五千言》之後，他的任務算完成了，於是西出關回天竺。於是有人就造出所謂《化胡經》的問題。僧愍的這些說法當然也是毫無根據的，不過他總算爲「老子西出關」問題找到一種有利於佛教的解釋。在道教在這個問題上節節退讓時，當時的佛教徒卻毫不退讓。可見當時佛教的勢力是大於道教的。上述幾篇佛教文章除論佛道先後問題外，更主要的是說佛教的教理高於道教，這就不是本題所要討論的了。

不僅南朝有「老子化胡」問題之爭論，同期北朝也在佛道兩教中存在着這一問題的爭論。北魏道士寇謙之集道教方術之大成，假托神人，依傍佛典，制作僞經，造浮屠爲三十二天延眞宮主之說，以擡高道教，據《魏書・釋老志》言：

> 經云：佛者，昔於西胡得道，在三十二天，為延真宮主。勇猛苦教，故弟子皆髡形染衣，斷絕人道。

這裏所謂「經云」當然是指某種道教經典。道教的寺院多稱「宮」或「觀」，「宮主」指某一「宮觀」的主持者，這裏說「佛」是「延眞宮主」自然不會是指道教中最高級的神仙。按：《道教義樞》認爲「仙人」的位業有三等：一、三清位、二、九宮位、三、十轉位。所以「宮主」之位在「三清位」之下。寇謙之把佛排在「宮主」之位，也就是把佛教排在道教之下。魏太武帝信奉道教，以至於有毀滅佛法之行動。至孝明帝時，有佛道爭論於朝廷之事，而所爭論之焦點仍爲佛道先後問題。據《續高僧傳》載，正光元年（五二〇），孝明帝請佛道二教上殿議論。有清通觀道士姜斌與融覺寺僧人曇謨最對論。此事《廣弘明集》卷一亦載，其文尤詳：

> 正光元年，明帝加朝服，大赦天下，召佛道二宗門人殿前齋訖，侍中劉騰宣敕：「請法師等與道士論議，以釋弟子疑網。」時清通觀道士姜斌與融覺寺僧曇謨最對論。帝曰：「佛與老同時不？」斌曰：「老子西入化胡，佛時以充侍者，明是同時。」最曰：「何以知之？」斌曰：「按《老子開天經》是以得知。」，最曰：「老子當周何王幾年而生？周何王幾年西入？」斌曰：「當周定王卽位三年（元前六〇五）……九月十四日夜子時生，……至敬王元年（元前五一九）……年八十五，見周德凌遲，與散關令尹喜西

入化胡，斯足明矣。」最曰：「佛以周昭王二十四年（元前一〇二九）四月八日生，穆王五十三年（元前九四九）二月十五日滅渡。計入涅槃後經三百四十五年，始到定王三年，老子方生。生已年八十五，至敬王元年，凡經四百二十五年，始與尹喜西遁。據此，年載懸殊，無乃謬乎?」弒曰：「昔佛生周昭王時，有何文記?」最曰：「《周書異記》、《漢法本內傳》並有明文」。

這一段記載雖說明至北魏孝明帝時「老子化胡」之爭仍在繼續，所謂《老子開天經》，乃上接寇謙之謂浮屠爲三十二延眞宮主之說，而佛敎徒僞造《周書異記》及《漢法本內傳》以駁道敎，亦當作於北魏中葉。至北周時，武帝曾於建德二年（五七三）又集羣臣沙門道士辯釋三敎先後。以儒敎爲先，道敎爲次，佛敎爲後。儒敎爲先者，乃帝歷來之宗旨。而先道後佛很可能是由於武帝受到衞元嵩的影響所致。於是佛道之爭又盛。有僧勔著《十八條難道章》，又作《釋老子化胡傳》一卷，駁斥「化胡之說」。玆不詳述。

佛道兩敎關於「老子化胡」問題之爭論一直延續到隋唐以後，可見這一問題對兩敎有非常重要的意義。但這樣的辯證，我們看本無意義，都是在假造自己的宗敎歷史，神化其祖師爺，爭來爭去只能使其敎派陷於鄙俗也。但是出於宗敎信仰的原因，佛道兩敎的信徒們都那麼認眞地引經據典的爲自己宗敎爭高下。這就說明，有時爲了宗敎信仰往往可以不顧事實，不講道理，甚至僞造歷史，信口雌黃。我們研究這類問題，是把它作爲一種社會現象來對待，研究作爲一種意識形態的宗教的特殊性和社會作用。據以上材料，我們可以說本章開頭引用恩格斯的那段話是合乎實際的，對我們研究宗教史是十分有意義的。

第十二章 佛道之爭(二)——關於生死、形神問題的爭論

印度佛教在公元一世紀初傳入中國，中國本民族的宗教道教於二世紀初建立，這兩種宗教屬於兩個不同文化傳統的民族，因此在宗教理論上存在着很大差異。佛教在傳入中國後的最初階段由於依附於中國傳統的道術，因而和中國原有思想文化的矛盾衝突還不明顯，到南北朝時印度佛教大小乘的經、律、論翻譯成漢文的越來越多，於是在兩種不同文化傳統的宗教中發生了矛盾和衝突。據《開元釋教錄》記載，從漢朝到西晉二百五十年間翻譯佛經共一千四百二十卷，而東晉這一時期（包括同時期的後秦、西秦、前涼、北涼）則共譯出佛經一千七百十六卷，一百年間譯出的佛經超過以前的二百五十年，佛經的大量而較準確地譯出，使人們有可能了解佛教的原意。（鳩摩羅什於姚興弘治三年（四〇一）至長安，前後十三年共譯經三百餘卷，遍及大小乘之經律論，使人們可以對印度佛教有更爲深入地了解，如「無我」義至什公而大明。事參見湯用彤著《漢魏兩晉南北朝佛教史》上册第十章《鳩摩羅什及其門下》，中華書局，一九八三年第一版。）

由於對印度佛教原意有了較多的了解，這樣對佛教徒就發生了問題，是再按照中國的思想來了解印度佛教呢，還是根據印度佛教的原意來在中國講佛教呢？這樣就產生了兩種不同傳統思想文化的矛盾和衝突。

歷史給我們留下了兩部重要的著作，它們大體上可以告訴我們，在南北朝時期這種外來的宗教——佛教和中國本民族的宗教——道教之間的矛盾和衝突的一般情況，這兩部書就是《弘明集》和《廣弘明集》。（本文所引用僧祐《弘明集》爲金陵刻經處本，《廣弘明集》爲《四部叢刊》本。）本文將對這一時期佛道兩教在生死問題上的爭論作一比較研究，以說明它們在宗教理論上的不同觀點。

一　佛教道教在生死問題上的分歧

許多宗教（包括佛教）都企圖給人們解釋「人死後如何」；而中國的道教所要求解決的問題則是「人如何不死」，因此就形成了佛道兩教在生死問題上的根本不同。

在歷史上的長期社會生活中，生死問題在人們衆多的苦難問題中占在突出的地位，它是任何人都逃避不了的問題。這不僅因爲對人們來說，生有生的痛苦，死有死的可怖，而且也因爲人們總希望追求美好的生活，而生時往往不能得到，故寄託於死後。這個問題既是宗教要求解決的問題，同時也是哲學所遇到的一個重要課題。孔子的儒家把生死看成是命定的，「死生有命」（《論語・顏淵》），而道家的莊周則把「死」看成是一種休息（《莊子・大宗師》），取消「死」和「生」的對立。從先秦以來的所謂神仙方術之士，更是企圖用種種方法解決人們如何得以「超生死，得解脫」的問題。秦始皇信方士之言，求長生不死之藥（《史記》卷六《秦始皇本紀》：「二十九年，……齊人徐市等上書言：海上有三神山，名曰蓬萊、方丈、瀛洲，仙人居之，請得齋戒與童男女求之。於是遣徐市發童男女數千人，入海求仙人。始皇還過彭城，齋戒禱祠。……三十二年，……使韓終、侯公、石生求仙人不死之藥。」）；漢武帝惑於李少君等，祀神求仙，以期羽化（《史記》卷十二《孝武本紀》：「是時而李少君亦以祠竈穀道卻老方見上，上尊之。……少君言於上曰：祠竈則致物，致物則丹沙可化爲黃金，黃金成以爲飲食器則益壽，益壽而海中蓬萊仙者可見，見之以封禪則不死，黃帝是也。臣嘗遊海上，見安期生，食臣棗，大如瓜。安期生仙者，通蓬萊中，合則見人，不合則隱。於是天子始親祠竈。」）；至東漢末而有道教產生（參見湯一介《論早期道教的發展》，《世界宗教研究》，一九八二年第四期，北京社會科學出版社）。道教實出神仙家演變而來，吸收了儒道兩家的思想，而雜以陰陽五行、讖緯迷信以及巫術練養等方術。漢末以來道教所要解決的中心問題就是生死問題，並且以如何達到「長生不死」爲目標。《太平經》中說：「古今要道，皆言守一，可長存而不老。」（《太平經合校》第七一六頁，《太平經鈔・壬部》，王明撰，中華書局，一九六〇年版）稍後的《老子想爾注》也說：「歸志於道，唯願長生。」（《老子想爾注校箋》第三八頁，饒宗頤撰，香港，一九五六年版。）這都說明早期道教是以追求「長生不死」爲目標，所以葛洪《抱朴子》引《玉牒記》說「天下悠悠，皆可長生，患於猶豫，故不成耳」；又說「知守一養神之要，則長生久視」；「道家之所至密至要者，莫過於長生之方。」（《抱朴子內篇校釋》卷十六《黃白》，第二六二頁，王明著，中華書局，一九八〇年版。）

佛教在傳入中國後的初期所講的主要內容爲「靈魂不死」、「因果報應」之類。袁宏《後漢記》中說：佛教「又以爲人死精神不滅，隨復受形，生時所行善惡皆有報應。故所貴行善修道，以煉養精神而不已，以至無爲，而得爲佛也」（轉引自湯用彤《漢魏兩晉南北朝佛教史》上册第六二頁）。蓋佛教以人生爲一大苦海，有所謂「人生八苦」（「人生八苦」爲：生、老、病、死、愛別離、怨憎會、求不得、五陰盛），或簡稱「八苦」（見《涅槃經》卷十二）。其解脫之道在於「覺悟」；以求精神脫離苦海，謝鎭之《折夷夏論》中說：「若深體三界爲長夜之宅，有生爲大夢之主，則思覺悟之道，何貴於形骸。假使形之可煉，生而不死，此則老宗本異，非佛理所同。」（《弘明集》卷六）道安《二教論》中也說：「佛法以有生爲空幻，故忘身以濟物。」（《廣弘明集》卷八）因此可知當時的佛教徒已知佛教和道教在生死問題上的根本不同。

從道教說，解決生死問題以求解脫成仙，是以求「永生」爲特徵。北周甄鸞《笑道論》引葛玄《老子序》說：「道主生，佛主死。」（《老子序》傳爲葛玄所撰，有敦煌寫本，見頁二五四八，在嚴可均輯《全三國文》卷七十五中亦收，但均無《笑道論》中收引《老子序》兩句，或《笑道論》所引非葛玄序，待考。《笑道論》載《廣弘明集》卷九。）《三天內解經》中也說：「老君主生化，釋迦主死化。」（《三天內解經》卷上。《正統道藏》滿字號帙。）因此，我們把當時佛道二教相比較，更可看出它們在生死問題上的不同特點。佛教認爲，人生痛苦的根源在於「有生」，「有生」則精神和肉體結合在一起，精神在得到涅槃之前只能在輪迴之中受苦，只有神與形離，超脫輪迴，精神永歸寂滅，才能脫離苦海而解脫，成爲菩薩。道教主張「肉體成仙」，卽謂人的精神和肉體只有永遠結合在一起才能「長生不死」，這樣就可以不受現實社會的苦惱所限制，而進入永恒的神仙世界。南朝齊時的道士在其所著《三破論》中論及佛道二教在生死問題上的不同時說：「道家之教，妙在精思得一，而無死入聖。佛家之化，妙在三昧通禪，無生可冀，故銘死爲泥洹。未見學死而不得死者。」（《弘明集》卷八劉勰《滅惑論》中引《三破論》）唐朝的和尚法琳在他的《辯正論》中也引有道士對此問題的看法，並有法琳本人對此問題的回答，文中說：

> 外二異曰：老君垂訓，開不生不死之長生；釋迦設教，示不滅不生之永滅。
>
> 內二喻曰：李聃稟質，有生有滅，畏患生之生，反招白首；釋迦垂象，示滅示生，歸寂滅之滅，乃耀金軀。（《廣弘明集》卷十三）

佛教主張「不生」，蓋有生必有死；道教主張「不死」，蓋不死則永生。道教和佛教雖所持之觀點不同，而都是要求解決生死問題以求得解脫而「成仙」或「成佛」。

要解決生死問題必然要遇到神形關係問題。神形關係問題和生死問題一樣不僅是宗教要解決的問題，而且也是哲學所遇到的一重要問題。主張超生死、得解脫者認爲達到其目的或可有兩途徑：一是主張靈魂不死，則靈魂須得脫離肉體而解脫，在佛教傳入中國以前就有這種觀點，即各種各樣的「有鬼論」，而南北朝時期的佛教多主張「形盡神不滅」，以求得「神」永歸寂滅；一是主張肉體不死，則精神可永居肉體而長生，這種觀點自先秦以來就存在，即各種各樣的神仙家言，而道教主張「神不離形而長生」就是沿着神仙家思想發展而成的。梁陶弘景在《答朝士訪仙佛兩法體相書》中對此問題論之甚詳，他說：

凡質象所結，不過形神。形神合時，則是人是物；形神若離，則是靈是鬼。其非離非合，佛法所攝；亦離亦合，仙道所依。今問以何能致此？仙是鑄煉之極事，感變之理通也。當埏埴以為器之時，是土而異於土，雖燥未燒，遭濕猶壞；燒而未熟，不久尚毀；火力既足，表裏堅固，河山可盡，此形無滅。假令為仙者，以藥煉其形，以精靈瑩其神，以和氣濯其質，以善德解其纏，衆法共通，無礙無滯。欲合則乘龍駕雲，欲離則屍解化質。不離不合，則或存或亡，於是各隨所業，修道進學，漸階無窮，敎功令滿，亦畢竟寂滅矣。（《華陽陶隱居集》，《正統道藏》善字號帙。）

陶弘景把佛道二教「超生死，得解脫」的問題歸結爲神形關係問題，並簡明地揭示其分別，可說甚得其要。佛教主張「形盡神不滅」，所以它對精神與肉體的看法是：在精神與肉體結合時，人得不到解脫，這時必然要在輪迴之中受種種苦難。而諸種苦難中的「生、老、病、死」又是不可逃脫的，人終不免要生、要死；如果神離形而不滅，又再結而成形，仍不免在輪迴之中，得不到解脫。要想得到解脫，一步一步的修養其精神，使自己能有覺悟，這樣才可以達到神與形離，脫離輪迴，而圓應寂滅，這就是陶弘景所說的，「修道進學，漸階無窮，敎功令滿，亦畢竟寂滅」。可見，佛教「形盡神不滅」的思想是基於把神形看成是兩回事，是兩種不同質的實體，但既在輪迴之中，形神則既不能「離」，又不能是同一種實體，所以陶弘景說「非離非合，佛法所攝」。

道教以爲，人們超生死、得解脫的道路不是圓應寂滅，而是肉體成仙。葛洪《抱朴子》引《仙經》說：「上士舉形升虛，謂之天仙；中士遊名山，謂之地仙；下士生死後蛻，謂之屍解。」（《抱朴子內篇校釋》卷二《論仙》第十八—十九頁。）按道教多以「舉形升虛」爲上，這種主張的基礎必定是「形神不離」，神和形結合在一起飛升而成仙，進入神仙世界。《雲笈七籤》引《元氣論》說：「身得道，神亦得道；身得仙，神亦得仙。」（《雲笈七籤》卷五十六，《正統道藏》職字號帙。）此卽陶弘景所謂之「欲合則乘龍駕雲」也。陶弘景所謂之「屍解」，似乎是指神與形離而神得仙去。在他的《養生延命錄》中引《玄示》說：「以形化者，屍解之類，神與形離，二者不俱。」（《養生延命錄》，《正統道藏》臨字號帙。）此卽所謂「欲離則屍解化質」。但陶弘景對於

「屍解」的看法和其他早期道教著作中的說法不同，如葛洪說：「下士先死後蛻，謂之屍解。」此謂人死如蟬蛻，雖留原屍，而乃變形與神一起仙去，故《寶劍上經》中說：「屍解者，本眞之煉蛻也。」（《太平御覽》卷六六四引）《洞玄靈寶無量度人經訣音義》中也說：「屍解，音賈，托形隱身成仙也。」（《洞玄靈寶無量度人經訣音義》，《正統道藏》秋字號帙。）甚至葛洪認爲「屍解」可以是先死而後神形一起仙去，如他說：「近世壺公將費長房去，及道士李意期將兩弟子，皆在郫縣，其家各發棺視之，三棺遂有竹杖一枚，以丹書於杖，此皆屍解者也。」（《抱朴子內篇校釋》卷二《論仙》，第十八頁。）所以「屍解」本也應是神形不離的。

要「超生死、得解脫」必有一定的方法，作爲宗教如果不能提出一套達到「成佛」、「成仙」的方法，那就失去了宗教作爲宗教的作用。在魏晉南北朝時期，本來就有「聖人能否學致」的問題，許多玄學家都討論過這個問題。何晏提出聖人與一般人的不同在於「聖人無情」，王弼不同意何晏的看法認爲，聖人與一般人同樣都有「五情」，而他和一般人不同的地方在於其「神明」。他說：「聖人茂於人者，神明也。」（何劭《王弼傳》，見於嚴可均輯《全晉文》卷。）郭象則認爲「法聖人者，法其迹也」（《莊子·胠篋注》），又說：「神人者，非五穀所爲，而時禀自然之妙氣。」（《莊子·逍遙遊注》）即如嵇康亦謂仙人「似特受異氣，禀之自然，非積學所致」（《養生論》，見《嵇康集》）。這都是說聖人或神人等和一般人之間有個嚴格的界限，故不可學，亦不可致。然而作爲宗教的佛教和道教則不能如此看問題，從原則上說都要主張人人可以「成佛」、

「成仙」。

早期道教主張神仙由積學所致，如東漢末之陰長生在其《自敘》中說：「不死之要道在神丹。行氣導引，俯仰屈伸，服食草木，可以延年，不能度世，以至於仙。子欲聞道，此是要言，積學所致。」（《全東漢文》）《太平經鈔》乙部中也說：「夫道者各爲其身，不爲他人也。故當各自愛而自親，學道積久，成神眞也，與衆殊絕，是其言也。」（《太平經合校》第二六頁，《太平經鈔·乙部》）《老子想爾注》中說：「奉道誡，積善成功，積精成神，神成仙壽，以此爲身寶矣。」（《老子想爾注校箋》第十七頁）卽如葛洪《抱朴子》雖有「仙人稟異氣」、「仙人有種」之說，但他仍不能不承認神仙可由積學而致，而且就是「稟異氣者」若不經過修練神形也不能成爲神仙。《抱朴子·對俗篇》說：「若謂彼皆稟異氣，然其相傳皆有師，奉服食，非生知也。」《金丹篇》中說：「元君者，老子之師，……大神仙也，……天下衆仙皆隸焉，猶自言亦本學道服丹之所致，非自然也。」故葛洪引《仙經》謂：「天下悠悠，皆可長生也，患在猶豫，故不成耳。」又說：「亦有以校驗，知長生之可得，仙人之無種也。」（《抱朴子內篇校釋》卷三《對俗》第四十頁）看來，葛洪的所謂「仙人稟異氣」、「仙人有種」之說，或係受當時魏晉玄學「聖人天成」、「聖人不可學致」而有，但這個觀點並非道教理論所必須的，相反「神仙可學可致」才是他爲道教提出的重要理論觀點。

東晉之末六卷《涅槃經》已譯出，雖有「一切衆生，皆有佛性」之說，但又謂「一闡提人

（按：善根斷盡之人）不得成佛」（《高僧傳》，梁慧皎撰，卷七，《道生傳》。）有竺道生者精思絕倫，孤明先發，提出「佛性」乃一切衆生之眞性，一闡提亦屬衆生，何得獨無佛性，故謂一闡提人既具佛性亦得成佛。由於道生的看法和當時流行的說法不同，被認爲是「邪說」，擯而遣之。道生在被逐之時說：「若我所說反於經義者，請於現即身表癘疾。若於實相不相違背者，願捨壽之時據師子座。」（《高僧傳》，梁慧皎撰，卷七，《道生傳》）後於玄始十年（四二一年）曇無讖譯出四十卷本《涅槃經》，果有一闡提亦得成佛之說。（參見湯用彤《漢魏兩晉南北朝佛敎史》下册第四三一—四三七頁）由此可見在當時佛敎從原則上說也認爲任何人都可以成佛。

早期道敎主張肉體成仙由積學所致，所以特別注重身體的修練。早在先秦，《莊子》書中就記載了種種修練身體的方法（《莊子．刻意》）。漢末以來，道敎修練身體的方法日益繁多，有重金丹者，有重養氣者，有重導引者，有重闢穀者，有重房中術者等等，《抱朴子．微旨篇》中說：「又患好事之徒，各仗其所長，知玄素之術者，則曰唯房中之術可以度世矣；明吐納之道者，則曰行氣可以延年；知屈伸之法，則曰唯導引可以難老矣；知草木之方者，則曰唯藥餌可以無窮矣。」而葛洪則以金丹爲成仙之要道，如說：「雖呼吸導引，及服食草木之藥，可以延年，不免於死也。服神丹令人壽無窮，與天地相畢，乘雲駕龍，上下太清。」（《抱朴子內篇校釋》，第六十五頁，《金丹》）此時佛敎無論主張漸悟成佛者，還是頓悟成佛者，均以爲「成佛」之關鍵在於「覺悟」，即認爲主要是靠智慧使精神得到解脫。袁粲《駁夷夏論》謂：「仙化以變形爲上，泥洹以陶神爲先。」（《南齊書・顧歡傳》中載有道士顧歡與袁粲之論難）道教練形，登於仙境，依靠功夫；佛教養神，入於涅槃，依靠智慧（般若），這或是當時人一般的看法。劉宋時顏延之作《庭誥》二章，述說佛道二教在這個問題上的看法甚詳，文謂：

> 為道者，蓋流出於仙法，故以練形為上；崇佛者，本在於神教，故以治心為先。練形之家，必就深曠，反飛靈、糇丹石，粒芝精，所以還年却老，延華駐彩，欲使體合纁霞，軌遍天海，此其所長。……治心之本，必辭親偶，閉身性，師靜覺，信緣命，所以反壹無生，克成聖業，智邈大明，志狹恒劫，此其所貴。（《弘明集》卷十三）

又有王該撰《日燭》，其意亦與顏延之所述者大同，文謂：

> 如來大聖，三達洞照，哀我困蒙，曉了要道。善權洒落，或粗或妙，如溟海之運流，若天日之垂曜。……愚黜並誘，龍鬼俱化，萬涂從歸，一由般若，譬彼濟海，非船莫過。……逮乎列仙之流，練形之匹，能經鳥伸，呼吸太一，夕餐榆陰與月素，朝挹陽霞與朱日，赤斧長生於服丹，涓子翻飛於餌術，安期久視於松豪，豐人輕舉於柏實。……存形者不足以論神，狎俗者未可與言道。（《弘明集》卷十三）

此所言佛教爲「治心」的「神教」，其解脫的道路在於靠「般若」而達到彼岸世界。而道教則爲

「練形」的「仙法」，其成仙的方法則靠對自己身體和精神的練養，此卽陶弘景所謂的「假令爲仙者，以藥練其形，以精（按：指「精氣」）瑩其神，以和氣濯其質，以善德解其纏」。由此我們可以看出，宗教爲人們提供的超生死、得解脫的方法可以多種多樣，但歸納起來實爲兩種：一是靠內心的「覺悟」；一是靠物質力量的幫助。佛道兩教雖都於此二方面有所注意，但如上所說實有所偏重。從佛教方面說，漢末以來在中國雖有安世高提倡的小乘禪法，有所謂「安般守意」，要人們通過調節呼吸的方法使意念不生，以達到心明神靜、無不照無不能而成佛的境界，故佛教之禪法所注重者仍爲內心之修養也。而後來般若學流行，則更以智慧解脫爲上。道教雖也講「養神」，而「精神」之修練往往並不是指「覺悟」的提高，而是指「精神」的練養，蓋因「精神」是一種「精氣」所成，爲物質的，故亦可練養。所以我們可以概括地說，佛教主張成佛靠覺悟，因此成佛、得解脫的手段主要是靠內心的修養。道教主張成仙靠積功，因此要靠物質的力量（外物或外力）的幫助。蓋佛教認爲，執著虛幻的現實世界是一切苦惱的根源，解脫之道在於認識人生之虛幻而無所執著，因此要靠智慧才能達到涅槃。道教主張肉體飛昇，要在練形，形體是物質的，可以依靠物質的東西的幫助，使其永不敗壞，以至神形不離，達到「長生不死」的目的。所以道安在《二教論》中說：「佛法以有生爲空幻，故忘身以濟物；道法以存身爲眞實，故服餌以養生。」（《廣弘明集》卷八）

二　道教的「神」「形」同質論

佛教和道教對生死問題的看法不同，是和它們對神形問題的看法不同相聯繫的。佛教認爲，由於神與形是二種不同的實體，故可以「形盡神不滅」立論，而謂只有「神」離「形」而不入六道輪迴之中，方可超生死，得解脫，以達到涅槃的境地。道教認爲，由於「神」與「形」是同樣性質的實體，故以「神與形不離」爲成仙的條件，而謂「身得仙，神亦得仙」。因此，如欲進一步討論佛道二教在生死問題上的不同，必須弄淸道教關於「神」、「形」同質和佛教關於「神」、「形」二本的理論根據。本文先論道教關於這一問題的理論，次及佛教。

在中國古代哲學中，「元氣論」是一種很重要的理論。到兩漢幾乎所有哲學家都把「元氣論」作爲他們哲學思想中的一重要內容。從中國古代哲學的歷史發展看，如何解決神形關係問題以及人的生死問題往往是和怎樣看待「氣」相聯繫的。早在春秋時期，就有思想家提出「氣」對人的身體的影響問題，《左傳》昭公元年有醫和論六氣的記載（《春秋左氏正義》卷四十一：「天有六氣，降生五味，發爲五色，徵爲五聲，淫生六疾。六氣曰：陰、陽、風、雨、晦、明也。分爲四時，序爲五節，過則爲菑。陰淫寒疾，陽淫熱疾，風淫末疾，雨淫腹疾，晦淫惑疾，明淫心疾。」）。到戰國，「氣」成爲一普遍概念，許多思想家都以爲人的身體由「氣」構成，人的「生」與「死」和「氣」的聚與散有關。《莊子・知北遊》中說：「人之生，氣之聚也。聚則爲生，散則爲死。……故曰：通天下一氣耳。」到荀子更明確提出天地萬物包括人都是由「氣」構成，他說：「水火有氣而無生，草木有生而無知，禽獸有知而無義，人有氣有生有知亦且有義。」（《荀子・王制》）又說：「形聚而神生。」（《荀子・解蔽》）荀子論證了「氣」和神形的關係以及「神」與「形」的關係。戰國時，稷下有一學派也討論了「氣」和神形的關係問題，在中國哲學史上甚爲重要。這一學派的著作保存在《管子》一書中，即《白心》、《內業》、《心術》等篇。他們認爲，天地之間的一切都是由「氣」構成，如說：「靈氣……其細無內，其大無外。」（《管子・內業》）不僅人的身體是由「氣」構成，「氣者，身之充也……」（《管子・心術下》）；而且「精神」也是由「氣」構成，如說：「精也者，氣之精者也」（《管子・內業》）；「凡物之精，比則爲生，下生五穀，上爲列星，流於天地之間謂之鬼神，藏於胸中謂之聖人」（《管子・內業》）；「故人之所失以死，所得以生也」（《管子・內業》）等等。這就是說，「氣」之中有一種「氣」叫「精氣」，凡是得到它的似乎就有生命，這種「精氣」如果進到人的身體裏，人就會有聰明智慧，甚至可以使人成爲洞察萬物的聖人。這種思想其實在西方古代也有，如在安那西門那裏，靈魂是空氣。（在古希臘不少哲學家都認爲「精神」（或「靈魂」）是某種物質所組成，赫拉克里特認爲「靈魂」是由最乾燥的「火」組成。德謨克里特認爲人的「靈魂」是由一種精細敏捷的火性的原子構成，伊璧鳩魯發展了這一觀點，認爲「靈魂」是由極細微的原子組成。）

約與上述《白心》、《內業》、《心術》同時的作者有孟子，他的著作中也涉及了「氣」的問題，他提出有一種「氣」叫「浩然之氣」，這和《白心》等篇的思想多少有些聯繫。在《白心》等篇中，「精氣」既然能給人們以聰明智慧，且說「此氣也，不可止之以力，而可安之以德」（《管子・內業》），這就是說，「精氣」本身就有聰明智慧的性質，要由人們的道德力量來保存和鞏固它。孟子所說的「浩然之氣」是「集義所生」，因此它不可能是某種物質性的東西，而是人們的某種精神力量的表現。到漢朝，董仲舒一派進一步把「氣」道德化和人格化，致使「氣」成爲一種神秘的東西，甚至成爲上帝的意志和力量的表現，董仲舒認爲，「氣」有刑和賞的能力，有善和惡的分別，有喜、怒、哀、樂種種感情，這樣就使「氣」雖存有物質的外觀，而失去了物質的特性。後來漢朝讖緯圖書中關於「氣」的種種說法，大體都是沿着董仲舒的這一套思想發展的，如說在天地之中有所謂仁、義、禮、智、信等五常之氣，說什麼「元氣混沌，孝在其中」等等。

「元氣」一概念，就目前能找到的史料，大概是首先見於《淮南子・天文訓》，文說：「道始於虛霩，虛霩生宇宙，宇宙生元氣，元氣有涯垠。」（「宇宙生元氣」一句，原作「宇宙生氣」，今依莊達吉校補。）在「元氣」之前，世界尚未成爲一實實在在的世界；在「元氣」之後，才有一實實在在的世界，因此「元氣」爲萬物之始並作成萬物。在中國哲學中，爲什麼把最根本的、最原始的或最初的狀態的「氣」叫「元氣」，這可能和《易傳》中所說的「大哉乾元，萬物資始」有關（《周易・乾卦・彖辭》）。《九家易》謂「元者，氣之始」；《春秋說》中也說：「元者，端也，氣泉；」《呂氏春秋・應同篇》中有：「黃帝曰：芒芒昧昧，因天之威，與元同氣」，這裏雖未把「元氣」作爲一概念，但顯然是用「元」說明「氣」，這種「與元同氣」是世界最初形成的狀態。董仲舒《春秋繁露・重政篇》也說「元猶原也，其義以隨天地始終」，義與《應同篇》同。而在各種緯書中多以「元氣」造成天地，爲天地之始，《河圖緯》謂：「元氣無形，汹汹隆隆，偃者爲天，伏者爲地。」《春秋說解題》：「元氣以爲天，混沌無形體。」其他一些思想家如王充也把「元氣」看成是天地未分之時的狀態，《論衡・論天》中說：「元氣未分，渾沌爲一。」何休《公羊傳》隱公元年注謂：「元者，氣也。無形以起，有形以分，造起天地，天地之始也。」「元氣」分化，則可形成各種不同性質的氣，如陰氣、陽氣、形氣、精氣等等。而「精氣」則往往和人的精神相聯繫，或謂「精神」即「精氣」，如《淮南子・精神訓》高誘注說：「精者，人之氣。」《天文訓》高注：「精，氣也。」這就是說，「精神」是由一種特殊的「氣」叫「精氣」所構成的。所以《白虎通》的《性情篇》說：「精神者何謂也？精者，靜也，太陰施化之氣。……神者，恍惚，太陽之氣也。」《大戴禮記・曾子天圓篇》謂：「陽之精氣曰神。」《禮記・聘義》鄭玄注：「精神，亦謂精氣也。」《詩・楚茨》鄭箋：「言其精氣謂之神，神者魂魄之氣。」所有這些都是把人的精神現象看成是「精氣」活動的表現。

由於中國古代哲學把人的身體和精神都看成是由「氣」構成的，因此我們可以從先秦到兩漢的一些史料中看到，「氣」和神形問題相聯繫多與「養生」有關，而「養生」往往又是「成神」的一種手段。在《莊子》一書中，所描寫的「神人」、「眞人」等多是「神將守形，守形乃長生」者（《莊子．在宥》）。他們能「息以踵」，「不食五穀，吸風飲露」。「壹其性，養其氣」，神與形合，卽可達到「形全神復，與天地爲一」的境界。（《莊子．逍遙遊》及《大宗師》）《呂氏春秋》亦多載「養生」、「全生」、「衞生」、「貴生」之談。《重己篇》謂：「世人之主、貴人，無賢不肖，莫不欲長生久視。」要作到「長生久視」則「氣」必能在身體中不斷流通，而「精氣日新，邪氣盡去，及其天年，此謂之眞」（《呂氏春秋．重己》）。在《淮南子》中把「養氣」、「養形」、「養性」往往看成是一回事，而且都和「氣」的作用聯繫在一起。（《淮南子．精神訓》說：「是故眞人之所游，若吹呴呼吸，吐故納新，熊經鳥伸，鳧浴蝯躩，鴟視虎顧，是養形之人也。」《泰族》：「王喬赤松去塵世之間，離羣慝之紛，吸陰陽之和，食天地之精，呼而出故，吸而入新，蹀虛輕舉，乘雲遊霧，可謂養性矣。」《齊俗》說：「今夫王喬赤松誦子吹呴呼吸，吐故納新，遺形去智，抱素僅眞，以遊玄眇，上通六天。今欲學其道，不得其氣，處神而放，其一吐一吸，時屈時伸，其不能乘雲升假亦明矣。」）無論《呂氏春秋》還是《淮南子》都受到《白心》等篇「精氣說」的影響，認爲「精神」是一種叫「精氣」的「氣」，它可以自由地出入身體，「神」與「形」不離則可長生久視。如《呂氏春秋．盡數》中說：「精氣之集也，必有入也。……集於聖人與爲敻明。」《淮南子》謂：「天氣爲魂，地氣爲魄。」高誘注曰：「魂，人陽神；魄，陰神。」（《淮南子·精神訓》）而且以爲「精神」可馳騁於外，亦可守形於內，《呂氏春秋·盡數》中說：「精神安於形，而年壽得長久。」這些著作中所說的「精神」多是指的「精氣」。

東漢末年創立的道教在生死、神形和「氣」的關係問題上大體上是繼承著上述的一些觀點發展而成的。在早期道教的一些著作中，「氣」是一極爲重要的概念，它既是構成天地萬物的材料，又是支配天地萬物的一種神秘力量，如果要了解道教關於「神形不離」、「養生成神」的理論根據，其關鍵就在於對「氣」這一概念的了解。

早期道教一般都認爲天地萬物都是由「氣」構成，如《太平經》說：「夫物始於元氣」。（《太平經合校》卷六十七《六罪十治訣》、第二五四頁。）「元氣恍惚，自然共凝成一，名爲天也；分而生陰成地，名爲二也；因爲上天下地，陰陽相合施生人，名爲三也。」（《太平經合校》第三〇五頁，《太平經鈔·戊部》中）《老子想爾注》也說：「道氣常上下，經營天地內外。」（《老子想爾注校箋》第十八頁）而《抱朴子》更明確地說：「夫人在氣中，氣在人中，自天地以至萬物，無不須氣以生者。」（《抱朴子內篇校釋·至理》第一〇三頁）不僅如此，在這些著作中也都把「精神」看成是一種「氣」。

《太平經》中說：「三氣共一，爲神根本也。一爲精，一爲神，一爲氣。此三者共一位體，本天地之氣。」(《太平經合校》第七二八頁,《太平經鈔・癸部》中之《令人壽治平法》)按,這裏的「一爲氣」的「氣」是指的「形氣」,在同書《還神邪自消法》一節中說:「分別三氣所長,還神守身,太陽天氣故稱神;形者,太陽主祇,包養萬物,故精神藏於腹中,故地神稱祇。精者,萬物中和之精。」照《太平經》的看法,「氣」可以分爲三種,那麼這三種氣有什麼分別呢?雖然在這本頗爲雜亂的書中說法並不一致,但大體上說,多認爲「神」是「受之於天」,「太陽天氣故稱神」;而「精」或說「受之於地」,或說爲「萬物中和之精」;「形」(或「形氣」)有時說是「太陽主祇」,「地神稱祇」,有時說「受之於中和」。看來,「精」(「精氣」)應是「神」(「神氣」)和「形」(「形氣」)的中間環節,是調和「神」和「形」的關係的,所以說:「神者乘氣而行,精居其中。」(《太平經合校》第七二八頁,《太平經鈔・癸部》中之《令人壽治平法》)這或是《太平經》的本意。但「神」在《太平經》中有些地方是指精神作用,如說「氣生精,精生神,神生明」即是(《太平經合校》第七三九頁,原見於《太平經聖君秘旨》)。可見在《太平經》中「氣」這一概念涵義非常廣泛,它無所不包,又含混模糊。

在《老子想爾注》中,也常把人的精神看成是「精氣」(或叫「微氣」),而此「精氣」可常出入於人的形體,如說「人之精氣滿藏中」,「微氣歸之」(《老子想爾注校箋》第十二頁及第十九頁),入人身中爲根本。而且在《老子想爾注》中把「道氣」看成是最根本的氣,說它是「清微不見」,而天地萬物以及人的肉體(外)和精神(內)均由它「經營」而成。至於「精氣」

和「道氣」的關係，就像「精氣」和「元氣」的關係那樣，似乎「精氣」是「道氣」的一種，「所以精者，道之別氣也」（《老子想爾注校箋》第二十九頁）。又《想爾注》又常用「道精」一詞，說「有道精，分之與萬物，萬物精共一本」。所謂「一本」即指「道氣」也。

早期道教的另一種《老子》的注解是《河上公老子注》，大體成書於東漢之末，或早於《老子想爾注》（參見王明《老子河上公章句考》，載《道家與道教思想研究》，中國社會科學出版社一九八四年六月）。照《河上公老子注》看，「神」是指人的精神現象，所以它又可以叫作「神明」。「神」是由「精」積而成。「精」即「精氣」，它和形體（形氣）的關係是：如果身體中能保存好「精氣」，則身體可以柔順，達之長生不死，第十章注中說：「專守精氣使不亂，則形體能應之而柔順。」「人能抱一，使不離於身則長存。一者道始所生，太和之精氣也。」「精氣」是貫通於身體內部而使身體內部得到協調，所以人必須守住「精氣」，使不離於身，則可「長生不死」。第三十三章注說：「人能自節養，受天下之精氣，則可久。」「精氣」即「太和之精氣」故不稱「和氣」，第七十六章注說：「人生含和氣，抱精神，故柔弱；人死則和氣竭，精神亡，故堅強。」人如果能保存「精氣」使不離身，不僅可以長生不死，而且可以與天地相通，第四十七章注說：「天道與人道同，天人相通，精氣相貫。」「天」與「人」之所以能相通，是由於「精氣」使之相貫通的。就這點看，「精氣」當是一種細微的「氣」，它充斥於天地之間，也充斥於人的身體之內外，從而使身心內外得以聯繫，如果人能把充斥於身心內外的「精氣」調節好，則不但可以長生不死，而且可以與天地相貫通。

《抱朴子》中雖有不少關於生死、神形關係的論說，但沒有直接說明「精神」本身也是一種「氣」。在《地眞篇》中，葛洪嘗把「精神」說成是有形有象的東西，它「有姓字服色」，有長短大小，在人身體中居住在某處等等，並說守住這個東西就可以長生不死，這叫「守一存眞」。（《抱朴子內篇校釋・地眞》，第二九七頁：「守一存眞，乃能通神。」第三〇〇頁：「唯有守眞一，可以一切不畏，此輩也。」）而早在《太平經》中也有類似的說法。如說：「神長二尺五寸，隨五行五藏服飾。」（《太平經合校》第七二二頁，《太平經鈔・癸部》中之《盛身卻災法》。）

前面已經說過，道教中的「神仙」是「肉體飛升」的，而肉體飛升成仙是以神形不離爲條件。那麼神形不離爲什麼可能呢？在道教看來這正是「氣」的作用。《太平經》說：「天地之道所以能長且久者，以其守氣而不絕也。故天專以氣爲吉凶也，萬物象之，無氣則終死也。」（《太平經合校》第四五〇頁，《太平經鈔・己部》中之《包天裹地守氣不絕訣》）萬物如此，人當亦然，故說：「神明精氣，不得不離其身，則不知老，不知死矣。」（《太平經合校》第六九八頁，見於《太平經鈔・辛部》）（按：此處「神明精氣」可理解爲「神明」即「精氣」，或理解爲「神明」是「精氣」作用的表現。）所以「養生之道，要在養氣」，「三氣共一，爲神根本也」，「故人欲壽者，乃當愛氣、尊神、重精。」（《太平經合校》第七二八頁，《太平經鈔・癸部》中之《令人壽治平法》）。《老子想爾注》也說「道氣在間，清微不見，含血之類，莫不欲養」。「人行道奉誡，微氣歸之」，「故能生而長久」（《老子想爾注校箋》第九頁及第十九頁）。葛洪雖不以「養氣」爲「長生不死」、「肉體飛升」之最根本的方法，但就神形不離這點說，也認爲是靠「氣」的作用。如他說：「身勞則神散，氣竭則命終。」（《抱朴子內篇校釋・至理》第九十九頁）「苟能令正氣不衰，形神相衞，莫能傷也。」（《抱朴子內篇校釋・極言》第二二二頁）故「長生得道者，莫不由服藥香氣」（《抱朴子內篇校釋・雜應》第二四四頁）。「養生之盡理者，即將服神藥，又行氣不懈，朝夕導引，以宣動榮衞，使無輟閡」云云（《抱朴子內篇校釋・雜應》第二四七頁）。由此可見在早期道教中「養氣」（或曰「食氣」、「行氣」、「守氣」）是「長生不死」、「肉體飛升」的重要方法。

爲什麼早期道教認爲「長生不死」和「養氣」有如此密切的關係？蓋道教認爲「長生不死」既要求肉體不壞，又要求精神長存而能與肉體結合。而無論肉體還是精神都是由「氣」構成，因此只要把「氣」養好，人就可以「長生不死」了。既然肉體和精神是同一種實體的「氣」，那麼它們永遠結合在一起就不是不可能的。如果能使肉體永遠不敗壞，精神就有個永久可居住的地方；如果精神能修練得長存，肉體就可以神而明之。「氣」是最細微、最清輕，無具體形象，而又是無所不在的。如果人的肉體能修練得和「氣」一樣清輕，精神修練得可長居其中，就可以「肉體飛升」，成爲「長生不死」的神仙。所以在道教中有所謂「服氣」而不食五穀的說法，以便把身體練得清輕如「氣」。不僅如此，肉體練得清輕如「氣」，精神練得長居其中，還可以與天地合爲一體，「委氣神人乃與元氣合形並力，與四時五行共生」，「與天地同其元」（《太平經合校》第九十六頁，《太平經鈔・丙部》中之《四行本末訣》；第四十八頁，《太平經鈔・丙部》中之《三急吉凶法》）。《老子想爾注》說：「樸，道本氣也，人行道歸樸，與道合。」（《老子想爾注校箋》第三十九頁）《老君音誦誡經》說：「道氣百千萬重，而得升度之。」（《老君音誦誡經》，見《正統道藏》力字號帙，該書當卽《魏書・釋老志》所言寇謙之受於太上老君的《雲中音誦新科之誡》的一部分，可參見湯用彤、湯一介的《寇謙之的著作與思想》一文，《歷史研究》一九六一年第五期；楊聯升《老君音誦誡經校釋》，《中央研究院歷史語言研究所集刊》第二十八本）所以早期道教認爲「白日升天」是「仙之上者」，此卽葛洪所說的「始步稍高，遂入雲中不復見」（《抱朴子內篇校釋・至理》第一〇四頁）。得道成仙可與天地合一，有無窮之偉力（神通），故有所謂「眞而不止，乃得成神；神而不止，乃得與天地比德；天比不止，乃得與元氣比德。元氣乃包裹天地八方，莫不受其氣而生」（《太平經合校》第七十八頁，《太平經鈔・丙部》中之《分解本末法》）。由此可見，我們要了解早期道教所說的「神形不離」、「長生不死」、以及「與天地比德」等等，都得從分析研究它關於「氣」的概念入手。

得道成仙的人爲什麼會有各種各樣的神通，這也和道教對「氣」的看法有關。道教認爲，「氣」不僅是構成天地萬物包括人的肉體和精神的材料，而且「氣」是一種能支配天地萬物的神秘的力量。在早期道教的著作中，「氣」有善與惡、正與邪之分，「善氣至，則邪惡氣藏」；「夫惡氣至，則善氣藏」（《太平經合校》第一三四頁，《太平經鈔・丙部》中之《上善臣子弟子爲君父師得仙方訣》）。苟能令「正氣不衰，形神相衞，莫能傷也」。「氣」有道、德、仁、義之別，「好行道者，天地道氣助之；好行德者，德氣助之；行仁者，天與仁氣助之；行義者，天與義氣助之」；（《太平經合校》第六九〇頁，《太平經鈔·辛部》。）「氣」有金、木、水、火、土之性，「五臟所以傷者，皆金木水火土氣不合也」（《老子想爾注校箋》第七頁）；「氣」有喜、怒、哀、樂之情，「樂氣興則陽氣盛」，「悅樂氣至，急怒氣去」（《太平經合校》第五九〇頁，《太平經》卷一一三中之《樂怒吉凶訣》）；「氣」可以招禍福，「氣可以禳天災」，「氣可以禁鬼神」，（《抱朴子內篇校釋·至理》第一〇三頁）；「積善，善氣至；積惡，惡氣至」（《無上秘要》卷七引《西升經》，《正統道藏》叔字號帙）；「氣」可以行賞罰，「元氣自然，樂則合，共生天地，悅則陰陽合，風雨調，……反致凶，故刑氣日興，樂者絕之」（《太平經合校》第六四七至六四八頁，見於《太平經》第一一六卷中）；「氣」可以致太平，「今太平氣至，當與有德君並力治」，「今行太平氣至，陽德君治，當能長久」，「今太平氣臨到，欲使謹善者日益興，惡者日衰卻也」（太平經合校》第三十九頁；《太平經》卷三十五中之《興善止惡法》；第三八八五頁，《太平經》卷九十三中之《方藥厭固相治訣》）。總之，在早期道敎的著作中，「氣」有道德性、精神性，是人格化了的和社會化了的東西和力量。這樣的「氣」儘管它尚保存了物質性的外觀，但它已是無所不包、無所不在、無所不能、無所不成的超自然的神秘力量。人「養氣」如果能達到身體清輕如「氣」而成神仙的地步，自然也就和「氣」一樣具有種種神通的永恒存在了。

三　佛教的「神」「形」二本論

《弘明集》卷五有東晉著名和尚慧遠的《沙門不敬王者論》一文，其中一節《形盡神不滅》專門討論了生死、神形問題，並對「生死氣化」和「形神俱滅」的觀點進行了批評，甚至直接批評了道教關於「養生之談」的觀點。關於生死問題，慧遠說：

> 莊子發玄音於大宗曰：大塊勞我以生，息我以死。又以生為人羈，死為反真。此所謂知生為大患，以無生為反本者也。文子稱黃帝之言曰：形有靡而神不化，以不化乘化，其變無窮。莊子亦云：特犯人之形，而猶喜若人之形，萬化而未始有極。此所謂知生不盡於一化，方逐物而不反者也。二子之論雖未究其實，亦嘗傍宗而有聞焉。論者不尋無方生死之說，而惑聚散於一化；不思神道有妙物之靈，而謂精粗同盡，不亦悲乎！」
>
> （「大塊勞我以生，息我以死」句見《莊子・大宗師》，原文作「夫大塊載我以形，勞我以生，佚我以老，息我以死」；「以生為人羈，死為反真」句見《莊子・大宗師》，原文作「嗟來桑戶乎，而已反其真，而我猶為人羈」；「形有靡而神不化」句見《文子・守樸》；「特犯人之形，而猶喜若人之形，萬化而未始有極」句見《莊子・大宗師》，原

文作「特犯人形而猶喜，若人之形者，萬化而未始有極也。」參見《慧遠研究》，木村英一編，第三九五頁。）

慧遠用「連類」的方法引用莊子和文子的話與佛教相比附（《高僧傳》卷六《慧遠傳》：「……引《莊子》義爲連類，於是惑者曉然。」）。所引莊子的話原義本在說明生死都是自然現象，不要以生死爲意，但確也可引申以證「神不滅」之說，但莊子並無「無生」這一概念。「無生」的思想則是當時佛教所特有，正是和道教「無死」的思想相對立。所引文子稱黃帝的話則是可以直接說明「形盡神不滅」的。慧遠批評了那種認爲生死是由於「氣」的聚散所變化而成的觀點以及把生死限於一生的觀點，他說這是由於不了解「生」和「死」都是「無方所」的，是變化無窮的；而「神」非常靈妙，和「形」有本質的不同。爲什麼「神」和「形」有本質的不同呢？照當時佛教徒的看法，「神」和「形」是兩種不同的實體，這就是佛教以「神」、「形」爲二本的理論，劉宋時有鄭道子著《神不滅論》謂：

所謂形神不相資，明其異本耳。

又說：

夫形也，五臟六腑、四肢七竅相與為一，故所以為生。當其受生，則五常殊受，是以肢體偏病、耳目互缺，無奪其為生。一形之內，其猶如茲，況神體靈照，妙統衆形。形與氣息俱運，神與妙覺同流，雖動靜相資，而精粗異源，豈非各有其本，相因為用者邪。

（《弘明集》卷五）

鄭道子認爲，由於「神」和「形」不互相依賴，所以它們是兩種不同的實體。從形體方面說，它只是「五臟六腑、四肢七竅」的統一體。雖然五臟六腑等在一統一體中，但它們各有各的不同功用，因此形體的某一部分有了病，並不會影響到它的生命。形體對人的生命尚且如此，那麼靈妙的「神」則更加如此，「神」與「形」不同，它能統帥形體的各個部分。形體本身是和「氣」一起變化的，而「神」則和靈妙的覺性一起流轉。雖然「神」和「形」的或「動」或「靜」可以相互爲用，但從本質上說是有「精」與「粗」的分別的。鄭道子關於「神」、「形」關係的理論無非是說「形」是一種粗糙的物質性實體，而「神」是一種靈妙的精神性實體。由於「神」和「形」是兩種不同的實體，因此，「形」盡而「神不滅」。本來在佛敎中有「無我」的概念，並不認爲有一種獨立的精神性實體的「神」（靈魂），但隨着佛敎的發展，有的敎派認爲要有一精神現象的承擔者，以便其輪迴學說得以圓通，這個投入輪迴的精神現象的承擔者叫「普特加羅」，也就是「神」或「靈魂」。印度佛敎傳到中國後，它與中國原有的「有鬼論」思想相結合，在中國流傳的佛教多以「形盡神不滅」立論，認爲有一精神性實體的「神」與物質性實體的「形」相對，所以慧遠在《沙門不敬王者論中》說：

夫神者何邪？精極而為靈者也。精極則非卦象之所圖，故聖人以妙物而為言，雖有上智，猶不能定其體狀，窮其幽致。……神也者，圓應無生，妙盡無名，感物而動，假數而行。感物而非物，故物化而不滅；假數而非數，故數盡而不窮。

宗炳《明佛論》中也說：

神也者，妙萬物而為言矣，若資形以造，隨形以滅，則以形為本，何妙以言乎？夫精神四達，並流無極，上際於天，下盤於地。（《弘明集》卷二）

《周易·說卦》中有「神也者，妙萬物而爲言者也」，是說「神」的意思是「微妙變化」義。本來在《易傳》中「神」有多種涵義，有的地方「神」是指「神靈」的意思，可以解釋爲「精神」或「靈魂」，更多的地方則是指「微妙的變化」。如說：「精氣爲物，游魂爲變，是故知鬼神之情狀。」（《周易·繫辭上》）此處「神」有「神靈」義，而「陰陽不測之謂神」，「知幾其神乎」，「知變化之道者，其知神之所爲乎」，「神無方，易無體」等等（《周易·繫辭上》）均說「微妙變化」也。慧遠和宗炳均取《易傳》關於「神」的兩重涵義，引伸以「神」爲「神明」（或「精神」)義，既然「神」是「妙萬物而爲言」的，那麼它就不應爲「形」所造成，隨形而消滅。又慧遠認爲「神」非常靈妙，它無形無像，圓應感通而無生（並不生成什麼），神妙至極而無名，它雖然要靠有形有像的東西才能表現出來，但它本身並非有形有像的東西，因此有形有像的實體消滅了，「神」並不因此而消滅。慧遠這一觀點很可能是受到玄學的影響而用到論「神」、「形」關係問題上。韓康伯《周易·繫辭注》中王弼對「大衍之數」的解釋說：

> 演天地之數所賴者五十也，其用四十有九，其一不用也。不用而用之以通，非數而數之以成，斯易之太極也。

王弼用「一」、「多」的關係來說明事物的本體與事物的功用之間的關係，「一」在形式上爲一「數」，但實質上是「非數」。這一「非數」之「數」，其作用是貫通在天地萬物之中，它成就着天地萬物，是天地萬物的「本體」。從王弼的玄學體系看，其所謂「一」即「無」、即「體」，而「多」爲「有」、爲「用」。「一」與「多」、「有」與「無」、「體」與「用」雖相連，但它們的性質卻不相同。慧遠用這種方法來說明「神」與「形」的聯繫與根本區別，或較之道教把「神」和「形」看成都是由「氣」構成前進了一步，但「神」、「形」二本說是否合理，仍待進一步論證。

在中國古代思想史中，關於「神」、「形」關係問題常以「薪」與「火」的關係爲喩，主張

「形盡神亦滅」的以「薪盡火滅」為論；主張「形盡神不滅」的多以「薪盡火傳」爲喻。這時期的佛教信徒也以「薪火喻神形」爲其「神不滅」作論證，如鄭道子在《神不滅論》中說：

夫火因薪則有火，無薪則無火。薪雖所以生火，而非火之本；火本自在，因薪為用耳。若待薪然後有火，則燧人之前，其無火理乎？火本至陽，陽為火極，故薪是火所寄，非其本也。神形相資，亦猶此矣。相資相因，生塗所由耳，安在有形則神存，無形則神盡，其本惚恍不可言矣。請為吾子廣其類以明之，當薪之在水則火盡，出水則火生，一薪未改，而火前期，神不賴形，又如茲矣；神不待形，可以悟乎？（《弘明集》卷二）

這裏鄭道子實用「體」、「用」關係來說明「薪」、「火」關係，以證其「神不待形」之論。「火」雖然是因爲有「薪」才得以表現出來，沒有「薪」則「火」無法表現，這只是「火」因「薪」爲用，而不能說「薪」是「火」的「本」（本體）。「火」之爲「火」自有其「火」之理，否則在燧人以前「火」沒有表現出來的時候，難道就沒有「火」之理存在了？所以說「薪」不過是「火」的寄存處，並不是「火」的自身。神形關係也是一樣，雖然在「神」和「形」相互依靠時而有生命現象，但並非「有形則神存，無形則神盡」，這就像「薪」沒有燃燒就沒有「火」，一燃燒就有火，同樣的「薪」並沒有改變，爲什麼先無「火」而後有「火」，可見「火」並不靠「薪」而先已存在了。「神」對「形」的關係也是一樣，並不是因爲形體有了生命的現象才有

「神」，而是「神」本來就存在著。這種「以薪火喻神形」的觀點在慧遠的《沙門不敬王者論》中更有展開，他說：

> 火之傳於薪，猶神之傳於形；火之傳異薪，猶神之傳異形。前薪非後薪，則知指窮之術妙；前形非後形，則悟情數之感深。惑者見形朽於一生，便以謂感情俱喪，猶睹火窮於一木，謂終期都盡耳。此由從養生之談，非遠尋其類者也。就如來論，假令神形俱化，始自天本，愚智資生，同稟所受。問所受者，為受之於形耶，受之於神耶？若受之於形，凡在有形，皆化而為神矣。若受之於神，是以神傳神，則丹朱與帝堯齊聖，重華與瞽瞍等靈，其可然乎？

以「薪火」爲喻早見於《莊子》，謂「指窮於爲薪，火傳也，不知其盡也」（《莊子‧養生主》）。後有漢桓譚作《新論》，中有「精神」居形體，「猶火之燃燭矣，……氣索而死，如火燭之俱盡也」，此爲「以燭火喻神形」者也。慧遠也用「薪火之喻」來論證「形盡神不滅」。他認爲，不同的「薪」所傳的同一的「火」，這就像不同的「形」傳的是同一的「神」一樣。同樣是那個「火」，不同的「薪」把它傳了下去，就像同樣是那個「神」，不同的「形」把它傳下去一樣；前面的「薪」不是後面的「薪」，但人們可以把後一「薪」繼上去，前面的「形」不是後面的「形」，但由於精神的感召作用而由後一「形」繼續下去。迷惑的人看到一個形體在一生中壞了，因而認爲「神」也跟著滅了，這就像看見一塊「薪」燒完了，便認爲「火」也就滅了一樣，這顯然是不對的。慧遠認爲，這種不正確的看法正是道教的「養生」學，沒有認識「形」與「神」是本質不同的兩種東西。如果認爲「神」和「形」一起化盡，那麼怎麼再形成人呢？如果說是由「形」方面再形成人，那麼有形的都可有「神」了；如果是由「神」方面形成人，那麼丹朱和帝堯都一樣了，這能說得通嗎？慧遠堅持「神」、「形」二本說，這正是從他要論證「神」必須從「形」這方面解脫出來，才有可能超脫輪迴，以達到涅槃的境地而成佛。他的這一理論正和道教堅持的「神」、「形」均爲「氣」構成的一本論相對立。由於這個原因造成了佛道兩教在生死問題上的不同。

第十三章　「承負」說與「輪迴」說

在進入階級社會後許多民族都有關於「來世問題」的信仰（原始社會也許同樣有類似的問題）。這種來世問題的信仰或者以這樣那樣的形式表現出來，但歸根結底都和生命如何延續的問題相聯繫。這樣的問題很自然就成了宗教信仰中的一個重要問題。我們知道，宗教問題總是和道德問題相聯繫的。從世界各種重要宗教看，無不以所謂「勸善戒惡」爲其一重要內容。基督教就是這樣，在《聖經・新約》的《馬太福音》中，耶穌登山訓衆說：「爲善的人有福了，因爲天國是他們的。」伊斯蘭教的《可蘭經》中也說：「信道而且行善的人，眞主要使他們享受完全的報酬。」「眞主是萬能的，是懲惡的。」又說：「眞主是不引導不義的民衆的，這等人的報應是遭受眞主的棄絕與天神和人類的共同的詛咒，他們將永居火獄中，不蒙減刑，也不蒙緩刑。」「敬畏者得在他們的主那裏，享受下臨諸河的樂國，他們永居其中，並獲得純潔的配偶，和眞主的喜悅。」基督教有耶穌復活的故事。伊斯蘭教更認爲「死人」可以由眞主的偉力而復活，《可蘭經》中說：「難道這樣的造化者不能使死人復活嗎？」伊斯蘭教的哲學家並論證說：「使靈魂復返回於任何身體，是可能的。那身體是用前身的材料造成，或用其他質料造成，或用新創造的質料造成，都是可以的；因爲人是以靈魂爲主，不是以其肉體爲主的。」我們可以看到宗教總是包含着大量「賞善罰惡」的內容，而神則是具有超自然的「賞善罰惡」的力量。但是，由於各個民族的社會生活狀況的差異和傳統的文化思想的不同，因此在如何得到善惡的報應和生死解脫的問題上，就有著不同的觀念。從世界上的大多數宗教看，大都以爲人的靈魂可以不隨肉體的死亡而死亡，在生前爲「善」的可以進「天國」，到「西方極樂世界」（佛國淨土），爲「惡」則要下地獄。由於有善惡報應的問題，因此在一些宗教中就有「來世」的觀念。佛教是一種以爲有「來世」的宗教，在《優婆塞戒經》中說：

> 佛言，善男子，衆生造業有其四種：一者現報（原注：今身作報善惡業卽身受之，是名現報）；二者生報（原注：今身造業次後受報，是名生報）；三者後報（原注：今身造業，次後來受，更第二、第三生已去受者）；四者無報（原注：猶無記等業是）。（《法苑珠林》卷六十九）

印度佛教的這一來生受報的觀念在南北朝時爲中國佛教普遍所接受，並曾引起中國僧人與非佛教徒之間的爭論。東晉時著名的和尙著有《明報應論》不僅闡明佛教的輪迴報應學說，而且批評了中國傳統的報應說和道教在這個問題上的觀點。慧遠在《三報論》中說：

> 經說業有三報：一曰現報，二曰生報，三曰後報。現報者，善惡始於此身，即此身受。生報者，來生受報。後報者，或經二生三生百生千生，然後乃受。

這裏直接把「善惡」問題和報應問題聯繫起來了。如果人不能「修善止惡」，達到涅槃境界，就要永遠在輪迴之中受苦。《心地觀經》中說：「有情輪迴六道生，猶如車輪無始終。」所謂「六道」就是指：地獄、餓鬼、畜生、阿修羅（意謂醜陋，似天非天常與天帝戰鬥之神）、人間、天上。人在沒有得到解脫之前，根據所造之業，就要在六道中輪迴。所以印度佛教的因果報應之說的中心問題在於「輪迴」，而「輪迴」則有「來生」問題。

從中國的傳統思想看，殷周以來就有對祖先的崇拜問題，以爲祖先死後其精靈不滅，故有「三后在天」（指周武王以前的三王，大王、王季和文王）之說，這是一種「有鬼論」的思想。但是在中國古代的思想中並無「來世」的觀念。當時雖也有報應說，只是以爲前世的人所作善惡可以對其後子孫的禍福有影響。《國語・周語》有如下一段記載：

> 靈王二十二年（前五五〇年）……太子晉諫曰：我自先王厲宣、幽、平而貪天禍，至於今而未弭，我又章之，懼長及子孫，王室其愈卑乎？

這就是說，太子晉認爲周之衰落是由於歷王以來多行不善，而禍及子孫所造成。在《周易・坤卦・文言》中把這一觀點普遍化爲一般規律，文說：

> 積善之家，必有餘慶；積不善之家，必有餘殃！

從中國傳統思想看，人們作善事或惡事，都是會受到報應的，而受報應的承擔者如果不是作這善事或惡事的此生本人，那麼其子孫也必然要受到報應。這就是說，在中國傳統思想中原來沒有「來世」受報的觀念，這一點和佛教的輪迴說是很不一樣的。在道教中有「承負」這樣一種學說，最早而且最集中反映在《太平經》中。所謂「承負」的意思是說：行善事或作惡事的人，其本人此生或其子孫承受和負擔所行善事或作惡事的報應。就《太平經》中所涉及之內容，我們可以分爲四個問題來討論：1.何謂「承負」；2.「承負」的種類；3.消除「承負」的方法；4.「承負」說的根據。

1.何謂「承負」

在《解師策書訣》中對「承負」有一比較完整的解釋，其文中有問：「今天師比爲暗蒙淺生具說承負說，不知承與負，同邪異邪？」回答說：

> 然，承者為前，負者為後；承者，乃謂先人本承天心而行，小小失之，不自知，用日積久，相聚為多，今後生人反無辜蒙其過謫，連傳被其災，故前為承，後為負也。負者，流災亦不由一人之治，比連不平，前後更相負，故名為負。負者，乃先人負於後生者也。

「承負」是說先人的過失，成爲一種影響後人的力量，而由後人負擔，故前人對後人有所欠負。此處「後生」指「後人」卽子孫也。在《道典論》中引用了《太平經》關於「承負說」的一段話可以說明「後生」指「後人」，而不是指「來生」：

凡人所以有過責者，皆由不能自養，悉失其綱紀，故有承負之責也。比若父母失道德，有過於鄰里，後生其子孫為鄰里所害。

在《太平經》中「承負」並非僅指後人對先人的過失承受負擔之責。而且本人此生也會承受負擔之責，《六罪十治訣》中說：

凡人乃有大罪六，不可除也。或身卽坐，或流後生。

照道理說，人有罪過本應由他自身受報應，爲什麼會流及「後生」呢？《太平經》中對這點也有一種解釋，《解承負訣》中說：

力行善反得惡者，是承負先人之過，流災前後積來害此人也。其行惡及得善者，是先人深有積畜大功，來流及此人也。

蓋宗敎無法科學地解釋爲什麼「善有惡報」或「惡有善報」，不得不造出「來生說」（如佛敎的

「輪迴」)或「後生受報說」(如道教的「承負」)。道教的「承負說」實是《易傳》「餘慶」和「餘殃」說的發展。《太平經》認爲，先人的罪過他此生不能償還，就得由其後代償還。「死尚有餘罪，當流後生」。

2.「承負」的種類

宗教爲神化其學說往往把其內容弄得十分複雜，以便使人們不能認識其本質。特別是像「報應」這種很難用科學全然解釋的問題，往往更是被說得十分複雜而且神秘。在《太平經》中講到「承負」的地方不下百餘處。說到有關「承負」的種類有：⑴後人爲前人「承負」，如前引《道典論》所引《太平經》文；又如《災病證書欲藏訣》中說：「夫先人但爲小小誤失道，行有之耳，不足以罪也。後生人者承負之，畜積爲過也。」後人得到的報應是先人的過錯一點一點積累而成的。⑵人爲天地「承負」。如《五事解承負法》中說：「天地生萬物，無德而傷之，天下雲亂，家貧不足，老弱飢寒，縣官無收，倉庫更空。此過乃本在地傷物，而人反承負之。」天地有了過失，人們受其災害，這也是一種「承負」。⑶自然界事物的「承負」。如說大樹「根不堅持地，而爲大風雨所傷，其上枝葉實悉傷亡，此卽萬物草木之承負大過也」(同上)。⑷後人爲前人邪說「承負」。如說一師教十弟子其說邪不實，這樣十傳百，百傳千，而後人受害，此「卽承負空虛之責也」(同上)。⑸後主爲先主「承負」。如說：「今先王爲治，不得天地心意，非一人失亂天文也。天大怒不悅喜，故病災萬端，後在位者復承負之。」(《試文書大信法》)因此有所謂「下古復承負中古小失」，後一時代爲前一時代「承負」，今爲古「承負」。《太平經》把這些看成是社會衰亂敗亡之原因，所以它說：

> 積久傳相教，俱不得其失，天下悉邪，不能相禁止。故災變萬種興起，不可勝紀，此所由來者積久復久。（《五事解承負法》）

《太平經》企圖找人們生死禍福以及社會的興衰治亂的原因，由於在當時的條件下無法科學地對這些問題加以解釋以及其宗教的目的所要求而創造出各種各樣的「承負」來，使人們照其宗教的要求而「向善止惡」。

3. 如何消解「承負」

人們生活在自然界和社會之中，因此總是在種種「承負」之中，如果人不能消除「承負」對他的種種影響，那麼人如何能夠得到解脫而成神仙呢？所以《太平經》又創造了解除「承負」的過責的種種方法：⑴行太平之道可以消除「承負之責」，《解師策書訣》中說「得行此道者，承負天地之謫悉去」云云。《萬二千國始火始氣訣》中也說：「或有眞道，因能得度世去者，是人乃無承負之過。」⑵讀《太平經》書可以消除「承負之責」。如說：「承負之責最劇，故使人死，善惡不復分別也。大咎在此。故吾書應天數，今欲一斷絕承負責也。」（同上）「子旦急傳吾道書，使天下人得行之，俱思其身定精，念合大道，且自知過失之從來也，卽承負之過除矣。」

（《努力爲善法》）⑶養氣守一可以消除「承負之責」。在《九天消先王災法》中說明最高等級的神仙是「無形委氣之神人」，其所以爲最高等級就在於能「理元氣」，所以照《太平經》看，如果能「得氣」則可消除「承負之責」，「氣得，……承負萬世先王之災悉消去。」《經鈔》丙部說：「欲解承負之責，莫如守一。」「守一」卽「理元氣」也。⑷行大功德可以解「承負之責」，《解承負訣》中說：「能行大功萬萬倍之，先人雖有餘殃，不能及此身也。」⑸有天師出得解除「承負之責」。按《太平經》乃「興國廣嗣」之應帝王書，故天師出主要是爲帝王解承負之責，「惟天師乃爲帝王解先人流災承負，下制作可以與人君，而悉除天下災怪變不祥之屬」（《斷金兵法》）。因之在《五事解承負法》中說：天師可以「爲皇天解承負之仇，爲後土解承負之殃，爲帝王解承負之原，爲百姓解承負之過，爲萬二千物解承負之責」。可見道敎的天師有最大消除「承負之責」的偉力。

《太平經》的「承負說」和佛敎的「輪迴說」雖都是一種宗敎的因果報應學說，但所據之「理論」則不相同。佛敎的報應說是建立在「三世有」上，而《太平經》（早期道敎）則是建立在「無來世」上。所以在《寃流災求奇方訣》中集中論證了「無來世」的觀點：

> 夫物生者，皆有終盡，人生亦有死，天地之格法也。
> 夫人死者乃盡滅，盡成灰土，將不復見。今人居天地之間，從天地開闢以來，人人各一

生，不得再生也。自有名字為人，人者，乃中和凡物之長也，而尊且貴，與天地相似；今一死，乃終古窮天畢地，不得復見自為人也，不復起行也。

這就是說，《太平經》把「生」和「死」看成是天地間的正常法則，有「生」必有「死」，人雖然在天地間最爲尊貴，但也是生物之一，死後同樣就消滅了，成爲灰土，不能再生。因此，古往今來窮天畢地不可能見到人死了之後再生成爲人。《太平經》中這一「有生必有死」的觀點和道敎的「長生不死」的觀點是否有矛盾？從道敎的觀點看，可以說是沒有的。因爲照道敎看，「長生不死」是可以的，但「死而復生」或「死後托生」則是不可以的。所以在《太平經》中認爲人應是「樂生惡死」的，「上士忿然惡死樂生，往學仙」。似乎還對佛敎作了批評，說「求死得死」有何可冤哉？按：在南北朝時，道敎和佛敎在「生死」問題上的爭論時，道敎都說佛敎是「求死得死」的。不過在《太平經》中有一段講「重生」的話，容易引起誤解，其文如下：

夫天下人死亡，非小事也。一死終古不復見天地日月也。脈骨成涂土。死命重事也。人居天地之間，人人得一生，不得重生。重生者，獨得道人，死而復生，尸解者耳。是者，天地所私，萬萬未有一人也。故凡人一死，不得復生也。

這裏《太平經》認爲，一般人死後再不得重生，但得道的人可以「死而復生」。這豈不是也主張人可以有「來世」，那和佛敎有什麼區別呢？當然，即使把得道之人了解爲可以有「來世」，這一觀點和佛敎也不相同。照佛敎看，一般人不能超脫輪迴才有「來世」，而得道之人達到涅槃則可以超脫輪迴，那就沒有什麼「來世」問題了。而這裏說的人「死而復生」是指「尸解」，它顯然不是指靈魂（神、精神）離開了此一形體而又化爲另一形體中的生命。而是指原來的形體和它的精神再結合在一起（其實兩者並未分離），如蟬脫殼一樣，如蠶蛻皮一般，舊皮、舊殼留下，而新皮、新殼內所包含的生命現象一起成爲蟬和蠶，這就是道敎所想像的「尸解」。故所謂「尸解」據道敎經典《度人經》說：「托形隱身成仙也。」陶弘景的《寶劍上經》也說：「尸解者，本眞之煉蛻也。」（見《說部》）葛洪《抱朴子》中說：「先死後蛻，謂之尸解。」並舉例說：

> 近世壺公將費長房去，及道士李意期將兩弟子去，皆托卒死，家殯埋之。積數年，而長房來歸。又相識人見李意期將兩弟子皆在郫縣。其家各發棺視之，三棺遂有竹杖一枚，以丹書於杖，此皆尸解者也。

葛洪這些故事當然均爲無稽之談，無非是神化道敎，以張大其宗敎的作用，但從這裏我們也可以看到，早期道敎所謂「尸解」並不是指的「靈魂不死」而與另一形體之結合，「再生成人」，也就是說人死後還會有「二世」、「三世」等等「來生」，而是說形神一起暫時假死如「尸」，而後形神仍在一起成仙而去，即得「解脫」也。所以早期道敎是不認爲人死後還會有什麼「來生」

的。

「承負」的思想不僅在《太平經》中有，而且在其他早期道教的著作中也有類似的思想，如《老子河上公注》中說：

> 修道於家，父慈子孝，兄友弟順，夫信妻正，其德如是，乃有餘慶及於來世子孫也。

這裏出現了「來世」二字，但它顯然是與下「子孫」相連，是指下一代或再下一代的子孫。《老子想爾注》中說：

> 傷殺不應度，其殃禍反還人身，及子孫。

意思是說，傷害別人的人不能得到度世，殃禍的報應將會反還到他自身或者報應到其子孫。葛洪說：

> 但有惡心而無惡迹者奪算，若惡事而損於人者奪紀，若算紀未盡自死者，皆殃及子孫。
>
> （《抱朴子》）

同書說：「算者，三日也。」「紀者，三百日也。」顯然葛洪也並不認爲人死後還有「來世」。所以他嘆惜地說：「夫逝者無反期，既朽無生理，達道之士，良以悲矣。」《正一法文天師教戒科經》中說：

> 人能修行，執守教戒，善行積者，功德自輔，身與天通，福流子孫。

惡事的報應可及現世自身和子孫，善事的報應也可以及於其子孫，這種中國傳統的思想可以說全然融化於道教的理論中了。到南北朝末期，佛教在中國已廣爲流傳，且有很大勢力，道教也已受到很大影響，這也表現在「因果報應」問題上。例如陶弘景受佛教影響很深，且接受了佛教的「精靈不死」（神不死）和輪迴思想，但在他的著作中仍還保留着早期道教「承負說」的觀點，他在《養生延命錄》中引老君的話說：

> 人修善積德，而遇其凶禍者，受先人之餘殃也；犯禁為惡，而遇其福，蒙先人之餘慶也。

陶弘景爲了道教的宗教信仰的目的，他甚至說由於積功修養，不僅自身可以成仙，而且其子孫靠了先人的積功修養也可以成仙，他說：

> 積功滿千，雖有過故得成仙；功滿三百而過不足相補者，子仙；功滿二百者，孫仙；子無過又無功德，借先人功德便得仙，所謂仙人餘慶；其無志多過者，可得富貴，仙不可冀也。（《眞誥》卷五）

陶弘景確也接受了佛教「來世」（三世有）的觀念，他認爲人的積功行善可以使來世受到好的報應，他說：

> 先世有功在三官，流逮後嗣，或易世煉化改氏更生者。（《眞誥》卷六）

陶弘景認爲，積功行善故可福及子孫，但也可以在另一世代變成不同姓氏的人而得再生，他並且舉例說：

> 鮑靚及妹並是其七世祖李湛、張慮，本杜陵北鄉人士，在渭橋為客舍，積行陽德，好道養生，故今福逮於靚等，使易世變煉改氏更生，合為兄弟耳。（《眞誥》卷五下）

道教經過受佛教影響的陶弘景的改造和發展，使中國原有的子孫受報的思想和佛教的來世受報的思想結合起來，這種結合而成的因果報應學說，就成爲中國思想的一個組成部分。

第十四章 「出世」和「入世」

雖然佛教和道教作爲宗教說都是以所謂「救世」爲目標。但在「出世」和「入世」關係的問題上卻存在著顯著的不同，這個問題也反映了兩種不同傳統文化的差異。中國傳統思想大都是把積極「入世」看成是最高的政治和道德的準則。道教在這方面也深深打上了這一積極入世思想的烙印。而印度佛教同樣的受着印度傳統文化的消極「救世」思想的影響，把「出世」作爲「救世」的根本手段。《左傳·襄公二十四年》有如下一段記載：

> 二十四年春，穆叔如晉，范宣子逆之，問焉，曰：「古人有言曰，死而不朽，何謂也？」穆叔未對。宣子曰：「昔匄之祖，自舜以上為陶唐氏……其是之謂乎？」穆叔曰：「以豹聞，此之謂世祿，非不朽也。」「魯有先大夫曰臧文仲，既沒，其立言，其是之謂乎？」「豹聞之：太上有立德，其次有立功，其次有立言。雖久不廢，此之謂三不朽。」

中國古代的儒家思想可以說是繼承着這個傳統，從孔子起就把推行「道」於天下爲己任，希望用其政治思想和道德化使「遠者來，近者悅」的和諧社會的理想。因此他對現實的「人事」遠比超現實的「神鬼」更爲重視，說「未知生，焉知死」，「未能事人，焉能事鬼」。孟子認爲，他自己應擔當拯救天下的「大任」，故提出了一套推行「仁政」，「使黎民不飢不寒」的安邦治國的方案。荀子更是要求用「禮敎」來敎化百姓，治理社會，他在《王制》中提出「聖王之用也，上察於天，下錯於地，塞備天地之間，加施萬物之上」的積極治世的理想。《大學》更有所謂「三綱領八條目」的理想政治哲學，它說：「大學之道在明明德，在新民，在止於至善。」其方法是通過「格物」、「致知」、「正心」、「誠意」以達到「修身」、「齊家」、「治國」、「平天下」的目的。到西漢，雖有董仲舒虛構了「君權神授」、「天人感應的神學思想，但他仍把治國安民看成是君主的根本職責，應推行「王道」於天下。漢武帝在策問董仲舒時說：

> 朕……欲聞大道之要，至論之極……蓋聞五帝三王之道，改制作樂而天下洽和百姓同之。

董仲舒回答說：

> 臣謹案《春秋》謂一元之意。一者萬物之所以始也。元者，辭之所謂本也。謂一為元

> 者，視大始而欲正本也。《春秋》深探其本，而反自責者始，故名人君者，正心以正朝廷，正朝廷以正百官，正百官以正萬民，正萬民以正四方，四方正，遠近莫敢不壹於正，而亡有邪氣奸其間者，是以陰陽調和而風雨時，羣生和而萬民殖，五穀熟而草木茂。天地之間，被潤澤而大豐美；四海之內，聞盛德而皆徠臣。諸福之物，可致之祥，莫不畢至，而王道終矣。

可見，無論是漢武帝還是董仲舒，他們的最高理想只是要在現實社會中實現他們所嚮往的「王道」。終漢一代，許多思想家和儒生都企圖使他們的政治理想實現於現實政治，而其結果是江河日下，所謂「理想」只是「幻想」而已。但這種要求積極入世（治世）的傳統卻深深地植根中華民族的心理之中，成爲一特殊的心理特性了。

西漢初年，統治者曾奉行「黃老之術」即《漢書・藝文志》所謂的「君人南面之術」，因此它也是一種政治哲學。《太史公自序》說，漢初黃老之術的要旨是「無爲自化，清淨自正」，無非也是要求與民休息，以達到鞏固統治的目的。司馬談在《論六家要旨》中說的「道家」就是漢初的黃老之學，文中說：

> 道家，使人精神專一，動合無形，贍足萬物。其為術也，因陰陽之大順，採儒墨之善，撮名法之要，與時遷移，應物變化，立俗施事，無所不宜，指約而易操，事少而功多。

這裏所說的「道家」思想顯然是一種「治國經世」的政治哲學。但同時在《論六家要旨》中「道家」也是一種修身養生之術，如說：

凡人所生者神也，所托者形也。神大用則竭，形大勞則敝，形神離則死。死者不可復生，離者不可復反，故聖人重之。由是觀之，神者生之本也，形者生之具也。不先定其神形，而曰我有以治天下，何由哉！

這種要求把「治國」和「養生」結合起來，並特重「養生」的「黃老思想」和儒家傳統的積極「入世」精神一樣深深地植根於中國民族文化之中，成爲中華民族的一種特有的心理特性。漢初的《淮南子》就是如此，它要求把「治國」和「養生」結合起來。它認爲：「無爲者，道之宗。」從「治國」方面說，「無爲」體現爲「爲治之本，務在安民；安民之本，在於足用；足用之本，在於勿奪時；勿奪時之本，在於省事；省事之本，在於節欲」。從「養生」方面說，「無爲」體現爲「精神內守形骸而不少越，則望於往世之前，而視於未來之後，猶未足爲也，豈直禍福之間哉！……夫惟能無以生爲者，則所以得修生也。……是故聖人以無應有，必究其理；以實應實，必究其節；恬愉虛靜，以終其命」（《精神訓》）。又說：「夫形者，生之舍也；氣者，生之充也；神者，生之制也，一失位，則三者傷矣。是故聖人使人各處其位、守其職而不得相干也。故夫形者，非其所安也而處之，則廢；氣不爲其所充而用之，則泄；神非其所宜而行之，則昧，此三者，不可不愼守也。」（《原道訓》）所以「人君之道，處靜以修身，儉約以率下；靜則下不擾矣，儉則民不怨矣。……是故非澹薄無以明德，非寧靜無以致遠。」（《主術訓》）「國以主爲常，霸王其寄也。身以生爲常，富貴其寄也。能不以天下傷其國，而不以國害其身者，焉可以托天下也。」（《主術訓》）看來《淮南子》也是用「無爲」思想把「養生」和「治國」結合起來。蓋漢繼秦後，在長期戰亂之後國家實現了統一，當時統治者所要求的是如何鞏固其大一統的統治和使其一家一姓的統治得以有效的延長。這就是既要把國家治理好，又要使自己的生命盡可能的延長並有嗣繼。《淮南子》從這點出發提出了，爲了人君自身的利益，要使形、氣、神配合好，不使身體受到傷害，其關鍵在於節欲以求「恬愉虛靜」，這樣其身可得以養，其壽可得以長，而有利於統治的穩定。人君爲了「養生」而必須節欲，欲望少了就可以使民不受困擾而得以休息，國家安定，統治也就得以鞏固了。所以《淮南子》的這一用「無爲」把「養生」和「治國」統一起來的思想是適應當時社會的需要的。但是漢初的黃老之學到漢武帝提出「罷黜百家，獨尊儒術」後，雖在「養生」方面仍然起著重要作用，但作爲「治國」的指導思想已經不大起作用了。東漢初年，據《後漢書·光武紀》載，皇太子（卽明帝）似乎已把「養生」與「治國」分爲二事，據載說：

（光武帝）每旦視朝，日仄乃罷，數引公卿郎將講論經理，夜分乃寐。皇太子見帝勤勞不息，承閒諫曰：「陛下有禹湯之明，而失黃老養性之福。願頤愛精神，優游自守。」帝曰：「我自樂此，不為疲也。」

自東漢以後，黃老之學漸以「治身養生」爲主，所求則多爲「長生不死」。明帝的弟弟楚王英嘗「誦黃老之微言，尚浮屠之仁祠，潔齋三月與神爲誓」，此在求得自身之福也。漢桓帝，好神仙之事，延熹八年正月初曾派常侍左悺到苦縣祠祀老子，同年八月又祠祀老子，十一月又派遣中常侍管霸到苦縣祠祀老子。九年七月桓帝親自在濯龍宮中祠祀黃帝老子。邊韶《老子銘》有記載說：

延熹八年八月甲子，皇上尚德弘道，含宏光大，存神養性，意在凌雲。是以潛心黃軒，同符高宗，夢見老子，尊而祀之。

桓帝祠祀老子不是爲了「治國」而是爲了「養生」，「存神養性，意在凌雲」。延熹八年三祠老子外，桓帝還曾派遣使者祠祀「仙人」王子喬，蔡邕在《王子喬碑銘》中形容王子喬說：

棄世俗，飛神仙，翔雲霄，浮太清。（《全後漢文》卷七十五）

又據《後漢書》卷五十《陳敬王羨傳》記載：

熹平二年，國相師遷追奏前相魏愔與寵共祭天神，希幸非冀，罪至不道。有司奏遣使者案驗。是時新誅勃海王悝，靈帝不忍復加法，詔檻車傳送愔，遷詣北寺詔獄，使中常侍王酺與尚書令、侍御史雜考。愔辭與王共祭黃老君，求長生福而已，無它冀幸。

由此可見，桓靈之世帝王以至貴冑祭祀老子是以求長生爲目的。道敎來自神仙黃老之術，自以求「長生不死」爲其終極目標。但是，據前所論，道敎的建立也和西漢流行吸收了陰陽家的儒家思想有著密切的關係，所以它也就把「養生」兼「治國」之術的傳統繼承了下來，並以宗敎的形式把它鞏固下來。

我們前面已經提到，道敎從一開始就有強烈的干預政治的願望，所以它在理論上要求把「養生」和「治國」結合起來決非偶然。這也就是說，在要求「出世」得到解脫成爲神仙的同時，又企圖能把社會治理好以實現其「致太平」的目標。這一特點可以說深深的打上了中國傳統思想的烙印。既然道敎要求對上述兩方面都照顧到，因此我們可以看到，在早期道敎的文獻中，雖要求「超世」成神仙，而並不要求「出家」離世事，相反，道敎的著作對佛敎的「離世事」，提出批評。在《太平經》一一七卷中批評佛敎的「不孝，棄其親」，「捐妻子，不好生，無後世」時說：

窮其妻子而去者，此皆大毀失道之人。無可法，是大凶一分之人也，不可為人師法，安得中天師法號？

可見早期道教並不要求「道士」出家，又同卷中說：

上士為帝王之師輔，傳類相養，無有傷害。

故道士不僅不需要「出家」，反而應幫助帝王治理國事。因此，在《太平經》中認爲道士應「養生」兼「治國」的言論處處皆是，如說：

三氣共一，為神根本也。……王者相助為治，故人欲壽者，當愛氣尊神重精也。……上士用以平國，中士用以延年，下士用以治家。（《令人壽治平法》）

《經鈔》癸部《通神度世厄法》也說：

上士學道，輔佐帝王，當好生積功乃久長；中士學道，欲度其家；下士學道，才脫其軀。

這一時期道教對《老子》的注解也採取了同樣的觀點，如《老子河上公注》中說：

法道無為，治身則有益於精神，治國則有益於萬民。

另一部《老子》的注解《老子想爾注》中也說：「治身」如果不能得到「仙壽」的人，「治國」也就不能使「致太平」，所以人君要想使人們「長壽」，使國家「太平」就必須讓人民「精心盤道」，「令知眞道」，懂得「道」的要求。深受《老子河上公注》思想影響，並爲道教建立了較爲系統的理論體系的葛洪更是從各方面論證了「養生」並不要求「出家」，恰恰相反應該去「治世」，如在《抱朴子》中說：

> 要道不煩，所爲鮮耳。但患志之不立，信之不篤，何難之有？內寶養生之道，外則如光於世，治身而身長修，治國而國太平。以六經訓俗士，以方術授知音，欲少留則且止而佐時，欲昇騰則凌霄而輕舉者，上士也。自恃才力，不能並成，則棄置人間，專修道德者，亦其次也。昔黃帝荷四海之任，不妨鼎湖之擧（按：《史記．封禪書》說：「黃帝採首山銅，鑄鼎於荊山下，鼎旣成，有龍垂鬍髯，下迎黃帝上天，後世因名其處曰鼎湖。」）……古人多得道而匡世，修之於朝隱，蓋有餘力故也。何必修於山林，盡廢生民之事，然後乃成乎？

據此，葛洪認爲道教的最高境界應像黃帝那樣能夠在積極處理政事的同時又能「養生」而成神，所以他在《明本》中說，黃帝能治世致太平，又能升仙，這比之堯舜是更高的境界；老子旣能兼綜禮敎，又能長生久視，這比之孔子則更爲高明。更有進者，葛洪認爲修養首先要「立功」，要

「立德」，在《對俗篇》中說：

或問曰：為道者當先立功德，寧然否？抱朴子答曰：有之，按《玉鈐經中篇》云：立功為上，除過次之。……欲求仙者，要當以忠孝和順仁信為本。若德行不修，而但務方術，皆不得長生也。

當然，有些宗教也把修功德作爲其宗教的重要要求，但道教所不同者在於它認爲信仰道教並不需要「出家」，更不需要「離世事」，在《釋滯篇》中說：

何必須於山林，盡廢生民之事，然後乃成乎！

《對俗篇》也說：

若委棄妻子，獨處山澤，邈然斷絶人理，塊然與土石為鄰，不足為也。

在《抱朴子·外篇》中有《應嘲》一篇，其中說到葛洪自己對「出」、「處」的態度，表現了他並不以「出家」爲然，他說：

君臣之大，次於天地，思樂有道，出處一情，隱顯任時，言亦何多？大人君子，與事通

> 變，老子無為者也，鬼谷終隱者也，而著書咸論世務，何必身居其位，然後乃言其事乎？……余才短德薄，幹不適治，出處同歸，行止一致，豈必達官乃可議政事君，否則不可論治亂乎？

葛洪著《抱朴子》有內外二篇，其內篇多言長生久視之術，而外篇則多爲立德立功之論，他並不因爲「修道」而要求「出家」，此一特點至爲明顯也。

北魏道士寇謙之與大族崔浩共同扶佐魏太武帝，據《北史·崔浩傳》說：

> 天師寇謙之每與浩言，聞其論古興亡之迹，常自夜達旦，竦意斂容，深美之。……因謂浩曰：吾當兼修儒術，輔助太平真君，而學不稽古，為吾撰列王者政典，並論其大要。浩乃著書二十餘篇，上推太初，下盡秦漢變弊之迹，大旨先以復五等爵為本。

道教兼修儒術本是常事，先於寇謙之抨擊「無君論」的葛洪如此，後於寇謙之的山中宰相陶弘景也是如此。寇謙之本人意欲清整道教，而以「禮法」爲主旨，輔佐魏太武帝建立政教合一的政權，兼修儒術故在常理之中。爲此，寇謙之說：「不修善功，徒勞山林。」並論證說：

> 夫上士學道在朝市，下士遠處山林。山林者，謂垢穢尚多，未能即諠為靜。故遠避人世，以自調伏耳。若即世而調伏則無待山林者也。

照寇謙之看，高明道士應是卽世間而出世間的，雖在廟堂之上而其心無異於山林之中；而不大高明的道士則是要出世間才可以「自調伏」，故其心實未能出世間也。寇謙之的這一思想很可能是受到當時玄學思潮的影響。如郭象在《莊子注》中所說：

> 夫聖人雖在廟堂之上，然其心無異於山林之中。世豈識之哉；徒見其戴黃屋佩玉璽，便謂足以纓紱其心矣；見其歷山川同民事，便謂足以憔悴其神矣，豈知至至者不虧哉！

東晉辛謐《遺冉閔書》中也說：

> 然賢人君子，雖在廟堂之上，無異於山林之中，斯窮理盡性之妙，豈有識之者也。

可見在當時以廟堂卽山林，「名教」卽「自然」是一相當流行的思想。道教眞正成爲一種完整意義上的在社會上有影響的中國本民族的宗教自不能不受當時社會思想的影響。所以道教作爲一種宗教雖然要求超生死得解脫而「長生成仙」，但並不要求「出家」、「離世事」而獨居山林之中，甚至認爲在廟堂之上也可以成爲「神仙」，這當然是很適合當時門閥世族的需要了。如果說寇謙之是卽世間而出世間的典型，那麼梁朝的道士陶弘景則是出世間而卽世間的典型。

陶弘景出身於士族家庭，早年作過不大不小的官，但並不得志。後隱退茅山。嘗著《尋山志》以表其「倦世之情」。文最後說「反無形於寂寞，長超然乎塵埃」以明其出世之志。梁武帝即位後，曾多次請陶弘景出山，均謝辭。不過陶弘景實際上從來沒有和政治割斷聯繫，不僅常與梁武帝有書信來往，而且皇帝每有大事都派人到山中向陶弘景問詢，因此有「山中宰相」之稱。

從中國傳統文化來看，道教和印度文化傳統的佛教很不相同，早期道教認爲「出世」和「入世」並不矛盾，在廟堂之上和在山林之中可以是一樣的，問題是看你如何對待。從宗教說，必有一「彼岸世界」（超現實世界），而「此岸世界」（現實世界）往往是與「彼岸世界」相對立的。中國的道教雖然構造了一個彼岸的神仙世界，但這個彼岸的神仙世界可以就實現在此岸的現實世界之中，這就是道教的所謂太平世界了。既然在現實世界中就可以實現理想世界，那麼「出世」和「入世」就沒有根本性質的區別，「出家」和「不出家」就更無關弘旨了。理想的神仙世界可以在現實世界中實現，那麼從根本上說現實世界就不能被認爲是一「苦海」，也不是一罪惡的淵藪。所以早期道教是「樂生惡死」的。道教作爲中國的宗教可以說有著和其他宗教顯著不同的特點，它是追求「人如何不死」，著重現實生活的，這點可以說也是表現了中華民族是一缺乏超越性宗教思想感情的民族。

在這個問題上，佛教和道教則有明顯的不同。雖然在階級社會中，任何宗教都離不開政治，實際上都和政治有着千絲萬縷的聯繫，這一點東晉的著名和尙道安是很懂得的，他曾說：「不依國主，法事難立。」但從原則上說，佛教要求僧人必須「出家」，不能「在廟堂之上」，不必敬王者，不必拜父母。蓋佛教認爲，世間是一大苦海，人生苦惱的根源在於對世間有所求，故有種種的苦；如果根本無所求，才能徹底地出世間，則可脫離苦海，得到解脫，入涅槃境界。《涅槃經》中以「八相爲苦」，即所謂生苦、老苦、病苦、死苦、愛別離苦、怨憎會苦、求不得苦、五陰盛苦。這八苦中，前四種苦是自然規律，根本不能避免，但人們要求避免，以求不老、不死，要求和親愛的人不離別，和所討厭的人不相會，這都是不可能作到的。因爲在社會生活中，總有人與人的關係問題。所以「求不得苦」是一切苦的根源。爲什麼「求不得苦」是一切苦的總根源呢？照佛教看，這是由於「五陰盛」引起的。「五陰」即「五蘊」，即所謂色、受、想、行、識也。

色：物質；

受：感覺（感受）、感情（情）；

想：記憶（或說是思維活動）；

行：意志活動（或由意志決定的行爲）；

識：心理活動的統一狀態。

「陰」（蘊）是「積聚」的意思。把五蘊集合起來而成的看成是眞實的東西所產生的種種欲望，這又是求不得苦的根源。因爲由五蘊積聚而成的世界，本來並不是眞實的，把這些不眞實的作爲追求的對象，照佛教看，當然是很痛苦的。如果能消滅所追求的一切欲望，人們也就消滅了一切苦惱，而得到解脫。因此，佛教作爲一種宗教說，要求佛教徒必須「出家」，認爲這樣才可以把自己的要求和欲望降到最低限度，以至到最後什麼欲望和要求都沒有了；從而達到涅槃的境界。東晉的著名和尙慧遠在他的《沙門不敬王者論》中詳細的論述了「出家」和「在家」的區別，他說：

> 出家則是方外之賓，迹絶於物。……若斯人者，自誓始於落簪，立志形乎變服，是故凡在出家，皆遁世以求其志，變俗以達其道。變俗，則服不得與世典同禮；遁世，則宜高尙其迹。……若然者，雖將面冥山而旋步，猶或耻聞其風，豈況與夫順化之民，尸祿之賢，同其孝敬者哉！

佛教之所以要求佛教徒「出家」，目的就在於要他們能消除一切欲望；消除了一切欲望才可以達到「常樂我靜」的涅槃境界。而這種要求「出家」的思想正是佛教的根本理論「涅槃」所要求的，它也正是印度文化傳統所要求的。早期道教並不要求道士「出家」。這和道教所追求的「長生不死」的思想有着密切的聯繫。從原則上看，道教既然主張人可以「長生不死」，那就必然要有一個他們可以永遠生活的場所，這或者是現實世界，或者是虛幻的「神仙世界」，而所謂「神仙世界」也不過是美化了的現實世界的投影。所以追求「長生不死」歸根到底也就是追求可以在現實世界中長久的生活下去，而享受種種幸福和歡樂。早期道教之所以並不要求「出家」，相反要求積極地干預政治，正是他們宗教理想的必然要求的。就這一點看，道教作爲中華民族本民族的宗教，也正是中國傳統文化所要求的。

附錄

敦煌本太平經殘卷（斯·四二二六）

一 □苦□眇：❶

二 出經救弊勸學精

三 昇三天永離煩惱

四 此經文者六方真人

五 寧家、長居慶泰、丁部

六 其真與不今疾上

七 □用之立與天地乃

八 □大明效□　□第一云、誦讀吾

九 書者之災害不得復起、此上古聖賢、所以候

---

❶凡標有□卽缺字。

得失之本也。書有三等，一曰神道書、二曰核
事文、三曰浮華記、神道書者、不離實守本根、
與陰陽合、與神同門、核事文者、考核異同、疑
誤不失、浮華記者、離本已遠、錯亂不可常用、
時時可記、故名浮華記、然則精學之士、務存
神道、習用其書、守得其根、根之本宗、三一為
主、一化以三、左无上、右玄老、中太上、太上統
和、无上攝陽、玄老總陰、陰合地、陽合天、和均
人、人天及地、號為三才、各有五德、五德倫分、
修事畢、三才後一、得一者生、失一者死、能遵
上古之道、則到太平之辰、故曰三老相應、三
五炁和、和生生炁、炁行无死名也、和則溫清
調適、適則日月光明、人功既建、天地順之、故
曰、先安中五、乃選仙士、賢者心賢、必到聖治、
甲第二云、天四五九之道、不可失也、天地失
之、萬事亂常、五行失之、更相賊傷、四時失之

炁不行人至不行、人失之、身被疾病、守之則
吉、失之則傷、三皇常善者、能深用之、審得其
意可誠、是其人開、非其人閉、審得其人、可以
致壽、可以致樂、可以除邪疾、德薄得之遲、德
厚得之速、君子至信乃傳道、慎勿付小人、得
人則授、不言信誓正當重、不能數遇、遇此經
者、皆為真人、所師玄師、無極之神、應感而現、
事已即藏、流布背方、澄清大亂、功高德正、故
號太平、聖主善治、謹用茲文、凡昔在位、輕忽
斯典、義軒之始、莫不奉遵、周漢之終、必也屛
棄、百八十戒序云、楚王之時、出太平之道、老
子至琅琊、授與干干君君得道、拜為真人、作
太平經、聖人應感出文、述而不作、凡夫棄故、
不復識知、緣見維親、順情言作耳、帛君篤病、
從干君受道、拜為神人、干君諱室、涉亂遷移、
易名為吉、寓居東方、往來吳會、周曆蹟幽、出

入伊洛、教訓後生、救厄治疾、順帝之時，弟子宮崇、詣闕上書、言師干吉所得神經于曲陽泉上、朱界青首、百有餘局、謂為妖訛、遂不信用、帝君不修太平、其自下滑習、以待後會、賢才君子、密以相傳、而世偽人耶、多生因假、矯詭肆愚、□妨正典、相爾云、世多耶巧、託稱道云、千端萬伎朱紫磐鞶、故記三合以別真、上下二篇法陰陽、復出青領太平文、雜說衆要、解童蒙心、復出五斗米、道備三合、道成契畢、數備三道、强萬惡猶絲、猗公行和、竊號之正目、事乖真實、師之所除、玄妙內篇云、吾布炁罷廢、上清二約、佛三道、下及干吉太平支散之炁、百官之神、天地水月三官不正之炁、貪濁受錢飲食之鬼、營傳符廟一切駱驛分罷、夫假稱上清受及佛干支離偏見、執著自是華炫之耶、皆應擺棄、況號俗神者乎、捨俗及諸詐文、求真宜尋本旨、宗上清清約无為佛道衆聖大師，各有本經干氏本部自甲之癸、分為十袠百七十卷、玄文宕博、妙旨深長、品次源流、條銘如左

太平經部袠第一 甲部十七卷

太平經卷第一

自古盛衰法第一

太平經卷第二

却不祥法第二

太平經卷第三

盛身却災法第三

太平經卷第四

思本正行法第四

太平經卷第五

道神度厄法第五

一三六 造作經書法第三十九
一三七 解承負法第四十
一三八 太平經部衰第三 丙部十七卷
一三九 太平經卷第三十五
一四〇 分別貧富法第四十一
一四一 一男二女法第四十二
一四二 興善心惡法第四十三
一四三 太平經卷第三十六
一四四 守別三寶法第四十四
一四五 三急吉凶法第四十五
一四六 事死不得過生法第四十六
一四七 太平經卷第三十七
一四八 誡文書大信法第四十七
一四九 立事解承負法第四十八
一五〇 太平經卷第三十八

使四時神吏注法百十八　二六〇

太平經卷第七十八　二六一

入室存思圖訣百十九　二六二

太平經卷第七十九　二六三

神吏尊卑訣百二十　二六四

太平經卷第八十　二六五

占中不中訣百廿一　二六六

太平經卷第八十一　二六七

得道長存篇百廿二　二六八

太平經卷第八十二　二六九

自知得失訣百廿三　二七〇

太平經卷第八十三　二七一

經學本末訣百廿四　二七二

太平經卷第八十四　二七三

大人存思六甲圖百廿五　二七四

太平經卷第八十五　二七五

二九一 二光食訣百三十三

二九二 萬二千國始火訣百三十四

二九三 火炁正神道訣百三十五

二九四 洞極上平炁无蟲僮復家訣百三十六

二九五 太平經卷第九十三

二九六 方樂慶同相治訣百三十七

二九七 陽尊陰卑訣百三十八

二九八 效言不效行國不可勝數訣百三十九

二九九 敬事神五十年太訣百四十

三〇〇 致災訣百四十一

三〇一 太平經卷第九十四

三〇二 司行不司言訣百四十二

三〇三 五壽以下被承□災訣百四十三

三〇四 壽命奇不望報陰祐人百四十四

三〇五 自受自奴訣百四十五

三〇六 腸訣百四十六

四五〇	太平經卷第百三十四
四五一	官舍衣食千訣二百五十一
四五二	太平經卷第百三十五
四五三	思神君響隨人訣二百五十二
四五四	斗前後六辰生死訣二百五十三
四五五	不死祿厚見吾文二百五十四
四五六	畫作圖像訣二百五十五
四五七	治陰奸食耶功之神二百五十六
四五八	太平經卷第百三十六
四五九	力學反自然之炁訣二百五十七
四六〇	時形中神精訣二百五十八
四六一	才倍相治訣二百五十九
四六二	得道留年化歲訣二百六十
四六三	十賤傳文如鄧平付詔書訣二百六十一
四六四	太平經部袠第九 壬部十七卷
四六五	太平經卷第百三十七

安危貧富能順文言和天立得訣二百七十五 四八二
太平經卷第百四十一 四八三
天道助窮太平君臣不得相無訣二百七十六 四八四
效請雨止訣二百七十七 四八五
太平經卷第百四十二 四八六
五德神人兵馬圖訣二百七十八 四八七
靈祇鬼精訣二百七十九 四八八
荷刺及咒法二百八十 四八九
太平經卷第百四十三 四九〇
天知人過長生戒二百八十一 四九一
上續不宜有刑訣二百八十二 四九二
力學聞得封不敢失三事訣二百八十三 四九三
樂無憂人卷不記字訣二百八十四 四九四
使夫妻同居訣二百八十五 四九五
太平經卷第百四十四 四九六
文字大急十事不得汙辱訣二百八十六 四九七

太平經卷第百五十五　五四六
冒萬受千增算訣三百二十四　五四七
不冒不求為一分訣三百二十五　五四八
稱天子訣三百二十六　五四九
人君急記三百二十七　五五〇
太平經卷第百五十六　五五一
冒善復凶三百二十八　五五二
帝王恩流弱小訣三百二十九　五五三
記事人數日月法三百三十　五五四
上車不富訣三百三十一　五五五
差官玄宮訣三百三十二　五五六
太平經卷第百五十七　五五七
汚辱文六事訣三百三十四　五五八
太平經卷第百五十八　五五九
學知興衰訣三百三十五　五六〇
事佐治象道少食訣三百三十六　五六一
太平經卷第百五十九　五六二

五七九　訣三百五十一
五八〇　太平經卷第百六十二
五八一　支干數百二十算為百二十歲訣三百五十二
五八二　所欺非一禱祭無福訣三百五十三
五八三　作惡日間簿書連訣三百五十四
五八四　勿欺殆病自責訣三百五十五
五八五　作善增壽通逋亡之烝訣三百五十六
五八六　太平經卷第百六十三
五八七　太平烝到凶害完甚悉消訣三百五十七
五八八　道德訣三百五十八
五八九　財色召食神訣三百五十九
五九〇　洞極綱紀自富天使好
五九一　太平經卷第百六十四
五九二　太平經卷第百六十五
五九三　明堂為文府悔過不使訣三百六十一
五九四　太平經卷第百六十六

五九五　祖厝三統六炁治訣三百六十二
五九六　太平經卷第百六十七
五九七　通天極而有男三人助治法三百六十三
五九八　太平經卷第百六十八
五九九　十八字為行應不應法汚辱則病戒三百六十四
六〇〇　太平經卷第百六十九
六〇一　師敎卽天敎先受養身訣三百六十五
六〇二　太平經卷第百七十
六〇三　煞耶情一日三明訣三百六十六
六〇四　右十部一百七十卷三百六十六篇
六〇五　乙第二雲人三百六十脈脈一精精一神思神至成道道
六〇六　經曰、上清金闕後聖元玄帝君、姓李諱弘元
六〇七　曜靈、一諱玄水俄景、字光明、一字日淵、太一
六〇八　之胄、玄帝時人、上和元年歲在庚寅九月三
六〇九　日甲子卯時、始育北玄王因天罡靈境人鳥
六一〇　閣萊山中李谷之間、母夢玄雲、月日纏其、乃

感而懷胎、厥年三歲、言成金章、行年二生、棄俗離親、三元下教、施行廿四事、受書為上清金闕後聖帝君、上升上清、中游太極官、下治十天、封掌兆民及諸天河海神仙地源、陰察洞天、承唐之年、積數冊六丁亥、前後中間烏歐之世、國祚再竭、東西稱霸、以扶弱主、有縱橫九一之名號、興秦無延、呂元之後、有甲申歲、種善人、除殘民疫、水交其上、延火繞其下、惡惡並滅、凶凶皆沒、好道陸隱、道人登山、流濁奔蕩、御之鯨淵、死行生施、都分別也、到壬辰之年二月六日、聖君光臨、發自始青之域西旋東山、磐節南雲、北察龍燭、上聰九流之間、左湯津晨林、右迴米山、仰步霄中、垂三素景與從飛耕萬龍天光總經文之道、不真照神監三辰於鳥、滅惡人已於水火、存慈善已為種民、學始者為仙使、得道者為仙官、又云、諸見太平者、或是慈心仁人、守善詣老、或是內學信仙、可愍之士、或有靈人授書固經寶胎、或得道志仙積誠之失、或金簡錄名七世有德、或積讀洞經、七七世或先人大福祚及子孫、當為仙者、以到不死、或往而青骨通神接真、或才性情寂、天分叔密、致仙之品、高下數百、道君隨才類分、為此大小、皆各有秩、以和萬物、諸侯一年朝聖君應聖君、聖君五年一下、游幸諸侯察種民、緯曰、太一分應、二儀開張、三光四海、山林飛沉、人神鬼魎、各有尊卑、設官建位、部界羅陳、總歸乎道道常有君、金闕聖帝、普統陰陽、人神鬼魎、一切仰宗、向之則吉、背之則凶、前聖居乎太玄、後聖順運補補處處示應、務居玄明住寂源源不離應應不累源、前聖後聖其神吻同、李氏風悟由藉光、因受記登極、心遖所崇、傳法甚多、其要廿有四、能行之便致太平、功超唯人、欺無定數、此人雖希、代代其有、有之既小、無如衆何、不能用、大運甲甲申申之間、自有得道、修行不均、不能使無此大運、大運滅惡、不傷於善、善人、遇大運之周、皆騰三天之上、後為種民、民來有後、後來衆生根無極、必須三寶道以正科宣理、勤者進品、上淙、懈怠放逸、退還下流、上官律文云、上清大真王謂之不得皇帝、有犯明科之目、退編皇之錄、降游散真皇、治大清中宮、七百年、隨格進號、自此以下、各有條制、雖不復為凡夫而接事於一切、或為陰職、或處陽官、練神立功績勤進德、是以諸侯朝聖君、君幸諸侯察種民、料善惡、明賞罰、辯正耶耶魔風息，太平道興、志士高才務遵之矣

太平部卷第二

後記

《魏晉南北朝時期的道教》是《魏晉南北朝思想文化史叢書》中的一種，而這套叢書又是《中國文化書院文庫》中的一種。從一九八〇年起我開始研究這一時期的道教，《略論早期道教關於生死、神形問題的理論》（載《哲學研究》一九八一年第一期）是我的第一篇關於道教史研究的論文，以後又在一些雜誌上發表過幾篇論文。一九八三年，我在北京大學哲學系開設了《早期道教史專題研究》一課，這是我第一次開設的道教史課程，也是北京大學自一九四九年後第一次開設的道教史課程。以後在一九八五年又講過一次。從一九八五年起，我對講稿進行了加工和補充，希望它能成為一本有一定水平的專著。經過兩年多的時間，這本《魏晉南北朝時期的道教》終於完成了。

在這一研究和寫作過程中，我曾有機會到美國和加拿大進行研究和講學，能閱讀到一些海外學者研究道教史的著作，這對我是有幫助的。一九八六年，加拿大社會科學研究院向我提供資助，我於一九八六年一月到五月能作為訪問教授在麥克瑪斯特大學（McMaster University）進行研究，使我有較多的時間能從事寫作。在麥克瑪斯特大學我寫成了這本書的第四章《老子想爾注》與《老子河上公注》，第九章《為道教首創經典目錄的思想家陸修靜》和第七章《為道教建立理論體系的思想家葛洪》的後一半，同年六月至八月又在美國紐約的世界宗教研究院修改和補充了這本書的第十二章《佛道之爭㈠——關於生死、神形問題的爭論》。這裏，我對加拿大社會科學研究院、麥克瑪斯特大學和美國紐約世界宗教研究院表示感謝。在此期間，麥克瑪斯特大學的冉雲華教授和世界宗教研究院院長加德（Richard A. Gard）博士對我這本書的寫作很關心，我也很感謝。當然，我還得謝謝陝西師範大學的陳俊民教授，他讀了我的原稿，為它在文字上作了一些潤色。我和他是老朋友，常常在一起討論，我們的這種友誼在今天也是很難得的。

湯一介

一九八七年九月

滄海叢刊書目

國學類

中國學術思想史論叢(一)～(八)	錢　　穆　著
現代中國學術論衡	錢　　穆　著
兩漢經學今古文平議	錢　　穆　著
宋代理學三書隨劄	錢　　穆　著
先秦諸子繫年	錢　　穆　著
朱子學提綱	錢　　穆　著
莊子纂箋	錢　　穆　著
論語新解	錢　　穆　著

哲學類

文化哲學講錄(一)～(五)	鄔昆如　著
哲學十大問題	鄔昆如　著
哲學的智慧與歷史的聰明	何秀煌　著
文化、哲學與方法	何秀煌　著
哲學與思想	王曉波　著
內心悅樂之源泉	吳經熊　著
知識、理性與生命	孫寶琛　著
語言哲學	劉福增　著
哲學演講錄	吳　怡　著
後設倫理學之基本問題	黃慧英　著
日本近代哲學思想史	江日新　譯
比較哲學與文化(一)(二)	吳　森　著
從西方哲學到禪佛教——哲學與宗教一集	傅偉勳　著
批判的繼承與創造的發展——哲學與宗教二集	傅偉勳　著
「文化中國」與中國文化——哲學與宗教三集	傅偉勳　著
從創造的詮釋學到大乘佛學——哲學與宗教四集	傅偉勳　著
中國哲學與懷德海	東海大學哲學研究所主編
人生十論	錢　　穆　著
湖上閒思錄	錢　　穆　著
晚學盲言(上)(下)	錢　　穆　著
愛的哲學	蘇昌美　著
是與非	張身華　譯
邁向未來的哲學思考	項退結　著

現代藝術哲學	孫旗　譯
現代美學及其他	趙天儀　著
中國現代化的哲學省思	成中英　著
不以規矩不能成方圓	劉君燦　著
恕道與大同	張起鈞　著
現代存在思想家	項退結　著
中國思想通俗講話	錢穆　著
中國哲學史話	吳怡、張起鈞　著
中國百位哲學家	黎建球　著
中國人的路	項退結　著
中國哲學之路	項退結　著
中國人性論	臺大哲學系主編
中國管理哲學	曾仕強　著
孔子學說探微	林義正　著
心學的現代詮釋	姜允明　著
中庸誠的哲學	吳怡　著
中庸形上思想	高柏園　著
儒學的常與變	蔡仁厚　著
智慧的老子	張起鈞　著
老子的哲學	王邦雄　著
逍遙的莊子	吳怡　著
莊子新注（內篇）	陳冠學　著
莊子的生命哲學	葉海煙　著
墨家的哲學方法	鐘友聯　著
韓非子析論	謝雲飛　著
韓非子的哲學	王邦雄　著
法家哲學	姚蒸民　著
中國法家哲學	王讚源　著
二程學管見	張永儁　著
王陽明——中國十六世紀的唯心主義哲學家	張君勱原著、江日新中譯
王船山人性史哲學之研究	林安梧　著
西洋百位哲學家	鄔昆如　著
西洋哲學十二講	鄔昆如　著
希臘哲學趣談	鄔昆如　著
近代哲學趣談	鄔昆如　著
現代哲學述評㈠	傅佩榮編譯

當代西方哲學與方法論 臺大哲學系主編
人性尊嚴的存在背景 項退結編著
理解的命運 殷鼎著
馬克斯·謝勒三論 阿弗德·休慈原著、江日新譯
懷海德哲學 楊士毅著
洛克悟性哲學 蔡信安著
伽利略·波柏·科學說明 林正弘著

宗教類

天人之際 李杏邨著
佛學研究 周中一著
佛學思想新論 楊惠南著
現代佛學原理 鄭金德著
絕對與圓融——佛教思想論集 霍韜晦著
佛學研究指南 關世謙譯
當代學人談佛教 楊惠南編著
從傳統到現代——佛教倫理與現代社會 傅偉勳主編
簡明佛學概論 于凌波著
圓滿生命的實現(布施波羅密) 陳柏達著
薝蔔林·外集 陳慧劍著
維摩詰經今譯 陳慧劍譯註
龍樹與中觀哲學 楊惠南著
公案禪語 吳怡著
禪學講話 芝峯法師譯
禪骨詩心集 巴壺天著
中國禪宗史 關世謙著
魏晉南北朝時期的道教 湯一介著

社會科學類

憲法論叢 鄭彥棻著
憲法論衡 荆知仁著
國家論 薩孟武譯
中國歷代政治得失 錢穆著
先秦政治思想史 梁啟超原著、賈馥茗標點
當代中國與民主 周陽山著
釣魚政治學 鄭赤琰著
政治與文化 吳俊才著
中國現代軍事史 劉馥著、梅寅生譯
世界局勢與中國文化 錢穆著

中華文化十二講	錢　穆 著
民族與文化	錢　穆 著
楚文化研究	文崇一 著
中國古文化	文崇一 著
社會、文化和知識分子	葉啟政 著
儒學傳統與文化創新	黃俊傑 著
歷史轉捩點上的反思	韋政通 著
中國人的價值觀	文崇一 著
紅樓夢與中國舊家庭	薩孟武 著
社會學與中國研究	蔡文輝 著
比較社會學	蔡文輝 著
我國社會的變遷與發展	朱岑樓主編
三十年來我國人文社會科學之回顧與展望	賴澤涵 編
社會學的滋味	蕭新煌 著
臺灣的社區權力結構	文崇一 著
臺灣居民的休閒生活	文崇一 著
臺灣的工業化與社會變遷	文崇一 著
臺灣社會的變遷與秩序(政治篇)(社會文化篇)	文崇一 著
臺灣的社會發展	席汝楫 著
透視大陸	政治大學新聞研究所主編
海峽兩岸社會之比較	蔡文輝 著
印度文化十八篇	糜文開 著
美國的公民教育	陳光輝 譯
美國社會與美國華僑	蔡文輝 著
文化與教育	錢　穆 著
開放社會的教育	葉學志 著
經營力的時代	青野豐作著、白龍芽譯
大眾傳播的挑戰	石永貴 著
傳播研究補白	彭家發 著
「時代」的經驗	汪琪、彭家發 著
書法心理學	高尚仁 著
史地類	
古史地理論叢	錢　穆 著
歷史與文化論叢	錢　穆 著
中國史學發微	錢　穆 著
中國歷史研究法	錢　穆 著
中國歷史精神	錢　穆 著

國史新論	錢　穆　著
秦漢史	錢　穆　著
秦漢史論稿	邢義田　著
與西方史家論中國史學	杜維運　著
中西古代史學比較	杜維運　著
中國人的故事	夏雨人　著
明朝酒文化	王春瑜　著
共產國際與中國革命	郭恒鈺　著
抗日戰史論集	劉鳳翰　著
盧溝橋事變	李雲漢　著
老臺灣	陳冠學　著
臺灣史與臺灣人	王曉波　著
變調的馬賽曲	蔡百銓　譯
黃帝	錢　穆　著
孔子傳	錢　穆　著
唐玄奘三藏傳史彙編	釋光中　編
一顆永不殞落的巨星	釋光中　著
當代佛門人物	陳慧劍編著
弘一大師傳	陳慧劍　著
杜魚庵學佛荒史	陳慧劍　著
蘇曼殊大師新傳	劉心皇　著
近代中國人物漫譚・續集	王覺源　著
魯迅這個人	劉心皇　著
三十年代作家論・續集	姜　穆　著
沈從文傳	凌　宇　著
當代臺灣作家論	何　欣　著
師友風義	鄭彥棻　著
見賢集	鄭彥棻　著
懷聖集	鄭彥棻　著
我是依然苦鬥人	毛振翔　著
八十憶雙親、師友雜憶（合刊）	錢　穆　著
新亞遺鐸	錢　穆　著
困勉強狷八十年	陶百川　著
我的創造・倡建與服務	陳立夫　著
我生之旅	方　治　著
語文類	
中國文字學	潘重規　著

中國聲韻學	潘重規、陳紹棠	著
訓詁通論	吳孟復	著
翻譯新語	黃文範	著
詩經研讀指導	裴普賢	著
陶淵明評論	李辰冬	著
鍾嶸詩歌美學	羅立乾	著
杜甫作品繫年	李辰冬	著
杜詩品評	楊慧傑	著
詩中的李白	楊慧傑	著
司空圖新論	王潤華	著
詩情與幽境——唐代文人的園林生活	侯迺慧	著
唐宋詩詞選——詩選之部	巴壺天	編
唐宋詩詞選——詞選之部	巴壺天	編
四說論叢	羅盤	著
紅樓夢與中華文化	周汝昌	著
中國文學論叢	錢穆	著
品詩吟詩	邱燮友	著
談詩錄	方祖燊	著
情趣詩話	楊光治	著
歌鼓湘靈——楚詩詞藝術欣賞	李元洛	著
中國文學鑑賞舉隅	黃慶萱、許家鶯	著
中國文學縱橫論	黃維樑	著
蘇忍尼辛選集	劉安雲	譯
1984	GEORGE ORWELL原著、劉紹銘	譯
文學原理	趙滋蕃	著
文學欣賞的靈魂	劉述先	著
小說創作論	羅盤	著
借鏡與類比	何冠驥	著
鏡花水月	陳國球	著
文學因緣	鄭樹森	著
中西文學關係研究	王潤華	著
從比較神話到文學	古添洪、陳慧樺	主編
神話卽文學	陳炳良等	譯
現代散文新風貌	楊昌年	著
現代散文欣賞	鄭明娳	著
世界短篇文學名著欣賞	蕭傳文	著
細讀現代小說	張素貞	著

現代詩學	蕭　　蕭　著
詩美學	李元洛　著
詩學析論	張春榮　著
橫看成嶺側成峯	文曉村　著
大陸文藝論衡	周玉山　著
大陸當代文學掃瞄	葉穉英　著
走出傷痕——大陸新時期小說探論	張子樟　著
兒童文學	葉詠琍　著
兒童成長與文學	葉詠琍　著
增訂江皋集	吳俊升　著
野草詞總集	韋瀚章　著
李韶歌詞集	李　　韶　著
石頭的研究	戴　　天　著
留不住的航渡	葉維廉　著
三十年詩	葉維廉　著
讀書與生活	琦　　君　著
城市筆記	也　　斯　著
歐羅巴的蘆笛	葉維廉　著
一個中國的海	葉維廉　著
尋索：藝術與人生	葉維廉　著
山外有山	李英豪　著
葫蘆・再見	鄭明娳　著
一縷新綠	柴　　扉　著
吳煦斌小說集	吳煦斌　著
日本歷史之旅	李希聖　著
鼓瑟集	幼　　柏　著
耕心散文集	耕　　心　著
女兵自傳	謝冰瑩　著
抗戰日記	謝冰瑩　著
給青年朋友的信(上)(下)	謝冰瑩　著
冰瑩書柬	謝冰瑩　著
我在日本	謝冰瑩　著
人生小語(一)～(四)	何秀煌　著
記憶裏有一個小窗	何秀煌　著
文學之旅	蕭傳文　著
文學邊緣	周玉山　著
種子落地	葉海煙　著

向未來交卷	葉海煙 著
不拿耳朵當眼睛	王讚源 著
古厝懷思	張文貫 著
關心茶——中國哲學的心	吳怡 著
放眼天下	陳新雄 著
生活健康	卜鍾元 著
美術類	
樂圃長春	黃友棣 著
樂苑春回	黃友棣 著
樂風泱泱	黃友棣 著
談音論樂	林聲翕 著
戲劇編寫法	方寸 著
戲劇藝術之發展及其原理	趙如琳譯著
與當代藝術家的對話	葉維廉 著
藝術的興味	吳道文 著
根源之美	莊申 著
中國扇史	莊申 著
立體造型基本設計	張長傑 著
工藝材料	李鈞棫 著
裝飾工藝	張長傑 著
人體工學與安全	劉其偉 著
現代工藝概論	張長傑 著
色彩基礎	何耀宗 著
都市計畫概論	王紀鯤 著
建築基本畫	陳榮美、楊麗黛 著
建築鋼屋架結構設計	王萬雄 著
室內環境設計	李琬琬 著
雕塑技法	何恆雄 著
生命的倒影	侯淑姿 著
文物之美——與專業攝影技術	林傑人 著